我的金錢之旅

30 個財務自由真實故事，你也做得到

喬納森・克雷蒙 Jonathan Clements 著

呂佩憶 譯

HOW 30 PEOPLE FOUND
FINANCIAL FREEDOM -AND YOU CAN TOO

Contents
目錄

各界讚譽 007

【推薦序】我人生中關於金錢所做對的幾件事 —— Jet Lee 011
【推薦序】我們與財務自由的距離,不遠 —— 愛瑞克 015
【前　言】你的旅程,從這裡開始 019

第 1 章　厲行節儉　025

1-1 邁向退休之路　026
　　——丹尼斯‧費萊德曼（Dennis Friedman）

1-2 拯救自己　035
　　——克莉絲汀‧海耶斯（Kristine Hayes）

1-3 節儉帶來自由　044
　　——山吉布‧薩哈（Sanjib Saha）

1-4 盡早開始財務規畫　053
　　——麥克‧查卡迪（Mike Zaccardi）

1-5 掌握人生主導權　065
　　——姬雅布‧華澤曼（Jiab Wasserman）

1-6 過去與現在　076
　　——喬納森‧克雷蒙（Jonathan Clements）

第 2 章　以家庭為重　　085

2-1　從助人中學習理財　　086
　　──理察・康納（Richard Connor）

2-2　保留犯錯的餘地　　098
　　──安妮卡・海斯卓（Anika Hedstrom）

2-3　曲折卻美好的財富　　107
　　──約翰・古戴爾（John Goodell）

2-4　實現更多目標　　116
　　──麥特・克里斯多福・懷特（Matt Christopher White）

2-5　和伴侶一起規畫投資　　130
　　──桑妮亞・海格（Sonja Haggert）

第 3 章　穩紮穩打　　141

3-1　沒有學到的金錢課題　　142
　　──霍華・羅雷德（Howard Rohleder）

3-2　通往財務自由之路　　151
　　──李察・昆恩（Richard Quinn）

3-3　「米奇計畫」：先還清房貸　　159
　　──菲爾・科能（Phil Kernen）

3-4 填滿你的小豬撲滿　　　　　　　　　　168
　　——凱爾・麥肯托許（Kyle McIntosh）

3-5 謹慎運用你的錢　　　　　　　　　　180
　　——葛瑞格・史皮爾斯（Greg Spears）

第 4 章　非典型道路　　　　　　　　　193

4-1 從金融危機中重生的方程式　　　　　194
　　——詹姆士・克爾（James Kerr）

4-2 崎嶇的金錢旅程　　　　　　　　　　203
　　——唐・索沃斯（Don Southworth）

4-3 在投資中尋找內心的平衡　　　　　　217
　　——威廉・艾哈特（William Ehart）

4-4 修正財務之道　　　　　　　　　　　227
　　——吉姆・華澤曼（Jim Wasserman）

4-5 別忘了投資你自己　　　　　　　　　242
　　——凱薩琳・堀內（Catherine Horiuchi）

4-6 享受「過得去」　　　　　　　　　　256
　　——麥特・卓格頓（Matt Trogdon）

4-7 跟隨自己的內心　　　　　　　　　　264
　　——藍德・斯培羅（Rand Spero）

第 5 章 風險與報酬　　277

5-1 面對下跌的風險　　278
——亞當・葛羅斯曼（Adam M. Grossman）

5-2 一次失敗的投資　　287
——胡安・富爾諾（Juan Fourneau）

5-3 五次幸運的投資　　296
——查爾斯・艾利斯（Charles D. Ellis）

5-4 值得記住的日子　　304
——威廉・伯恩斯坦（William Bernstein）

5-5 我的退休實驗　　313
——詹姆斯・麥格林（James McGlynn）

5-6 一次昂貴的教訓　　325
——林約翰（John Lim）

5-7 從錯誤中學習　　340
——麥克・福拉克（Michael Flack）

【結語】你的金錢之旅是什麼樣子？　　353
【後記】突然間，旅程開始倒數　　355
【後記】無悔的人生　　359

各界讚譽

投資理財除了要遵循理性的原則之外,每個人的不同需求也很重要,本書即能讓人從不同人的金錢旅程中,找到與自己能產生共鳴而有助益的經驗。
──張遠,「Ffaarr 的投資理財部落格」版主

《我的金錢之旅》是任何年齡或經歷、希望能管理好自己財務生活的人必讀之作。它充滿了真實世界中「和我們一樣」的人投資理財的成功故事以及面對的挑戰,沒有比這更好的學習方法。這些故事以及每位撰文者總結出的經驗教訓,為讀者提供了很好的路線圖,幫助他們規畫自己的理財道路。
──傑克・布倫南(Jack Brennan),先鋒集團(Vanguard Group)前執行長暨董事長、《先鋒榮譽董事長談投資》(*More Straight Talk on Investing*)作者

從現實生活中來看，人與金錢的關係是多麼混亂又複雜──但最終都會帶來回報。

──摩根・豪瑟（Morgan Housel），暢銷書《致富心態》（The Psychology of Money）作者

這30個人獨特且引人入勝的財務生活故事中，蘊含了投資者必須學習最重要的一課。財務安全需要自律、定期的儲蓄和投資，盡可能降低成本（例如透過指數化投資）和稅負（例如透過羅斯個人退休帳戶），並避免常見的錯誤。也許比財務健康更重要的是，熱愛你的工作並且真正關心他人，這些會帶來更充實的生活。

──柏頓・墨基爾（Burton G. Malkiel），《漫步華爾街（50週年增訂版）》（A Random Walk Down Wall Street〔50th anniversary edition〕）作者

我喜歡這本睿智作品的每個部分。它的財務成功故事並不是因為有很高的薪水或複雜的投資策略，撰文者將他們的財務自由和內心的安全感歸於更重要的因素：健全的儲蓄習慣、常識，以及一點好運。我在書中彷彿看見自己的故事，而我相信，你也會看到自己的故事。

──克莉絲汀・班茲（Christine Benz），晨星公司（Morningstar）個人理財主管

任何一本書都可以談論個人理財中的阻礙和解決之道。我喜歡這本書的地方在於它講述了個人幾十年旅程中的起起伏伏，有成功也有失誤的故事。沒有人的人生是一條可預測的直線，我們應對突發狀況的方式，正是奠定了財務獨立和安全的基礎。
—— 克拉克・霍華（Clark Howard），知名消費者權益倡導者與Clark.com創辦人

這30篇關於實現財務目標的深刻個人文章，既具有啟發性也富有教育意義。對於所有想要實現終生財務保障的人來說，是一本很棒的書。
—— 康蘇維蘿・梅克（Consuelo Mack），《Consuelo Mack WealthTrack》節目主持人暨主編

我讀了喬納森・克雷蒙的所有作品——他總是充滿思考、洞察力和智慧。
—— 巴瑞・里索茲（Barry Ritholtz），里索茲財富管理（Ritholtz Wealth Management）創辦人及彭博（Bloomberg）播客《Masters in Business》主持人

【推薦序】
我人生中關於金錢
所做對的幾件事

Jet Lee

《我的金錢之旅》這本書中分享了30個關於如何達到財務自由的故事。我想利用這篇文章跟大家分享自己在過去20幾年裡，針對「投資理財」所做對的幾個決定。

我還記得退伍隔天軍隊薪資帳戶只剩20塊。但我在距離退伍前1個月就開始找工作，並且在退伍後10天內談好工作，然後距離退伍不到1個月內就轉換成職場菜鳥。當時我的起薪是2萬7,000元，但有些同袍才剛開始找工作。

趁早開始工作，不要計較起薪低，才能提早累積工作經歷，這樣有利於轉換到更高薪水的工作。

工作3年後，我下定決心利用夜間、假日時間進修取得大學學歷。這不是我比較上進，只是突然發現很多工作的錄取門檻提高到大學畢業了，所以非這麼做不可。於是我開始了2年沒有假

日,晚上下班不能回家躺平的生活。雖然辛苦,但這次進修幫助我在新工作獲得加薪25%。

投資不是只有在股市,投資個人專業技能在金融資產相對低的階段也非常重要。

我剛開始工作時就做了一個重大財務決定:「我一定要買一間自己的房子。」因為從小都是住傳統公寓,雖然生活機能方便,但居住品質也相對差,所以我只鎖定買屋齡低的電梯大樓。決定好之後我就主動跟父母提不再拿錢回家,但會把錢都存下來做為購屋頭期款。當年雖然房價相對於收入也不算便宜,但還是可以負擔得起,所以幾年後就可以自力買進一間房子,並且得到今日近200%的未實現報酬。

提早訂下目標,並且做好收支規畫,持之以恆實踐之後肯定能得到巨大回報。

不管在哪個世代,大多數年輕男生都會希望擁有自己的車,但我知道買車是一個大坑。當年一輛國產車的價格幾乎等同於一間中古屋的頭期款,而這還沒算到每年「養」車所需支付的費用。評估當時工作並不需要使用到汽車,我便壓下買車衝動,然後把這些錢都存下來做為購屋基金。不買車光是每年能省下的油錢、保養、稅費,停車費就有近20萬台幣。

省下不必要的「欲望」,能幫助自己更快達成財務目標。

幾年之後當我的財務狀況變得充裕，便開始思考怎麼讓自己手中的金錢有效增長。相較兼差、創業，金融投資似乎更適合我。曾經嘗試過各種投資方法，最後確定能使資產有效增長的「指數化投資」才最適合工作忙碌的上班族使用。而使用指數化投資幫助我累積達8位數財富。

指數化投資法適合絕大多數人使用。

　　每個人達成財務自由的方式都不同，需要的時間也不會一樣。但我想有幾個重點一定要掌握：提升收入、投資自我、設立目標、控制收支、聰明消費、理性投資。我身邊除了少數運氣很好的朋友能透過某些快速方式達成財務自由，其他絕大部分都是因為有掌握好以上幾個重點而讓自己的人生不再受限。

　　期盼這本書中分享的30個故事能帶來更多省思，幫助讀者順利完成財務自由的金錢之旅。

（本文作者為「Jet Lee 的投資隨筆」版主。）

【推薦序】
我們與財務自由的距離，不遠

愛瑞克

在金融投資的世界裡，有許多位重量級的大師，今天我們都可以很輕鬆取得、拜讀他們的相關著作，例如股神巴菲特相關的書，就多達數十本。只不過，我們之間的距離有點遙遠。這個「距離」不是台灣到美國的距離，而是大師們的財富水準已經遠遠超過我們好幾個量級，再加上許多大師都是金融業內高層，與一般民眾生活在截然不同的世界裡。

好在，有我們手上這本書的問世，縮減了市井小民們對於理財的距離感。書中的30位人物，多半就和你我一樣，是個平凡的上班族、自由工作者，最多只是小型事業的負責人，並非大公司創辦人或總裁、CEO等級的知名人物，卻因為多年來做了正確的事情，而累積到驚人的財富——來自於幾十年「平淡無奇的審慎理財」。

原來，你我也可以！每個人只要願意，都可以做得到。這可是一道曙光、一大福音啊！而且這些真實的案例和做法，就是當前的市場狀況，不是在網際網路或ETF尚未被發明之前，而是活生生在我們眼前上演的世界。也就是說，他們所用的方法，我們

都可以比照辦理；他們所投資的標的，現在全世界任何人也幾乎都能輕鬆取得。

更重要的是，書中所描述的每個案例雖然都是獨一無二的，卻有些反覆出現的共通特性，那便是他們「做對的事情」背後的基本信念、習慣、或價值觀。而這些正是我們可以效法並輕鬆上手的地方。例如，他們都成為長期投資人，也都選擇低成本的投資工具（而不是避險基金、或昂貴的代操）；他們勤奮工作，並且盡可能儲蓄，把大多數的積蓄都用來投資，而不是放在銀行定存。

歸納我最喜歡此書的三個特點：**方法具體可行、案例簡明扼要、故事真摯動人。**

一、**方法具體可行**：如前面所述，這是一本平凡上班族們都能適用、上手的指南。

二、**案例簡明扼要**：全書的30個案例各自獨立，因此篇幅不會過長，只要任何一個案例打中了你、讓你找到了合適的方法，就值了！

三、**故事真摯動人**：每一篇個案都是由當事人自述，雖有經過專業人士協助編輯，但仍保留了「事主」們對自己人生旅程的許多感悟，以第一人稱娓娓道來這些人生起伏的故事，十分能夠引起讀者們的共鳴。

巴菲特曾說：「人一生中與其做錯一堆事，不如好好做對幾

件事情。」我想，此書所整理出來的幾個共通信念、習慣和價值觀，就是那幾件對的事情。持之以恆，時間就會把我們做對的事情以複利效果不斷放大成果，進而實現財富自由，你我都可以！

（本文作者為《內在成就》系列作者、TMBA共同創辦人。）

【前言】

你的旅程，從這裡開始

喬納森・克雷蒙

想像一下你找了一群人——大多數是男性、大多數較年長、大多數是中上階級、大多數受過良好教育，並讓他們描述自己的財務旅程。通常會認為他們的經歷都非常相似，對吧？那你可能會很驚訝。我當時也是。

當我請HumbleDollar網站的29位作者和我一起為這本書撰寫文章時，我不太確定會得到什麼；但隨著最後幾篇文章的陸續湧入，我查看了提交的內容，最讓我印象深刻的是故事的多樣性。通往山頂的路徑有很多，大多數旅程都是偶然開始的，先嘗試一條路線，接著嘗試另一條路線；但是最後，成功的投資人會安定下來，多年來堅持做正確的事情，最終獲得意想不到的財富——沒有人比投資人自己更驚訝了。他們發現大量的財富，竟是來自於幾十年平淡無奇的「審慎理財」。

雖然書中描述的每個旅程都是獨一無二的，但你可能會注意到某些主題一次又一次地出現。以下是令我難忘的八個主題：

（1）父母塑造了我們的財務信念。 這幾乎在每篇文章中都被

強調。相信我，如果你是個家長，意識到你對孩子的影響有多大這件事，是很可怕的，真的很可怕。我們應該堅持父母的哪些信念？哪些應該放棄？對於本書某些撰文者來說，他們一輩子都在掙扎。

（2）**財務自由的關鍵是良好的儲蓄習慣**。雖然是老生常談，但是說再多次都不為過。節儉的美德幾乎是貫穿30篇文章的主題。

（3）**複雜的策略並非必要**。你會一次又一次看到同樣的簡單策略：定期定額投資、提前償還房貸的本金、提撥上限至退休基金、指數化投資。對於初學者來說，個人理財的世界看似令人困惑；但當你深入研究細節就會發現，「複雜」通常會導致高成本和平庸的報酬，而「簡單」不僅能創造更好的財務結果，還能給予一種令人安心的掌控感。

（4）**我們不需要成為偉大的投資人**。這一點也一樣，因為我們大多數人都不是。事實上，大多數人最終得到的投資結果都落後大盤，這就是為什麼指數化投資——謙遜地接受複製大盤的結果——幾乎是所有撰文者都採用的策略。

（5）**成功往往在事後才看得出來**。實現財務獨立通常需要幾十年的時間，而且在此過程中，進展往往顯得勉強而緩慢。然後有一天，我們回顧過去才發現自己已經走了多遠，以及這些小而明智的決定是如何一點一滴地累積，為我們確保一個舒適的未來。你是否處於財務旅程的早期階段並定期儲蓄，但感覺像是一場一次只前進一步的遊戲？想獲得鼓舞，就讀一讀本書的故事吧。

（6）**不要低估運氣的作用**。財務成功往往取決於我們無法控制的事情。老闆看好我們嗎？還是無緣無故地偏袒他人？老闆的生意好嗎？還是我們發現自己在一個被赤字和不斷裁員困擾的組織中掙扎求生？當有了一筆可觀的投資，我們的錢會因為股市欣欣向榮而增加，還是受到股市下跌所打擊？

大部分的人似乎在人生中某個時刻都會受到財務打擊。傷害可能是自己造成的，也可能是突然出現的——一大筆醫藥費、一筆糟糕的投資、家庭成員需要幫助、失業或離婚。這樣的財務打擊可能會讓我們的財富縮水，但是正如你將從一些文章中學到的——這些損害不一定是永久性的。

（7）**我們賦予金錢意義**。金錢就只是金錢，就像瑪莎拉蒂（Maserati）只是一輛汽車、我們從父母繼承的銀器就只是餐具一樣。我要說的是：這些無生命物體背後的意義，比其客觀功能屬性更重要得多——而我對這些東西的感覺可能與你所感受的不同。

我們該花大量時間思考我們賦予金錢的意義及其許多用途。我們買瑪莎拉蒂是因為熱愛精心設計的汽車，還是因為想讓鄰居羨慕？我們之所以勤奮儲蓄，是因為想要財務自由以追求充實的生活，還是因為害怕自己最終會一貧如洗而過度儲蓄？在本書的文章中，許多撰文者探討了他們與金錢的關係，以及他們為了和萬能的金錢和平相處所做的努力。

在最好的情況下，金錢是一種工具，可以提供安全感，讓我們將時間投入到熱愛的活動中、和親人共度特別的時光，並讓我

們幫助周圍的人,不只是家人和朋友,還有那些永遠不會認識的人。我們該如何在這些可能的用途中分配金錢?這就要視個人的價值觀而定——每個人認為有意義並感到充實的事物。

(8)**到了某個程度,我們必須告訴自己「這樣就夠了」**。接著是下一個艱巨的任務:學會對自己所擁有的感到滿足,並享受所累積的錢。這可能是我們心中一直設定的目的地,但大多數人發現旅程似乎永遠不會結束,還是難以感到滿足。這並沒有那麼可怕,人類並不是為了休息和放鬆而生的,而是為了夢想和奮鬥,從這種努力中可以獲得極大的滿足感。

每個為本書撰文的人,都為我在2016年底推出的網站HumbleDollar寫文章。你可能會注意到一件事:30位撰文者中只有5位是女性。儘管多年來有許多偉大的女性個人理財作家——例如席薇雅・波特(Sylvia Porter)和珍・布萊特・昆恩(Jane Bryant Quinn)——但似乎在許多家庭中,資產管理仍是由男性負責。真希望不是這樣。

對於參與本書的作者來說,這些文章通常並非信手拈來。我們很難與自己的生活保持距離,帶著一些客觀性寫作,既不故作謙虛,也不過度自我膨脹。我相信金錢對人們來說是最大的禁忌,大多數人都不願意透露自己財務生活的細節,但本書的撰稿人卻做到了。

不過當他們一做到,便會受到我的折磨。

這30篇文章中,許多都經過HumbleDollar副主編葛雷格・

斯皮爾斯（Greg Spears）的初步編輯；從報業退休的喬・基弗（Joe Kiefer）也給予了一些建議，非常感謝兩位。當葛雷格和喬完成作業後，我就會提出意見，有時很嚴苛。而每一篇文章的作者都非常有耐心地處理我提出的問題和評論。

在投稿者中，亞當・葛羅斯曼值得特別一提。亞當不只是HumbleDollar最活躍的投稿者，而且是他在2021年底推動這個專案，當時他傳了一封電子郵件給我，建議HumbleDollar出版一本書。

這是我與Harriman House編輯克里斯多福・帕克（Christopher Parker）合作的第二個專案。與HumbleDollar的絕大多數作家一樣，我從未見過克里斯多福本人，但如果見了面，我想我們會相處得很開心——因為和他一起工作總是很有趣。

最後但也最重要的是我親愛的伊萊恩（Elaine），她聽說了很多關於《我的金錢之旅》的事情，所以她很熟悉每一位撰文者，而且知道他們所有財務旅程的相關細節。感謝妳願意聽我喋喋不休，也感謝妳明智的建議，我沒有在文章中提到妳，但毫無疑問地，妳是我故事中出乎意料的幸福結局。

【第 1 章】
厲行節儉

如果說有哪一種財務美德比其他所有美德更重要，那就是儲蓄大量金錢所需的「自律」。無論你賺了多少錢，如果不把收入的一部分存起來，為將來的自己做打算，那麼你永遠都無法實現財務自由。幾乎在本書的每一篇文章中，都強調「勤儉節約」這個主題。本章的六位投稿者都把節儉變成了一門藝術——只不過，有些人付出的代價比他們預想的還高。

01 邁向退休之路

丹尼斯・費萊德曼

丹尼斯・費萊德曼在波音衛星系統（Boeing Satellite Systems）製造部門工作了30年後退休。生於俄亥俄州的他搬到加州，擁有歷史學士和工商管理碩士（MBA）學位。他形容自己是「謙虛的投資人」，喜歡閱讀歷史小說和個人理財資訊。

在我20歲出頭的時候，許多朋友都想買昂貴的新車，而我則是想省錢。事實上，我可能太節儉了。有些人把節儉當作榮譽的徽章，但有時候我簡樸的生活方式會讓我覺得丟臉。

當時我是一名大學畢業生，學的是歷史，對於我這樣的人沒有太多工作可選，這可能就是我存下這麼多錢的原因。後來，我確實獲得了MBA學位，但那種不安全感從未消失。

我住的大多數房子都是小公寓，不具有人們在租屋或買屋時所期望的標準便利性。我住過的一些公寓實在很糟糕，害我都不好意思邀請朋友來家裡坐坐。1980年，當我在尋找出租公寓時，某天經過了一棟有兩間空房的老建築。

一間是位於小巷裡的套房，下面是車庫，月租金是300美元；

另一間則是一房一廳的公寓,格局又長又窄,面向街道,這讓我想起了保齡球館的球道,租金是500美元。我選擇了套房,因為比較便宜,我可以節省更多錢。當時我擔任生產管理計畫員,賺了不少錢,但我決定厲行簡樸的生活。

這完全不是個安全的地方。我隔壁公寓住了一個毒販,而且我的車不止一次被人橇開闖入;還有一次,有人從洗衣間裡偷走我的衣服。但是這些都沒有讓我感到不安——直到新屋主將我的租金提高到390美元,那一刻我才意識到,如果我想要實現財務自由,我需要更加穩定且可預測的居住成本。我知道如果我繼續租房子,房東隨時都可以調高我的租金,而我會無法控制其中一項最龐大的支出——我的住宅。

我的第一筆大投資

1985年時,我在加州長灘找到了一間待售的一房一廳小公寓,空間大小是789平方英尺(約22坪)。公寓位在一棟美觀、安全的三層樓建築頂樓,俯瞰著街道。因為房子前面有一棵大樹,而樹頂就懸在公寓的前方,感覺就像住在樹屋裡。步行即可到達海灘和許多不錯的餐館,這似乎是安頓下來的理想地點。屋主開價10萬2,000美元,但我能夠將價格談到至9萬1,000美元。

我第二天早上起床時就後悔了,我對第一次成為購屋者感到焦慮。我以前從來沒有買過這麼貴的東西,唯一買過真正有價值的東西,是一輛新的1976年水星卡普里(Mercury Capri),那輛

車只花了我 4,500 美元。那天我去上班時，想像著擁有那間公寓可能出錯的所有事情：萬一我失業了怎麼辦？如果我申請貸款被拒會如何？前面那棵大樹會成為問題嗎？面對街道會不會太吵？

我坐在休斯電子公司（Hughes Electronics）老闆的辦公室裡討論一些製造問題，他問道：「你有什麼困擾嗎？」大概是因為我的舉止表現出我對買屋的不安全感吧。

我告訴他我要付訂金買一間公寓，但我正在考慮取消這筆交易。我說：「我不知道這對我來說是不是一筆划算的交易。」接下來他說的話令我感到安心，他指出一些成為屋主的優點：買屋可以增加我的淨資產，因為如果公寓升值，我的房屋淨值就會提升；我還可以在納稅申報表上扣除房屋貸款的利息和房產稅，所以這聽起來像是一筆不錯的交易。這些正是我需要聽到的話。

那間公寓是我做過最好的投資之一，我的房貸每月只比我為那間破舊的一房公寓支付的租金高出約 150 美元。後來，我以較低的利率再融資，我的抵押貸款還款額甚至更少。我最終在 14 年內還清了房貸。

「買公寓」這件事讓我走上了財務保障的道路。由於我的居住成本低且穩定，我住在那裡的 35 年節省了很多錢。我把 401(k) 退休金計畫[1]自行提撥額調至最高；到了 50 歲時，我還是會定期

1　401(k) 是美國一種由雇主提供的退休儲蓄計劃。員工可以從工資中提撥一部分存入 401(k) 帳戶，該金額通常可享稅負優惠（例如免稅或延稅）。雇主有時會提供匹配供款，增加儲蓄額。帳戶資金通常投資於股票、債券或基金，隨時間增值，為退休提供保障。不過，提早領取可能會面臨罰款和稅務影響。

調高退休儲蓄的自行提撥額。我剩下的額外資金都投資於先鋒集團（Vanguard Group）的應稅投資帳戶。我的薪資一直在增加，但是居住成本卻在下降，對於狂熱的儲蓄者來說，這是一個完美的情境，我感覺就像身在天堂。

當我在2020年以38萬美元出售我的公寓時，那間在小巷裡車庫上面的老舊一房公寓租金是1,564美元，如果我還住在那裡或是租別的公寓，就永遠無法節省這麼多錢。在我賣掉公寓時，我的居住成本大約是每月600美元，費用包括大樓管委會、房屋土地稅、保險和水電費。我很少需要自掏腰包進行維修。

成為長期投資人

雖然我在「存錢」方面做得很好，但我在「投資」方面的表現卻不是很好。我在不同的共同基金和股票間不停地殺進殺出，試圖找到對的投資標的——直到有一天我得到了一些如同長輩會給的建議。

我以前每天下班前都會打電話給我的母親，如果我不打給她，她就會以為出事了。某天我打去時，是父親接的，他開始談論某個在廣播中提供投資建議的人，並鼓勵我在周末聽他的節目。我雖然抱持懷疑態度，但還是聽了一下。

那是1990年代初期，主持人開始談論一種叫做蜘蛛（Spiders）的東西——也被稱為標準普爾存託憑證（Standard & Poor's Depository Receipts，SPDR），以及談到先鋒500指數基金

（Vanguard 500 Index Fund）。我一開始並不知道那傢伙在說什麼，我不知道投資人可以買共同基金（Mutual Fund）或交易所交易基金（Exchange-Traded Fund，ETF，也稱「指數股票型基金」），試圖複製像是標普500指數（Standard & Poor's 500）這種大盤的績效。但是，我愈聽到他談論這些類型的投資成本更低、產生的應稅收入更少，而且高度多元分散，我就愈喜歡他說的內容。

他的一句話真正引起了我的注意：如果你投資指數基金，就消除了投資中最大的風險之一──績效落後股市。多年來，我一直想透過投資主動式管理基金和個股來超越大盤，但都沒成功，而這句話聽起來很正確。我開始將低成本、擁有多檔個股的指數基金，作為我投資組合的核心持股。

不幸的是，我還聽了主持人說的另一句話──這個建議害我浪費錢又夜不成眠。他是個擇時交易者，他對那斯達克綜合指數（Nasdaq Composite Index）發出了重大的買進訊號，並建議買進景順QQQ信託（Invesco QQQ Trust）這檔指數ETF。我以每股70美元的價格買進QQQ，然後看著它跌至20美元，我發現自己在野蠻熊市中投資了股市中波動最大的部分。隨著股價暴跌，我感覺自己就像沒穿降落傘就從飛機上跳下來一樣，而且不是只有我一個人，我還說服我姊姊入坑，然後我爸爸也跳了進去，他不想錯過這個機會。我對拖著他們一起下水感到很抱歉。

QQQ過了很多年才回到讓我損益平衡的股價。關於預測市場時機，我學到了一個重要的教訓：預測股市在短期內會發生什

麼事，是極其困難的一件事。在那次財務災難之後，我決定保持簡單，成為一名長期投資人。在我退休時，幾乎所有的錢都只存在三檔基金：約35％投資於先鋒整體股市指數基金（Vanguard Total Stock Market Index Fund），20％投資於先鋒總體國際指數基金（Vanguard Total International Index Fund），以及45％投資於先鋒總體債券市場基金（Vanguard Total Bond Market Fund）。我從痛苦的教訓中了解到，這三檔基金就是我實現財務目標所需要的一切。

父親的教訓

雖然在我退休時，擁有相當可觀的投資組合，但我仍然沒有經濟安全感，部分原因是我和父親的一次談話。有天晚上，我接到他打來的電話，問我能不能馬上過去。我知道一定是有很重要的事，因為我住在大約40公里外，當時的尖峰時刻交通很糟糕。

當我到達時，我們上樓去父母改成書房的一個小房間。他遞給我平板電腦和筆，開始告訴我他們所有的錢都存在哪裡。我馬上就知道父親在做什麼，他在安排後事。

父親當時已抗癌兩年了，經歷了多輪化療和放射性治療，甚至嘗試過實驗性治療來對抗癌症，他終於意識到自己抗癌不會成功了。他想確保我知道每一分錢在哪裡，這樣我就可以在他過世後協助母親。大部分的錢都在先鋒集團，但也有些錢在幾間銀行和一間券商的帳戶。

我聽著父親的話時意識到，擁有足夠的生活保障收入是多麼重要。他知道只靠他的社會保障福利（Social Security）[2]和他們微薄的退休儲蓄會很難生存。我父親在65歲時領取社會保障，母親每個月還有495美元的小額退休金，來自她在一間百貨公司擔任總機接線生的日子。他們拒絕母親退休金的遺屬年金選項，這表示如果母親先去世，父親將一毛錢也拿不到。他們認為她的退休金太少了，選擇領遺屬年金並且現在領取較少的錢並沒有意義，而且女性的預期壽命比男性更長。事實證明這是正確的決定，我的母親一直活到96歲，比父親晚7年才去世。

那天晚上我離開父母家時，我知道將自己的社會保障延後到70歲是明智的決定。我看到父親臉上憂心忡忡的表情，知道母親的積蓄可能用完了，他的社會保障福利金和她微薄的退休金可能不夠她生活。儘管如此，等到70歲才領取社會保障福利金並不容易，從儲蓄中提取資金來支付我們所有的生活費用很困難，尤其是在領取了40年的薪水之後。就算知道我所有的朋友和熟人都沒有等到70歲也無濟於事，我一直在想我的母親，以及更多的錢如何讓她的生活更有經濟保障。我想給我妻子這樣的保障。

還有另一個原因讓我延後領取福利：這能降低我的應稅收入。在我等待申請社會保障時，我可以轉換到更大額的退休金帳戶。這表示從72歲開始，我的最低強制提撥金額將會更低。

等待領到更高金額的給付非常值得，我目前的社會保障金每

---

[2] 註：美國聯邦政府提供的社會福利計畫，包含退休、殘障、遺屬等經濟援助。

年超過4萬美元。如果我必須和我的繼子談我們的錢,我可以告訴他,只要我們活著,我的大額給付應該足以支付我們的基本生活費用。同時,我們過得很開心,我們可以更自由地花錢,因為我們知道有財務後盾。當專家說「收入可預測」的退休人員更快樂時,他們可能說對了。把我妻子和我的社會保障加在一起時,這筆錢足以在市場動盪時期支付我們的生活費用,這表示我們可以讓投資組合有時間從任何市場的打擊中反彈。也許最重要的是,領到更高金額的給付讓我們不必擔心。

回首過去,我曾執著「要存夠錢,這樣我就可以提前退休」的想法。我確實在58歲時提前退休了,即便如此,我還是沒有財務安全感——直到我開始領取社會保障金。

明天就是現在

雖然我現在已經過著經濟舒適的退休生活,但我也有遺憾,我希望能早點去旅行,而不是等到退休後才去旅行。與其累積比需要更多的財富,我應該把其中一些錢投資於去歐洲、亞洲甚至澳洲旅行。一個喜歡旅行的70歲老人,卻只出國兩次——加拿大和墨西哥(如果墨西哥的提華納〔Tijuana〕³也算的話),這似乎不太合理。

---

3 註:提華納是美墨邊界的墨西哥城市,由此入境墨西哥完全不需入境檢查,對許多美國人來說彷彿沒有出國。

等到退休後，我才開始做一些一直想做的事，這可能是一個錯誤的決定。我幾乎是在退休後立即承擔了照顧父母的責任，而後來就爆發了疫情大流行，這些情況阻止我計畫在退休後要做的事。我已經退休12年了，時間一直流逝，我卻還在等待充分體驗退休生活的一切。

我迫切想要開啟我的退休生活，我覺得自己還沒有過上充實的人生，這是種痛苦的感覺，再多錢也無法彌補。而讓這種感覺消失的唯一方法就是——去體驗生活，我打算餘生都要這麼做。

三個教訓

- ◆ 如果你買了一間價格合理的房子並長期居住，就能鎖定你的居住成本，隨著你的收入增加，你應該享受更多的財務喘息空間。
- ◆ 複製大盤的指數基金消除了投資的最大風險之一——績效落後市場平均水準的風險。
- ◆ 不要把你所有的夢想延遲到退休。你可能會發現，當時機成熟時，突發事件或健康情況不佳，會讓你無法去做一直想做的事。

02 拯救自己

克莉絲汀・海耶斯

克莉絲汀・海耶斯擁有生物學碩士學位,並在奧勒岡州的一所小型文理學院擔任生物系主任24年。她的消遣包括馴狗和競技手槍射擊。她和丈夫最近退休搬到亞利桑那州。

我認為在40多歲時發生在我身上的不是中年危機,而是中年重塑。

我在生理和心理上都改變了自己。我減掉了近10公斤的體重;我開始了混合健身(CrossFit);我學會射擊,並開始參加手槍射擊比賽取得勝利。我花了相當多的時間評估生活的各方面,我苦苦思索了很久,什麼事讓我快樂、什麼事讓我不快樂。我發誓要清除一切不再帶來快樂的東西——我心愛的威爾斯柯基犬被我留了下來,而我丈夫沒有。

在結婚近20年後離婚,並沒有我想像的那麼痛苦。多年來,我一直覺得自己被困在一段沒有愛的婚姻中,我和丈夫一直像大學室友般生活,而不是一生的伴侶。我們分開度假、財務也分開、幾乎沒有共同的朋友,從我們對音樂的品味到追求的愛好,

所有事情都截然不同。

我們同意賣掉房子，以及在過去20年中取得的大部分東西，這是離婚協定的一部分。在短短幾天裡，我搬出3,000平方英尺（約85坪）、徹底翻新的房子，搬進600平方英尺（約17坪）、至少30年沒有重新裝潢的公寓裡。我需要的幾件家具都是從網路上買的二手貨。

儘管我生活的每個方面幾乎都被打亂了，但我覺得自己比過去那些年來得更快樂。然而，我的腦海裡有一股沉重的壓力，我不知道該怎麼處理下半輩子的財務。

2013年，當我的離婚手續完成時，我已經為同一個雇主工作了15年，我每年賺5萬7,000美元，當時居住在生活成本比全國平均水準高出30%的地區。我對理財或投資幾乎一無所知。

我離婚時只剩下一輛二手車、兩隻狗和大約8萬美元的現金。我設法保留了403(b)[4]退休金帳戶的全部，但是我也失去了幾十年前得到的一小筆州退休金福利的一半。

在接下來的一年裡，我花了大部分時間來適應我的日常財務狀況。我開始記錄我花的每1元，這個習慣一直持續到今天。我有一個小筆記本，詳細記錄我的收入以及每筆支出，無論金額大小。到了2014年底，我很滿意自己的收入和消費習慣處於平衡狀態，每個月的錢都綽綽有餘，可以支付房租、水電費、保險費

---

4 註：403(b)是美國政府以賦稅優惠的方式，鼓勵民眾自我儲蓄的一項退休金，該計畫允許員工由稅前薪資以免稅方式提撥至個人帳戶，等到提領時再付稅，但因當事人已年邁，所得較低，稅率也較低。

和食物,還能應對任何額外的支出。我決定該是時候自學投資和退休計畫,以確保我繼續擁有穩定的財務生活。

很快地,我就把所有業餘時間都花在學習個人理財上。我的閱讀清單包括:蘇西・歐曼(Suze Orman)的《女人與金錢》(*Women and Money*)、湯瑪斯・史丹利(Thomas Stanley)和威廉・丹柯(William Danko)的《原來有錢人都這麼做》(*The Millionaire Next Door*),以及後來變成HumbleDollar網站的年度財務指南。我每天晚上睡覺前都會聽戴夫・拉姆齊(Dave Ramsey)的播客,我讀了金錢鬍子先生(Mr. Money Mustache)的部落格文章,也讀遍了Bogleheads論壇上發布的大量資訊。

要理解我所得到的資訊並非總是一件容易的事,我經常感到不知所措,而且可能會因過度分析而無法做決定。我知道我需要制定一個計畫,對我的財務管理方式進行微小、系統性的改變。

我的旅程開始了

2015年一開始,我就下定決心要把我的財務狀況整理好。第一步是計算我的淨資產,因為我沒有負債,所以計算並不困難。我的退休帳戶、現金儲蓄、汽車的總價值僅略高於25萬美元。我很高興能知道,在47歲時,這個數字代表我已超過了這個年齡層的淨資產中位數。

接著我回顧自己的退休基金是如何投資的。我投資於TIAA

403(b)[5] 退休金帳戶，我的雇主每個月都會在這個帳戶存入相當於我薪資10％的金額。從1998年到2004年，我所有的提撥金額都存入了一個保證報酬的帳戶。當時我以為安全地投資我的資金——帳戶保證每年至少賺到3％——是確保累積可觀退休金的最佳方式。

2005年時，TIAA的一位代表說服了我，以我這個年齡來說，我的投資太保守了，他建議我考慮撥款至共同基金帳戶。那一年稍後，我選擇將新的提撥金額直接投入股票共同基金。

當我2015年回顧403(b)帳戶的績效時，我對自己獲得的報酬率並不滿意。17年來，我的錢一直在增加，只不過速度很慢。但是我確信我需要投資於能夠長期提供更高報酬率的帳戶，我也知道我需要開始將更大比例的薪水用於退休儲蓄，這樣我的積蓄就會增加得更快。

我的財務路線圖最後一部分是建立一個具體的目標。我知道，如果沒有一個目標可以奮鬥，我更有可能失敗。我決定讓退休帳戶達到25萬美元，我打算穩定地將一部分薪資提撥至股票共同基金來實現這一目標。從2015年開始，我每月從薪水中提撥500美元，投資於成長型股票指數基金。我的雇主向我帳戶提撥的金額分別投入2035年目標日期退休基金和國際成長型基金。

隨著我的帳戶餘額增加，我有了動力存更多錢。很快地，我

5　註：TIAA（Teachers Insurance and Annuity Association）是美國教師保險與年金協會。TIAA 403(b)是一種針對特定機構（如教育機構、非營利組織、醫療機構等）員工提供的退休儲蓄計畫。

每個月就要提撥1,000美元了；到了2016年，我每個月從薪水提撥的金額將近50%。節儉的生活變成了一種遊戲——一個我很喜歡的遊戲。我從圖書館借書，而不是從亞馬遜買書；我每天都自煮午餐，這樣我就不會被誘惑出去吃飯了；我的娛樂僅限於那些我可以使用Amazon Prime會員資格免費觀看的節目和電影。

我也開始接受自由寫作案件，以此來補充我的收入。我賺到的錢差異很大，有些月份一毛錢也沒多賺，有些月份我多賺400或500美元。到了2016年底，我實現了第一個財務目標——退休帳戶首次突破25萬美元大關。

著眼退休

2017年5月，滿50歲時，我開始認真思考我想全職工作多久。在我的個人理財教育過程中，曾經認識到「財務獨立、提前退休」（FIRE[6]）的運動。我讀過一些故事，有些人在60多歲之前就停止了工作。

我開始認為，等到了我55歲時可能會結束全職工作，那時，我有資格透過雇主獲得提前退休的醫療保險。這項福利代表我可以自由地從事兼職工作，而不必擔心能否獲得醫療保險。

我有信心在接下來的5年保持我的儲蓄速度。雖然我不是特

---

6 註：FIRE是Financial Independence, Retire Early的縮寫，意為財務自由、提早退休，是近年來十分流行的理財運動。

別喜歡住在公寓裡，但我還是願意在那裡多住幾年，我並不預期會有任何阻礙我繼續儲蓄大部分薪資的大額花費。我決定我的第二個主要財務目標是——有足夠的財務穩定性，以便在55歲時轉向兼職工作。

我在成年後第一次感覺自己有了一個堅實的財務計畫和一個崇高的目標。讓我感到安慰的是，當我55歲時，隨時可以重新評估自己的情況；如果需要的話，我可以繼續全職工作，直到達到財務安全為止。

計畫改變

生活會為每個人帶來挑戰，而對我來說，2018年是重大變動的一年。與2012年不同的是，當年我清除了人生中所有令我感到空虛的事，而2018年是充滿幸福感的一年。我又養了一隻幼犬、搬出了破舊公寓並買房再次成為屋主。而帶給我最大快樂的改變是——我再婚了。

在我身為單身女性時制定的財務計畫，突然不再適用了。以前提撥至我退休帳戶的錢，現在被用來繳房貸。一夜之間，我從一人兩犬的家庭，變成了兩人四犬家庭中的一員。我不知道提前退休的目標是否仍然可以實現。

我先生比我大13歲，我們結婚時他已經退休了，我們倆都期待著我可以停止工作的那一天。我們渴望搬到別的地方，因為我們都受夠了太平洋西北部的天氣和政治。

2019年，我們參觀了兩個考慮退休後要居住的地點。在我們首選的地方，房屋市價超出了我們的預算；第二個選擇是位於亞利桑那州鳳凰城外一個55歲以上者的社區，那裡的房屋仍在預算範圍內，我們對三間房子出價，最終成功買下了其中一間。這個社區擁有我們想要的一切：多個休閒設施、便捷的醫療服務，以及一群活躍的退休居民。如果日後需要一份兼職工作，社區內有就業機會可選擇，這令我感到放心。

在不到一年內買了兩間房子，讓我有點緊張。令我感到欣慰的是，我們的房子都是簡陋的建築，每一間都是在1980年代建造的。這兩間房子從蓋好以來都沒有進行過重大的更新或翻修，因為我有能力自己動手做，所以需要投入一些時間和精力來修理房子這件事，並沒有讓我因此退縮。

在房價開始以創紀錄的速度飆漲之前幾個月，我買了兩間房子，這是我做過最有益、最幸運的財務決定之一。這兩間房屋在2020年到2022年間都大幅升值，當我們在2022年初出售在波特蘭的房子時，我們獲得了豐厚的收益，那時我向雇主遞出辭呈，然後開始享受提前退休的生活。

此時此地的我

在2021年底，我將總退休投資組合的40%轉移到了TIAA傳統帳戶中，因為這個帳戶結構的關係，部分資金保證以1%的利率成長，但大部分以3%的保證報酬率成長，實際的成長率一直

高於這些保證的最低水準。我 TIAA 帳戶餘額的其餘部分，則投資於幾個指數型基金。我的州退休金基金保證每年賺取 7.5％ 的報酬。

如果我選擇將 TIAA 傳統帳戶變成年金帳戶，到時候我可以有好幾種領取選擇，我可以選擇僅領取利息或終身月給付，或者我可以在 10 年內有系統地提領所有資金。雖然年金選項沒有保證隨著每年生活成本增加，但該基金通常會增加支付給受益人的分配金額，包括 2022 年增加了 5％。

我希望在 65 歲之前不必動用退休金帳戶裡的任何一毛。在我們退休的最初幾年裡，我和丈夫計畫靠他的退休收入生活。我們也有出售奧勒岡州房屋的收益，如果有需要，我可以在 62 歲時申請我的社會保障金，我丈夫則將他的福利金延後到 70 歲。

當我回想我的個人理財旅程時，我會思考哪些事情能用不同方式做。真希望我當初爭取保留我的州退休金，而不是放棄一半給我前夫；真希望我在 20 幾歲時就開始將部分薪資提撥於退休基金，而不是等到 40 幾歲才這麼做；真希望我在年輕時就投資了更積極的共同基金。

但我無法改變過去。我的人生在此之前，充滿了我沒有預期到的曲折，我也知道幸福是用錢買不到的。在生命中的這一刻，當我坐在廚房的桌子旁寫作，看著我們的四隻狗在後院嬉戲時，我一如既往地滿足。

三個教訓

- ◆ 如果你設定了具體的目標,包括目標金額,就更有可能取得財務進展。
- ◆ 人們經常說出的兩個遺憾:他們希望自己在職業生涯的早期就開始儲蓄、希望當初分配更多錢投資股票。
- ◆ 制定計畫,但要做好重新制定計畫的準備:我們的生活經常發生變化——有時是好事,有時不是——這可能需要重大的財務變化。

03
節儉帶來自由

山吉布・薩哈

山吉布・薩哈的職業是軟體工程師，但現在他正進入提前退休的階段。他自學了投資，以非本業的身分通過了美國證券業的 Series 65[7] 執照考試。山吉布熱衷於增加金融知識，並樂於幫助他人理財。

在2000年時，我於一間美國軟體公司工作並搬到美國，當時我並不打算永久住在這裡。我取得 H-1B 簽證[8]來美國，這是允許非移民外國人獲得臨時工作的簽證。我想自己可能會在美國工作幾年，然後回到我成長的印度。

結果並非如此。

當我開始工作時，是在家鄉加爾各答擔任軟體工程師；但是

---

7 註：Series 65是美國大多數州要求個人擔任投資顧問的許可證，取得此證照需通過考試，測試投資、財務規畫及倫理等方面知識。

8 註：H-1B簽證是美國政府為外國專業人士設立的一種工作簽證，允許外國人在美國從事特定的專業工作。這些工作通常需要至少本科或同等學歷的專業知識，如科技、工程、醫療和金融等領域。

身為旅行愛好者，我抓住出國工作的機會，以了解新的文化。我的計畫是在年輕時到其他國家工作，最後和妻子一起回到加爾各答定居。美國在我的願望清單上，而我偶然遇上了一個機會。

1990年代後期，在愛爾蘭工作期間，我回到加爾各答探望父母，遇到了一個住在美國的熟人，他在一間軟體公司工作。那個年代的許多軟體工程師都認為，自己工作的公司是頂尖的軟體公司。他感覺到我的羨慕之情，於是要我給他一份履歷，我並未抱持太大希望，但在他的堅持下，我還是打了一份履歷。

回到愛爾蘭後，我就忘記了這整件事，但是他沒有忘記。後來有一位人資打電話給我，要我進行幾通電訪以確認我的技術知識，當我通過了這個考驗，人資就提出請我去美國總部面試。由對方支付跨大西洋旅行的所有費用聽起來很划算，於是我很快就坐上了飛往太平洋西北岸的飛機。

我在兩天內被面試了十幾次，真的非常辛苦。我被各式各樣的問題轟炸，甚至還有腦筋急轉彎的題目和奇怪的演算法問題。到最後，我覺得自己浪費了每個人的時間，沮喪地回到了愛爾蘭。

隔週，人資回電給我時，我原自以為沒有達到他們的標準。但令我驚訝的是，她向我說恭喜：我被錄取了。

我在愛爾蘭的同事和主管都建議我接受這個職位。雖然我傾向接受，但是有個缺點：在我30多歲時再接受另一份外國工作，會延後我最終回到印度的時間。

另一方面，好處實在太吸引人，難以忽視。成為一間轉型中公司一員的機會，可能再也不會出現，我將探索一個充滿自然奇

觀的美麗國家,而這份工作可能是我實現財務自由的門票——原因有兩個。

首先,可以在一個高收入的國家工作,再回到一個生活成本低的國家。在我的家鄉,即使是微薄的積蓄也可以撐很久。我之前的海外工作已經存了一點,如果能花個幾年的時間儲蓄美元,我就能有更高的財務安全性。

第二,我的薪酬待遇包括股票選擇權——這是我以前從未聽說過的福利。人資解釋,當選擇權最後進入我戶頭時,公司股價只要從我入職以來有任何一點上漲,我都能大賺一筆。近10年來,這間公司的股票一直飆漲,她開玩笑地說,參考過去的股價走勢,股票選擇權會讓我賺很多錢。只不過,由於網路泡沫破滅,後來我所有的股票選擇權到期時都變得一文不值,而且15年內都沒有漲回來。快速致富的美夢也破滅了。

因為我天真地將公司股票過去的績效推斷到未來,所以整體薪酬方案看起來非常有吸引力。很棒的工作、美麗的地方、豐厚的報酬,我還能要求什麼呢?我在2000年初時接受了這份工作,搬到了美國。

人生的方向

我人生的新篇章一開始很不錯。那年夏天,我去拜訪了一位多年好友,他已經在美國定居。能夠與他聊近況、和他的家人共度時光,讓我感到非常愉快。他的妻子建議我買房,當我回答自

己打算幾年後回印度時,那位朋友笑了,而且他還做出三個預測:我很快會變胖將近10公斤、沒有時間與朋友聯絡、還會永久居住在美國。我和他打賭說他猜錯了。

在接下來的幾年裡,我們都沒有聯絡,直到悲劇發生。我的朋友腦中風,需要仰賴維生系統,我盡快飛去看他,但遺憾的是,他再也沒有醒過來。我沒有機會向他道別,更不用說我輸掉那三個賭注而必須請他吃一頓大餐。

朋友的英年早逝令我非常震驚,他根本還不到40歲。我覺得我的時間也在倒數了,我開始想像未來的自己,以及在經濟上必須依賴我的家人,如果我死了,他們會如何?誰會出席我的葬禮?他們會如何形容我?我的中年危機很早就開始了。

與此同時,我也經歷了一些起起落落。我在2003年離婚了,接下來我過了一段極其節儉的時期,並且把我的財務狀況整理得井井有條。我告別了一切奢侈品——全新的汽車、寬敞的出租公寓、度假旅行、手機,甚至和朋友出去玩。為了節省房租,我在一個不怎麼樣的地點買了一棟採光不佳的連棟別墅,除了雜貨和必需品,我很少買東西;我自己做菜,並將社交活動限制在偶爾與密友聚會吃些家常菜;當地圖書館成了我唯一的書籍和影視來源。我的生活成本只有4位數,但是收入卻有6位數,就這樣過了不久,我的財務狀況回到了正軌,能夠恢復不那麼節儉的生活方式。

我在幾年後再婚,放棄了返回印度的計畫,決定在美國永久定居。最後這個決定否決了我的財務自由計畫,再也不能指望以

後的生活成本會更低了。我當年38歲，必須從頭開始我的財務之旅。

我朋友的死也敲響了警鐘。我不能再拖延了，必須認真對待我的經濟責任，尤其是現在我不僅再婚了，還有一個繼女。我提高了壽險和失能險的承保金額，為我的財務帳戶指定受益人。我想我需要做的不只是漫無目的地儲蓄——我需要計畫。就在那時，我發現了自己在金錢方面最大的錯誤。

我對股市及其在長期積累財富方面不可或缺的作用毫無所知，我浪費職涯的前15年，只是把錢存在銀行的儲蓄帳戶中。很可惜，我錯過了許多年在股市創造複利的機會。沒錯，我沒有拿著現金坐在場邊，等待更好的投資時機；相反地，我只是坐在邊線，以為自己就在場內。

幸好我還擁有一項寶貴的資產——創造收入的潛力——這抵消了我大大小小的許多財務錯誤。我很幸運，軟體工程對我這個世代的人來說，是一個可靠的職業，不僅提供了許多工作機會和高薪，還提供了樂趣和滿足感。穩定的收入和它提供的安全感，是我最大的經濟實力。

當我花時間學習投資和個人理財，導正我的財務錯誤就變得很容易了。我把401(k)退休金提撥拉到最高，把錢投入多元化的股票基金。我養成了習慣，將積蓄投資於便宜的指數基金。因為工作和家庭的需要，還有我對各種愛好的追求，我忙得沒有時間去關注市場的噪音。事實上，這是因禍得福。

面對退休準備

2000年代過得很快。妻子重回職場，額外的收入支撐著我們的家庭財務。我的繼女開始上小學，然後在不知不覺中，她就進入了一所本州的大學。身為空巢老人的我們，日常生活的腳步慢了下來，讓我有時間專注於一直困擾我的事情。

與一個陌生人（暫且稱他為泰德）的短暫互動，讓我對我們的財務狀況感到焦慮。泰德是我的雇主在當地通勤時使用接駁服務的兼職司機，有一天，我在上班時身體不適，需要搭車回家，泰德便開著一輛車出現了。

泰德看起來6、70歲左右，他很想找人聊天，從他在紅綠燈和交通尖峰時刻的言論來看，我認為他對自己的工作感到不滿。我很好奇為什麼他這個年紀還在工作，尤其是他看起來這麼討厭他的工作。

泰德並不介意我的好奇心。他工作了35年後，於幾年前退休。退休後的頭幾年過得很順利，直到2008年金融危機爆發，他的退休金已經縮水了，所以不敢再把錢投入股市，相反地，他需要持續的收入來補回他的投資。他認為自己短期內不能「重新退休」。

他的故事令我難以置信。一個世界上最富有國家的公民，在工作了幾十年之後，怎麼可能負擔不起退休後的費用？他是否在炒房或其他瘋狂的快速致富計畫中賠了錢？我不知道發生了什麼，但後來當我發現金融危機對剛退休者的影響時，我得到了一

個線索。泰德可能是眾多投資人之一,這些人看到市場暴跌就恐慌,然後把他們的投資全部贖回,並且發誓再也不要買股票。

泰德的故事讓我很擔心。當我不再領薪水時,我也會落得同樣的下場嗎?我需要多少錢才能退休?我需要工作多久才能退休?我的女兒正在讀大學,現在是我研究退休準備的好時機。

這個準備很巨大。當我在退休計畫的迷宮中穿梭時,我的試算表變得過於複雜,有幾十個參數和巨集,我沒想到會有這麼多的變動項目和未知,我根本沒有頭緒,不知如何為退休金設定目標規模,而根據我的假設和輸入的資料,產生的數字會有很大差異。

後來我突然意識到,原來是我問錯了問題。重點不是我需要多少錢才能舒適地退休,問題在於我自己的時間和獨立性是否比經濟上的舒適更有價值。重點是鼓起勇氣,設定一個退休日期。

為自己爭取更多時間

由於思維方式的改變,我的試算表似乎開始對我有幫助了。除非發生什麼災難性的事件,否則我離財務自由不遠了。在我47歲生日那天,我下定決心要在3年內,也就是2017年底退休。我寫下了1095這個數字——距離我50歲生日還有幾天——然後把它釘在廚房的牆上。

我女兒覺得很有趣,我妻子覺得驚訝而不是焦慮。我真的有能力這麼快就離開這個高收入的職業生涯嗎?特別是我的起步較

晚。說實話,我也有點困惑,直到我分析了我們的現金流。祕訣不在於精明挑選的股票獲得超額收益,也不在意外之財;正好相反,是因為我們的生活開銷比我們的收入還要低得多。

節儉在我心中根深柢固,這要歸功於我的父母。他們還傳授了許多其他健全的理財習慣,這些習慣在我的一生中給了我很多幫助。從學生時代起,我就能夠負責任地處理金錢並控制開支,我在印度的一個中產階級家庭長大,也學會了厭惡債務,還清貸款總感覺像是一種成就。

我們的低花費在兩個方面有很大的幫助。首先,不需要很多積蓄來維持我們樸素的生活方式;第二,我們超高的儲蓄率通常至少占家庭稅後收入的60%,這讓我們很快就達到了財務安全所需的金額。我們定期定額投資的複利成長,發揮了它的魔法。

需要釐清的是,我們的財務狀況一點也不穩定,尤其對於提前退休的人來說更是如此。這個計畫本來可能會傷害到我們,但我想把握機會,因為我知道如果事情不順利,我還可以扭轉局面。我妻子並不打算在不久的將來停止工作,再加上我的計畫靈活性,事情變得比較簡單。

在我即將過50歲生日時,我對主管提出了退休的規畫。他的絕妙建議是我所得到最好的財務指導:他建議我逐漸減少工作時間,而不是突然停止。我接受了提議。

在50歲時轉為兼職工作的效果很好,我到現在還是很喜歡這麼做。我有額外的時間用於我的個人興趣。沒有了高強度的工作壓力,也沒有了依賴薪水的感覺,我更喜歡我的工作了。我適

度的消費習慣可能對其他人來說沒有吸引力，但是這為我帶來了人生中最大的奢侈品之一——財務自由。

三個教訓

- 如果你每年存更多錢，你的投資組合就會成長得更快——而且就不需要那麼多的積蓄才能維持未來的退休生活。
- 我們在投資時都會犯錯。但如果你在職涯早期就開始賺取穩定的收入並且謹慎地儲蓄，這些錯誤通常很容易克服。
- 當你接近退休年齡，不要只想著你需要存多少錢才能有財務保障，也要想一想你的時間值多少錢——以及是否比你所領到的薪資更有價值。

04
盡早開始財務規畫

麥克・查卡迪

麥克・查卡迪是財務顧問和投資公司的自由撰稿人。他持有特許金融分析師（Chartered Financial Analyst，CFA®）和特許市場技術員（Chartered Market Technician®）證照，並通過了認證理財規畫顧問（Certified Financial Planner，CFP）的課程。麥克也是北佛羅里達大學的金融講師。

我的第一份工作，是在我家附近的市民高爾夫球練習場上駕駛高爾夫撿球車，那是2003年，當時我還在念高二，我的薪水是每天10美元現金，外加免費打高爾夫的權利。上場時間對我來說很重要，我是一個球技平庸的高爾夫球手，而我想要進入高中的球隊打高爾夫球。

18年過去了，我現在34歲了，我的存款超過600萬美元──這是我十幾歲時夢想的金額。但是一路走來，我發現累積7位數存款的意義，完全沒有我以前想像的那麼重要。

2003年時，我就把所有能存的錢都存起來，每天下班後把10美元藏在抽屜裡。我是在駕駛撿球車聽廣播時得到靈感。《克

拉克・霍華德秀》(*Clark Howard Show*)在傍晚時播出，我父母在佛羅里達州傑克森維爾市附近辦雜務時，有時也會在車上聽，那個地方很偏遠，不管要做什麼都要開車至少20分鐘。我一直對金錢很感興趣，所以霍華德的個人理財節目引起了我的共鳴。

先鋒集團讓我了解到「羅斯個人退休金帳戶」(Roth IRA)[9]和新目標日期共同基金(Target-Date Mutual Fund)的神奇魔力。我的第一筆投資是在2004年初，只不過並不是透過先鋒集團投資，而是我母親陪我去一間地區性銀行，我在那裡做了一筆報酬率為2.1％的定存，我心想：「不用工作就能賺到錢嗎？我要加入。」事後看來，我當初應該買蘋果的股票才對──從那時以來，蘋果的股價漲了約40,000％。

我把錢存在銀行裡，然後繼續在高爾夫球場撿球。2004年，我加薪到每天15美元；隔年的6月，我也開始在東南部的主要連鎖超市Publix工作，時薪是7美元。2004年的夏天，我在商店幫雜貨裝袋，還有在高爾夫球場上揮汗如雨，那年的上學期，我就進入了高爾夫球隊。

到了2004年底，我已經存了3,000美元。在克拉克・霍華德的建議下，我在先鋒開設了羅斯個人退休金帳戶，然後買了

---

9 註：羅斯退休金帳戶是一種美國的個人退休帳戶，與傳統的退休帳戶〔如傳統IRA或401(k)〕不同，羅斯退休金帳戶的特點是退休後提領的資金免稅。投資者在存入資金時不會獲得即時的稅前扣除，但帳戶中的收益和提領都不需要繳納所得稅（前提是符合特定條件，例如持有帳戶至少5年且年齡達到59.5歲）。這使得羅斯個人退休金帳戶成為長期投資的有吸引力選擇，尤其對於預期未來稅率可能上升的人來說，具有顯著的稅收優惠。

2040年目標到期日退休基金的股票,當時的最低投資額是3,000美元。當我的定存在隔年1月到期時,我就拿賺到的錢開始提撥到我的2005年退休基金。雖然花了我幾個月的時間,但我實現了目標:每年提撥最高4,000美元至退休基金。

我高二、高三時全心投入三件事:高爾夫、金錢、追蹤颶風。我記得我在英語課上用TI-83科學計算機進行「金錢的時間價值」(Time Value of Money,TVM)練習。我以前從來沒有聽說過「金錢的時間價值」這個詞,但這就是我正在做的事情——預測大約45年後退休時的淨資產可能是多少。颶風也在這兩個活躍的季節向佛羅里達襲來,我很喜歡對班上同學即興發表颶風預報和天氣預報,所以我大學時選擇主修氣象學。

變革之風

2006到2007年,我大一時在佛羅里達州立大學,選修了一些「氣象」課程,甚至從塔拉哈西愛情大廈的屋頂發射了一個氣象氣球[10]。我仍然認為自己最喜歡的是氣象,第二才是金錢。但我很快就意識到,雖然我喜歡向人們說明天氣資訊,但我對學習物理、化學、電腦科學並沒有那麼感興趣。2007年初時,我就從氣象系轉至金融系。

---

10 註:氣象氣球是一種用來蒐集大氣數據的氣球,通常會攜帶測量溫度、濕度、氣壓和風速的儀器。

我仍記得2007年的第一季：我的線上儲蓄帳戶賺了6%，股市的走勢很好。我開始了解更多有關國際已開發市場和新興市場股票基金，因為這兩個基金一直都超越表現不怎麼樣的標普500指數。我甚至將我的投機才能提升到一個新的水準，在下學期結束前在E*Trade電子交易平台開設了一個帳戶。蘋果是我買進的第一檔公司個股，股價在幾周內就上漲了10%，於是我獲利了結，感覺自己簡直就是個天才。事實上，這是我這輩子最糟糕的賣出決定。

在大學時，我一直在Publix工作，這樣我就可以累積儲蓄並繳一些費用。當時有一個重要的市場趨勢對我不利——汽油價格。1加侖普通汽油從2005年的不到2美元，到了2008年中飆漲到超過4美元。我的1998年Toyota Camry雖然油耗很省，但是隨著油價上漲，加油就變得不那麼愉快了，加一桶油要花掉我工作一整天的稅後所得。儘管如此，我還是能夠繼續每年提撥金額上限至我的羅斯個人退休金帳戶。

從氣象轉到主修金融後，我決定搬回傑克森維爾市，就讀北佛羅里達大學。氣象學是佛羅里達州立大學的一門學系，但由於我不再想成為天氣預報員，所以留在塔拉哈西就沒有意義了。我還透過住在家裡並且通勤上學，以提高我的儲蓄率。在2007年10月的股市高峰期，我的淨資產膨脹到3萬美元。

北佛羅里達大學很棒，因為課程是在晚上，我可以白天在Publix工作，晚上去上課。不幸的是，在股市開盤的星期一到星期五，我有額外的時間，於是我開始做當沖。當然，在交易個股

和選擇權的那一年，我虧損了不少錢，但我學到了一個寶貴的教訓：我沒有在這麼短的時間內打敗市場的天賦或本事。我發現自己走錯了路，不會成為下一個避險基金億萬富豪，所以我再次專注於累積財富的長期戰略，包括繼續提撥上限至我的羅斯個人退休基金，以及維持高儲蓄率。

在北佛羅里達大學攻讀金融學位的眾多好處之一，就是能夠在Publix工作足夠的時數，這樣公司就會支付我的部分學費。從2007年到2011年畢業，我利用公司的學費報帳方案，奶奶也很貼心地撥款到我的大學儲蓄帳戶，裡面的金額成長到2,200美元，她親切地稱這個帳戶為我的「美盛的錢」，美盛（Legg Mason）是她所投資的公司名稱。

在北佛羅里達大學時，我參加過幾個輔助專案，協助由學生管理的投資基金、主持金融社團，甚至為學校的報紙撰寫投資專欄。是的，對於一個熱愛金融的年輕人來說，這是一件好玩的事。

我在大學的最後2年很忙碌。我曾為一個獨立的保險業務員工作，然後在當地一間河流資本顧問（River Capital Advisors）公司兼職擔任財富管理實習生。它就在學校外的馬路對面。我在下午學習諮詢業務的訣竅，接著去上夜間課程。我是按小時計薪的，這使我能夠在2009年股市低點附近投資一筆可觀的金額。雖然那時我的淨資產已經降到低於2萬美元，但我知道以更便宜的價格買進是明智的決定。

交易場所的轉變

2010年時，我在傑克森維爾市中心的一個非營利組織能源權威（The Energy Authority）獲得另一個實習機會，這個非營利組織協助公用事業公司在能源市場中的營運。早上6點半之前，我在黑暗中醒來，在交易大廳裡使用四台刺眼的電腦顯示器，這樣我就可以協助安排交易，然後直到晚上10點我才回家。

每做一份工作，我都會盡可能多存一些錢，我把生活費保持在低水準──「低於貧窮標準」的程度。只要有機會，我就會提撥上限至退休帳戶中。當我2011年4月從北佛羅里達大學畢業時，我的淨資產是8萬美元，沒有債務。

我開始在當地一間共同基金公司擔任全職股票分析師，但我發現自己太好動了，無法整天都在閱讀企業的10-K[11]和調整Excel模型。我努力尋找自己的路，熊市在2011年第三季來襲，我的淨資產從高點接近9萬美元，跌到只剩不到7萬美元。

2011年底時，我在一間大型券商找到了工作。我加班工作，盡可能多存一些錢，但一年後就精疲力盡了。不過當我還是有執照的券商業務員時，我的淨資產達到了一個重要的里程碑，在2012年7月超過了10萬美元。我買了一條焦糖牛奶巧克力棒來慶祝──我不是開玩笑的。我早期的財務成功，讓我童年的偶像克拉克・霍華德在他的書《長期成功的生活》（*Living Large for the Long Haul*）中特別介紹到我。

---

11 註：10-K是在美國註冊的上市公司每年需要提交給美國證券交易委員會的年報。

我的新目標是每年都提撥上限至我的401(k)退休金帳戶；我甚至很精明地在2012年底，進行了我原本就計畫的羅斯帳戶轉換，因此我的401(k)退休金帳戶裡的資金成長之後，就將不必再課稅。我離開了那間券商，開始在一間大型投資銀行擔任營運助理，那間銀行在傑克森維爾南區設有大型辦公室，就在河流資本顧問公司的對面。

　　我在這間公司安頓下來，領取的薪資以我這個年紀的人來說相當不錯。我繼續提撥上限至羅斯和401(k)退休金帳戶。我開的車是一輛2004年的本田喜美（Honda Civic），它的油耗比Camry還要省，而且非常便宜，我只花了4,000美元現金。它撐了大約5年，而且保養的錢非常少；同時，我在投資銀行的工作還加薪了。

　　2014年底時，我以前在能源權威公司的經理派特和我連絡，討論有關在交易廳的一份工作。我們在附近的一間Applebee's餐廳用餐，懷念起過去的時光，以及討論他想談的事。一個月後，我又回到了四台電腦顯示器前，但這次我的工作是交易員。我在短時間內學到了相當多東西，我的薪水也增加了，包括在2015年加薪53％。

　　從那時起，我的淨資產就開始大增，在2014年底時有將近20萬美元。我搬到了離新辦公室更近的地方，這麼做讓我省了不少錢。大學畢業後，因為我對大學期間免租金住在家裡感到內疚，所以我以每月1,000美元的價格向父母租房間；2014年搬家後，我的月租金降低到469美元，包括水電費和網路費，住在這裡很方便，步行即可到達塔吉特（Target）、沃爾瑪（Walmart）、

Publix等超市和教會。我住的環境很好,也很省錢。

我在北佛羅里達大學完成了MBA學位,學費也是由我的雇主支付。我當時正在尋找下一個挑戰,而我找到了:特許金融分析師的頭銜。早在2011年,我就曾試圖通過一級測驗,但是沒有考過;我並沒有氣餒,試圖用最受尊敬、最具挑戰性的金融職位來完善我的履歷。我相信,如果我獲得了特許金融分析師頭銜,就有可能提高我未來的收入。

2016年底時,我的淨資產迅速增加,達到35萬美元。我拚命讀書,一個接一個地通過了特許金融分析師課程的每一級。直到今天,我最大的成就感就是收到那封確認我已經完成了課程的電子郵件,而且有權在我的名字後面加上特許金融分析師的三個英文字母——CFA。到了2018年中,我的淨資產攀升至超過60萬美元。

當我還是北佛羅里達大學的單純大學生時,萊恩霍德·雷姆(Reinhold Lamb)教授負責指導學生管理的投資基金,在攻讀MBA期間,我還選修了他的三堂課。但其實我和北佛羅里達大學的緣分還沒有結束,雷姆給了我一個機會,讓我在他開設的投資組合管理課程中教課。我曾是他的定期客座講師,指導他的學生,但這次的情況是完全不同的,我必須確保我具備應有的財務知識和溝通技巧。

我從2017年秋季開始教書,一直持續到2021年春季。教學讓我學會了一些事,包括如何耐心地傾聽以及表達。不過,在大學兼職賺的錢並不多,無論我賺了多少錢,我都存到大學的

403(b)退休金計畫中，另外還有我雇主提供的457(b)[12]計畫。此外，我還是一直把錢存進羅斯退休金帳戶中。

在完成特許金融分析師課程之後，我覺得一定要善用我的「特許金融分析師」頭銜來賺錢。我為線上財務顧問論壇提供分析和寫作服務，得到了一些回應，於是我開始進行投資組合盡職調查，並按小時計費撰寫部落格文章。我在白天工作開始前的清晨寫作，晚上也在北佛羅里達大學教書。

同時，我在能源權威公司升職了。我從交易員升到投資組合副理，再到投資組合經理。我的總收入在2019、2020年達到高峰，多虧了我擔任投資組合經理人、投資作家和講師的工作，我的淨資產成長到超過80萬美元。當時代廣場的新年倒數計時球落下，改變命運的2020年開始了。

資產來到7位數

過去5年多來，我學到了一個非常重要的教訓——再怎麼節省也是有極限的。我每年的花費不到1萬美元，但是除非我露宿街頭而不必付房租，否則我無法再更節省了。儘管如此，這樣已經夠低了，尤其是在我收入快速增加的情況下。的確，這是我實現財務自由的關鍵——最低的開支、不斷增加的收入。2020年

---

12 註：457(b)是確定提撥制的一種，適用於美國州政府及地方政府公務人員，亦適用於部分非營利組織員工，運作方式與401(k)退休計畫類似，雇主與員工將薪資依比例提撥於個人退休金帳戶，提撥款項及運用收益均可遞延課稅。

初，我在能源權威的工作轉至風險組，我的寫作事業蒸蒸日上，我仍然在北佛羅里達大學任教。一切都按照計畫進行。

接著疫情就爆發了。

我的淨值在 2020 年 1 月短暫達到近 86 萬美元的高峰，從那時起，我開始為 HumbleDollar 網站撰稿；下一個月，股市就崩盤了。我從 2007 年以來一直記錄的個人理財試算表裡的數字看起來很慘，我的投資組合觸底時只剩下 64 萬美元，與我在 2018 年 9 月時的金額相同。我並不在乎，我相信股市會復甦。

我的淨值確實回升了，而且我還有各種工作。我的資產接近了一個巨大的心理數字，是許多存款者都夢寐以求的數字：100 萬美元。說實話，2020 年 10 月，當我的資產接近 7 位數時，我會常常查看我的資產淨值。然後這一天終於來了，你猜如何？感覺就像其他任何一天一樣。我並沒有像得到特許金融分析師的頭銜時那樣，有著非常強的成就感，100 萬美元的感覺很空虛。「就這樣嗎？」我每天散步時都在思考這個問題。我透過及早和頻繁地儲蓄而實現了財務獨立。但是，以這麼極端的方式延遲滿足感也有缺點。

我也對能源權威的生活感到壓力。工作對我來說，從周日下午令我期待的事情，變成了一份感覺已不再適合我的工作。我的前經理很幫忙、鼓勵我，但是除了我每天早上發布關於能源市場和天氣的每日資訊更新外，我對這項工作沒有熱情。我在 2021 年初離職，走上了一條充滿不確定性的道路，我從事寫作和教學工作，但沒有穩定的薪水或舒適的員工福利。

然後，下學期結束了。在那之後，我唯一的收入來自每周5到10個小時的顧問和金融公司的約聘工作，透過電話、電子郵件和Zoom視訊與他人合作是有幫助的。我過著美好的生活──寫作──早上頂多寫作兩個小時，然後在午餐前閱讀和繪製圖表；下午，我在定期散步時一邊聽財經播客，一邊享受著佛羅里達美好的陽光。可惜的是，這也是相當孤獨的生活，尤其是現在我不再待在交易廳裡，沒有許多朋友和令我快樂的熟人可以往來。

　　你可以稱我為「不情願的財務自由、提早退休者」。到了2021年，我達到財務自由──而且我發現我無意中提早退休了。在33歲時退休，從來都不是我的目標。

　　我發現自己不是FIRE運動的一員，於是又開始應徵工作，不是為了錢，而是為了在我的生活中找到更多的目標。對了，我的資產淨值呢？到了2021年底時達到了140萬美元。但這時的我，已不再那麼注意淨值了。

　　至於我的投資組合，我的加密貨幣或飆漲科技股的績效沒有很好。我傾向於價值型股票、小型股和國際股票，而且持有的現金多於我需要持有的現金，與持有美國股票和科技股較重的投資組合相比，我的年報酬率相對較低。這告訴我，在我的財務成功中，儲蓄比率的重要性比我的報酬率還要更高。也許未來幾年，我的投資績效會更好，誰知道呢？

　　34歲的我，還有很多事要做，希望上帝保佑，讓我的生活中有許多快樂的時刻可以細細品味。希望未來的工作能少關注金錢，多集中在有意義的目標上。

儘管如此，知道我的財務自由（除非同時發生數個金融災難）還是挺令人欣慰的。我的目標是繼續工作，同時克制自己的衝動，不要一直去看以前電子試算表上的淨值。我應該聽從一位鄰居的睿智之言，他最近祝我生日快樂，然後說：「好了，去花錢吧。」

我的故事可能會激勵其他人去儲蓄，但我希望這也讓他們了解到，他們也需要享受生活。我從小就有極端的儲蓄習慣，因為我總是有點焦慮，一直想存足夠的錢，以防萬一發生壞事。我無法像許多人一樣順其自然，我覺得需要掌控一切情況。但是，就像我所發現的，金錢不是靈丹妙藥。當然，充分的現金還有退休金帳戶的高餘額，能夠提供財務保障，但是這些不會帶來平靜和喜悅。我的建議是：試著取得平衡，為長期的財務做準備，但也要活在當下。

三個教訓

- ◆ 時間就是槓桿，將定期儲蓄轉化為7位數投資組合，而且愈早開始，就能愈早實現目標。
- ◆ 一個健全的投資組合可以買到財務安全感，但它未必能帶來快樂的生活——事實上，「過度延遲滿足感」可能會損害幸福感。
- ◆ 提前退休是一個值得追求的目標。但是花一點時間認真思考一下，沒有工作的日子，你要做什麼？

05
掌握人生主導權

姬雅布・華澤曼

姬雅布・華澤曼擁有MBA學位,是退休收入認證專業人員(RICP®),曾在泰國、美國、西班牙生活過。她職業生涯的大部分時間都在金融服務公司度過,最終成為美國銀行信用風險管理副總,然後於2018年退休。她的丈夫吉姆也為本書撰寫了一篇文章(4-4)。

我生於泰國的一個中上階層家庭,父親是醫師、母親是護理師,兩人都對我產生了深遠的影響——關於我如何選擇職業、面對財務議題以及人生。

我是四個孩子中的老大,也是唯一的女孩。父親確保我得到和弟弟們一樣的機會,無論是教育、體育還是其他課外活動。對他來說,「因為你是女孩」從來都不是做或不做任何事的理由。在我還不了解「女權主義者」這個詞的意思時,父親就已經是我所認識的第一位女權主義者。

我們每個人都有自己應對生活的策略,通常是在早期定型的,我現在了解到,我的策略就是對我母親行為的回應。她患有

注意力不足過動症（ADHD）和人格障礙，但一直到幾年前才被正確診斷出來。在我井然有序和優渥的成長環境中，她的行為顯得很反常。

母親經常對身邊的人發脾氣，尤其是在我年幼的時候。她經常雜亂無章又不負責任，我的回應方式是很早就制定了一個策略：我要始終掌控情況。長大後，我打過初級競技網球，我學會了永遠不要讓對手或其他任何人察覺我的情緒，尤其是憤怒。這種策略在學校、事業、財務管理方面都非常有效，甚至讓我在53歲時退休。但，這是要付出代價的。

雖然我的父母賺了很多錢，但他們仍過著簡樸的生活。父親很節儉，總是穿著簡單的衣服，我記得我們曾被高級餐廳拒於門外，因為他穿著網球短褲和涼鞋，但我從來沒看過他因此而感到不滿，他經常聳聳肩，並藉此機會教育我，絕對不要以穿著來評斷一個人。

父母從來不和我談錢的事，部分原因是他們對投資或個人理財所知甚少，他們所知道的是努力工作、節儉、盡可能多儲蓄。但是我父母相信一項投資，那就是「教育」，他們願意支付費用，而且不計代價為我和弟弟們提供最好的教育。

在父親的鼓勵下，我通過了泰國最好的大學「朱拉隆功大學」（Chulalongkorn University，通常簡稱為「朱拉大學」）工程學院的入學考試，當我在1983年錄取時，我這一屆的工程系學生有400多人，其中卻只有25人是女性。

雖然女性很少，但我們受到與男學生相同的待遇，並根據我

們的成就進行評價。在朱拉大學，我了解到男人和女人可以在相互尊重的情況下合作，互惠互利。這後來成為我評價工作環境的標準——而我經常感到很失望。

移居美國

從朱拉大學畢業後，我在一間服裝工廠擔任工業工程師；後來在政府部門工作，負責審查進口到泰國的機械、設備和原物料。我很快就發現，我沒有那麼喜歡工程的實務工作。父親和我討論了我的職業生涯，在他的支持和鼓勵下，我於1988年移居美國攻讀MBA，就在那時，我遇到了第一任丈夫傑夫。

我於1990年與傑夫結婚，6個月後從商學院畢業。傑夫和我在剛開始時賺的錢很少，我在一間小型房貸經紀公司全職工作，而他則正在完成學士學位，同時還兼職工作。我們分攤房租，和當時的大嫂合租了一個移動式房屋（Mobile Home）。我們盡可能多省錢，幾年後，存夠了一小筆頭期款後就買了一間房子。

買下這間房子後，我接受了聯合金融服務（Associates Financial Services）的財務分析師工作，公司後來成為花旗集團（Citigroup）的一部分。我很快晉升為高級財務分析師，並開始管理一個分析師團隊，這些全都為我帶來了更多的收入。我兒子在1996年出生時，我就把401(k)退休金提撥金額調至最高，並開立了一個大學基金帳戶。我們把舊車換成了一輛新的、昂貴的休旅車，每月付款450美元，這在當時是相當高的金額。

雖然我的事業蒸蒸日上，個人生活卻沒有。傑夫和我分居了，我成了單親媽媽，我沒有找到一個好的律師，而且被離婚的過程嚇到了，我只想快點結束一切。我犯了兩個關鍵的錯誤：放棄了子女撫養費，也放棄了房子，這是我們唯一的重要資產。我前夫後來賣掉那間房子，賺了一大筆錢。

我的經濟在33歲時重新開始。我有大約5,000美元現金和2萬美元的退休基金，還有一大筆離婚律師費帳單，以及一大筆汽車貸款要還。我和走路仍搖搖晃晃的兒子搬進一間一房的小公寓。我解決了450美元的車貸費用，換了一輛簡單的轎車，將我的月付款減少到每月200美元；我仍設法將退休基金提撥額設定為最高，並為兒子存了大學基金。多虧有我父親的榜樣，我一直很節儉，所以減少外出用餐、買衣服的錢都不是什麼大不了的事。我會去車庫大拍賣撿便宜，尋找童裝、鞋子和家具，我幾乎所有的家具都是二手的，或是朋友、親戚給我的。

1998年，離婚程序完成後，我繼續在事業上表現得出色。事實上，我把辦公室當作個人混亂生活的避風港，不計算獎金的年薪增加到7萬5,000美元，但是我投入了很多時間，有時每周工作70或80個小時。在預算時間內，我經常熬夜工作，並由公司付費請保姆。幾年後我精疲力盡，有一次我請假帶兒子去看醫生，竟被告知我必須在當母親和事業之間做出選擇。2001年時，我休息了幾個月，靠兌現的股票選擇權為生；那年稍後，我在美國國家金融服務公司（Countrywide Financial）找到一份金融分析師的工作，公司後來被美國銀行（Bank of America）收購。當

時的年薪為5萬美元，薪資較低，但是工作與生活的平衡更好。

在國家金融服務公司時，我面臨性別歧視的殘酷現實。我發現一位男同事有年終獎金，但我卻沒有，這是我對性別歧視的第一個線索。他的資歷和經驗都比較少，我們的表現並沒有不同，我對此很生氣。但是身為單親媽媽，我因為害怕失去工作，而不敢提出異議。

我被公司視為首選的分析師，但都只擔任配角，而且被邊緣化為「那個說話有腔調的聰明亞洲女人」。我的工作貢獻被經理忽略，不然就是被他奪走功勞；我經常不被邀請參加與高階經理、管理團隊的重要會議，即使大部分或全部的工作都是我做的；我是團隊中唯一的女性分析師，經常被排除在社交、團康活動之外，因為我的男性經理「不舒服」；我常被貶低，也有人對我說些性騷擾的話。

在我職業生涯的尾聲，情況有所好轉：我很幸運能為平等對待男性和女性的優秀經理工作。雖然我最終茁壯成長，甚至在2018年退休前晉升為信用風險管理的副總，但如果不提及我受到的不公正、不平等待遇，那麼我的金錢之旅回顧就不完整。對於女性和少數族裔來說，太多人的經歷中都有這種情況，雖然我最後事業很成功，但這並不是繼續歧視的藉口。

兩個家庭的結合

當了4年的單親媽媽後，一些女性朋友鼓勵我嘗試約會網

站。為了省錢，我不打算為不確定自己是否會使用的東西支付一整年的訂閱費，我抱著懷疑的態度註冊了30天免費試用，就在試用期結束之前，吉姆和我在網路上聊了起來。他的個人資料頁讓我笑得很開心，所以我一定要見見他，那是2002年1月的時候。

結果他本人也很幽默，部分原因是他開朗面對所有事情的態度。他是一個離婚的單親爸爸，他的兒子比我兒子大11個月。交往一年多後，我們在2003年5月買了一間簡樸的房子同居，幾個月後就結婚了。

我們不知道如何合併兩個家庭，但卻在一些基本原則上達成了共識。我們開始量入為出，盡可能儲蓄，並專注為兒子們提供良好的教育。我們開始了一段最少支出、最節省的時期，這對吉姆來說比對我更困難，因為我已習慣了節儉的生活方式，我不介意幫自己和兒子們準備午餐、每天晚上在家做飯，但吉姆則比較難抗拒餐館的誘惑。我們最終妥協了，如果我能找到折扣券就會出去用餐，或是可以去比較便宜、簡樸的小餐廳。

結婚後不久，我就接管了家庭財務，開設了一個聯名支票帳戶，完全結合了我們的財務生活。吉姆有1萬7,000美元的卡債，但他的車貸已經還清了；我仍然有車貸要付，但沒有卡債。我的首要任務是還清吉姆的卡債，接下來是我的車貸，還清之後，每個月還會提前還掉房貸本金。我一直都不喜歡負債，欠別人錢會讓你被對方控制——我非常厭惡。

在金融服務業，尤其是信用風險管理，我知道「信用分數」的重要性。優異的信用分數讓我們有能力進行談判，並以最低的

成本，選擇最好的金融產品。信用滿分是850分，我設法讓吉姆和我的分數達到800多分，而且一直維持在這個水準。當我們重新申請房貸時，我能夠獲得非常低的利率，然後，我們用額外的積蓄更快還清了房貸。

因為我減薪，而吉姆的教師收入不高，所以我們的總收入不到6位數。為了買得起房子，我們的房貸總額只能達到建議收入最高的28％。我對買房子感到不安，我單親將近5年，經濟狀況才剛恢復，對於承擔更多債務持謹慎態度。我甚至建議我們都可以搬進吉姆出租的聯排別墅（Townhouse），但吉姆不同意。

他是老師，所以知道那一帶較好的學校在哪裡。我們搬進一個較大學區附近的一棟簡陋房子，它比附近大多數的房屋便宜，因為內部從未升級過，而且仍保留著30年前的中央空調系統。

吉姆和我的消費習慣不同。在決定購買之前，我會貨比三家，而他則比較衝動。儘管如此，在簡單生活方面，我們的觀點相似，我們都不堅持要花很多錢來裝修房子，我們喜歡老式的木製櫥櫃，原本就有的大瓷磚西班牙地板，還有簡單的白色瓷磚浴室，這些東西的功能齊全、品質好，而且非常耐用。

我們沒有在居家裝飾上花很多錢，所有家具都是二手的，不是親戚給我們的，就是在車庫大拍賣、舊貨店，甚至是在收大型垃圾的日子從人行道上撿回來的。我們在車庫大拍賣中以300美元的價格，買下整個客廳的沙發組，包括一張沙發和一張貴妃椅；當鄰居把他孩子近全新的家具放在人行道上送人時，兒子們的臥室也有家具了。

雖然我們沒有投入太多資金在居家裝潢上，但我們花錢把房子改造得更節能。自己安裝了閣樓的隔熱材料；房子附設的游泳池和熱水浴缸都很老舊，而且一年只會使用兩、三個月，卻一整年都要花錢照顧，於是我們把游泳池和熱水浴缸的位置填平，蓋了一個磚砌的庭院。隔熱和游泳池填平的費用是1萬美元，但我們每個月可以節省200到250美元的電費。我們還對房子進行了一些其他更新——全家一起動手做，我們自己鋪地板，兒子們則為自己的房間製作層架。

雖然我們的總收入並不高，但儲蓄率卻很高。2008到2009年的大衰退提供了一個絕佳的投資機會，我們將退休金帳戶提撥金額設定為最高，並且選擇了全股票基金。雖然吉姆的教師薪水並不高，但他的雇主提撥卻很慷慨；我們也把羅斯退休金帳戶的提撥額設定為最高，並投資了529計畫[13]作為兒子們的大學基金。在這段時間，我和最小的弟弟在法拍會上買了一間小小的出租房產，這間房子繼續為我們提供一筆小小的租金收入。

當我得到加薪或獎金，或是吉姆在暑修期間教書賺到額外收入時，我們會把錢存起來，而不是揮霍在買新車或新電視上。但我們也沒有挨餓或放棄家庭度假，如果吉姆在暑假工作，我們會把賺到的錢拿一部分去度假，我知道在泰國和東南亞其他地方旅行很便宜，特別是如果我們不住在旅遊勝地就更便宜了。我們會

---

13 註：529方案是由美國各州的州政府提供支援的大學費用儲蓄帳戶。家長可以為子女開設529帳戶，提撥入內的金額免稅，但提領只能用於符合資格的教育支出，包括繳交學費、買書等。

去泰國探望我父母,然後造訪附近的國家,例如越南、柬埔寨、新加坡、馬來西亞和其他地方。

雖然我們在地球兩端不同的地方長大,但吉姆和我在成長過程中有著相似的價值觀。我們兩個家庭都投資於教育,而我們也想為兒子們做這件事。我們很幸運,兒子們都了解,學校教育很重要,以後會得到回報。我兒子獲得了大學的全額學術獎學金,甚至還有一小筆津貼,結果我們只需支付他的生活費就夠了,每年大約6,000美元,所以我們能夠以其他方式幫助他,逐漸邁向成為精算師的道路。

與此同時,吉姆離婚時選擇將他的投資帳戶留給前妻,以幫忙支付兒子未來的大學學費,這筆錢在18年來不斷增加,足以支付私立大學的大部分學費,吉姆的兒子現在是軟體工程師。當兒子們畢業時,我們的大學儲蓄帳戶裡還有6萬多美元,我們把一些錢當成禮物送給兒子們,剩下的則存在529帳戶裡。我們打算在重回研究所念書時,把這個當成自己的學費,並且希望有一天能將其中的一部分,傳給未來的孫兒女。

提早達成財務獨立

2016年,在兒子們上大學兩年後,我們發現所住地區的房屋正是賣方市場,這個非常棒的學區,現在給了我們第二個優勢。企業及其高階經理人成群結隊搬到達拉斯,人口的增加將房地產價格推升至創新高。我們是在2003年以20萬美元買下這間房

子，現在以30萬4,000美元出售，在還清剩餘房貸後，我們還淨賺將近20萬4,000美元。我們用現金買了一間較小的聯排別墅，在我們第一次一起買屋後，只過了13年就還完貸款了。

就這樣，我們即將財務獨立。兒子們大學畢業後，吉姆和我分別在57歲和53歲時退休，雖然提前退休不是我們的目標，但我們在2018年達成了，就在我們結婚15年後。我們辭掉了工作，把聯排別墅租出去，然後搬到西班牙，而且住了3年；現在回到了美國，很高興能離兒子更近。由於過去的財務控制，我們現在擁有權力——「選擇」的權力。

掌控所有事情的策略對我有好處，至少在經濟上是這樣，但這是有代價的。我總是注意錢，對自己造成了很大的壓力。例如，當我們度假時，我會擔心有沒有超出預算，如果某些活動成本太高，我就不想去做；我有時會隨身攜帶一個小筆記本，記錄每一筆開支，一直以來，我限制了自己在假期中去享受一些有趣的事。

我傾向以非黑即白的態度看待事物，專注於我可以控制的東西；吉姆則喜歡指出灰色地帶——生活的荒謬和我們可以控制它的錯覺。他讓我不要盯著帳簿，抬起頭來欣賞美麗的景色或嘲笑這一切。和吉姆在一起，我學會了在事情不如我所願時放手。

這並不是一夕之間就能改變的，而是隨著年齡的增長和經驗的增加，再加上與吉姆在一起20多年，我慢慢地學會了欣然接受曖昧不明的事，也就是人生的灰色地帶。吉姆和我之間有一個笑話：在網球比賽時不應把球拍握得太緊，尤其是在兩回合之間，否則你可能會手抽筋。當我們任何一人深陷某種情況時，我

們經常會告訴對方要「放手」。正如我所發現的，放手代表著壓力更少、更自由。

三個教訓

- ◆ 當你負債時，你的財務生活並不完全是你自己的。不想被金錢的責任所束縛？那就永遠不要欠卡債、盡量將汽車和就學貸款降至最低，並以比要求更快的速度償還房貸。
- ◆ 透過嚴格控制儲蓄和支出，你可以迅速實現財務獨立。但注意不要過度：如果你像隻鐵公雞，就可能會錯過生活中可以帶給你快樂的事。
- ◆ 金錢給了你選擇的權力。但要獲得這種權力，就必須做出艱難的選擇，決定哪些支出是值得的、哪些支出是你樂於節省的。這對女性來說尤其重要，因為女性遭受著系統性的不利條件，性別所得差距就是最好的證明。透過控制支出，我們對自己的生活就會有更大的掌控權。

06
過去與現在

喬納森・克雷蒙

喬納森・克雷蒙是個人理財網站 Humble Dollar 的創辦人和編輯，他還是美國最大的獨立財務顧問之一「創造性規畫」（Creative Planning）的顧問委員會成員，並且是八本個人理財書籍的作者。喬納森在《華爾街日報》（*The Wall Street Journal*）工作了近20年，擔任該報的個人理財專欄作家，並在花旗集團工作了6年，擔任美國財富管理部門的金融教育總監。喬納森出生於英國，在劍橋大學接受教育，現在住在費城，距離女兒、女婿、外孫只隔幾條街。

那是2007年底，我快滿45歲了。我正處於一段不愉快的感情中，但我沒有勇氣結束這段感情，而且還會拖延3年半。我即將刊登《華爾街日報》的第1,000篇專欄文章，但這已經變成了一種折磨，不知道在我的文章變成重複的廢話之前，我還能堅持多久。我會在休閒時跑步，這是我過去10年來重要的身分認同之一，我曾是個弱小膽怯的英國小學生，很晚才開始因為運動而感到自豪，但是情況正在改變，因為右腳後跟長出的骨刺使我的阿基里斯腱惡化。我的兩個孩子是我唯一的喜悅，漢娜當時

在念大學,亨利則在念高中。

截至2007年12月31日,我擁有一棟沒有房貸的房子,還有價值97萬6,000美元的投資組合。

我提到這點並不是要說金錢往往買不到幸福,雖然我堅信這是真的。我當然不打算吹噓,我小時候可能以為「自我價值」和「資產淨值」在某種程度上是相關的,但現在的我絕不這麼認為。

我之所以提到2007年底,是為了在我的人生日曆上畫一條分界線。接下來的幾年發生了一些好事和壞事,打亂了我早期財務生活在某種程度上可預測的節奏,我會在本文稍後討論這些事件。但正是單調乏味的早年生活,讓我走上了財務獨立的道路。

快速成長的收入

我念大學時曾發誓絕對不結婚、永遠不生孩子,結果1985年從劍橋大學畢業兩年後,我就結婚了;一年後,25歲的我當了爸爸。

節儉並不是我的天性。我在念大學時和上班第一年累積了卡債,同時偶爾也會透支支票帳戶。卡債現在看起來似乎不是特別大額——1,000英鎊,這是我的信用卡允許的最高限額;不過在當時,這感覺像是一個龐大的負擔。

1986年8月,在倫敦工作了一年後,我搬到紐約地區,和當時正在讀博士班的未婚妻安頓下來。她的學生津貼不多,所以我成為主要的收入來源,一開始我在《富比世》(*Forbes*)雜誌工

作，每年賺取少得可憐的2萬美元。我的財務必須增加，而且必須快一點，沒有別的選擇。

我們稱那段時間為「精簡的歲月」，因為確實是如此。周五晚上外帶披薩回家吃，真是一點也不奢侈；如果需要修車，就會是一場財務危機；我們在布魯克林住的公寓，讓我至今仍對蟑螂、老鼠感到恐懼；偶爾在餐廳吃飯時，我會邊點餐邊計算金額──真是令人消化不良。

但是情況開始慢慢有所改善。我的薪資增加了，妻子找到了一份學術界的工作。1992年，我們從布魯克林搬到在紐澤西郊區買的房子，這棟房子花了我們16萬5,000美元，有三間臥室和一間浴室，我們覺得只是勉強負擔得起。接下來的20年，我都住在那裡。

在經濟上，這20年中唯一的重大打擊是，我們於1998年分居和後來的離婚。但事實上，這並不是那麼重大的打擊，因為在當時，我們根本沒有多少資產可以分割。我保留了這棟房子，快要成為前妻的她則在轉角處買了一間房子，這樣孩子們就可以很輕鬆地從一間房子走到另一間房子。我後來才意識到財務上的一線希望：離婚後，我可以決定要怎麼花自己賺的每一分錢。

當時新聞業並不是一個高薪的職業，而且現在更糟。儘管如此，我有個才能是可以把「個人理財」這個有點無趣的話題，變得既有趣又容易理解。1994年時，我年僅31歲就成為《華爾街日報》的個人理財專欄作家，當時是該報新聞部僅有的三名專欄作家之一。幾年之內，我的收入就超過了10萬美元，這是《華

爾街日報》專職撰稿人的最高收入。

我還兼差以補充我的基本工資,每周為《華爾街周日報》(*The Wall Street Journal Sunday*)寫第二篇專欄,賺取額外的稿酬。我在10年內寫了三本書,每本書的預付款都高達6位數;我從來沒有請假寫任何一本書,所以寫書賺到的錢對我的財務來說都是一點幫助——但這是有代價的。我周一到周五的清晨以及周末都花在寫書,這麼忙碌的時程表,讓我少數不坐在電腦螢幕前的那幾天,衣衫襤褸、感到絕望。

我把賺到的額外收入投資於股票指數基金中,同時每個月的房貸還款也多還很多。我的投資組合偏好大盤指數基金,簡直就是惡名遠播的程度,同事和讀者都知道。這些年來我犯過很多錯,但這是我做對的一件事,我很自豪很早就廣為宣傳指數投資,即使我的倡導後來變得有點重複。

雖然我把指數基金看作是我的成長資金,但我把提前償還房貸本金視為債券的替代品,只要償還房貸就等於是賺取超過7%的房貸利率,幹嘛還要以4%或5%的利率購買真正的債券?我記得1992年底時,我在第一張房貸還款單上發現了有一行寫著「額外償還本金」,所以我就試驗性地加了10美元;這些年來,我提前償還的本金金額愈來愈高,到了2005年,我的房貸就還清了。這是我做過最好的債券投資。

雖然我覺得在投資方面表現得還可以,但成功的關鍵是確保我有足夠的錢來投資——這是一件很簡單的事:即使我的收入大增,我的生活成本也保持在較低的水準。一個重要的原因是,我

的房子很簡樸;除此之外,我通常不願意花錢做任何事,我很少外食、我開同一輛二手車很多年;我會帶孩子們開心地度假,但總是很注意花費。

這是累積財富很棒的策略,但我不認為這是享受人生的好策略。我的工作時間很長,我不是鐵公雞——我向來就不是會安排預算的人——但我不讓自己隨便花錢。雖然我做了不少居家改造,但我在那20年間一直都不太喜歡住在那裡。如果能偶爾放縱,加上減少自己造成的工作壓力,或許可以減輕我存下百萬美元之路上的辛苦。

享受第二段童年

雖然在2007年以前的20年是一段漫長的旅程,充滿了沒什麼變化的日子,但自從我45歲生日以來的幾年,卻經歷了各式各樣的動盪。我在2008年離開了《華爾街日報》,在花旗集團工作了6年,以自由專欄作家的身分短暫回到了《華爾街日報》,然後嘗試了一連串不同的工作。我在一所小型大學教過兩個學期的個人理財;我為《財務規畫》(*Financial Planning*)雜誌寫了一篇專欄文章;我接下一間華爾街公司的兩個主要寫作專案;我也收費演講;我和另外三個人共同開發了一個金融應用程式,但從來沒有問世;最後,我把精力集中在2016年底推出的網站Humble Dollar上,同時還為位於堪薩斯州歐佛蘭派克的大型註冊投資顧問「創造性規畫」工作。

與此同時，我基本上放棄了跑步，改騎自行車，總共發生過六次令人難忘的事故，其中三次讓我進了急診室。過去15年來，我寫了七本書、搬過四次家、又結了婚，唉，然後又離婚了。是中年危機嗎？毫無疑問地，中年危機有一定的影響。我本來並沒有打算嘗試那麼多的新事物，但是，在我成年後最初的20年，我都走在一條筆直而狹窄的道路上，一路存錢而獲得財務自由後，我準備好去探索了。

在許多方面來說，過去的15年，我經歷了20幾歲的人會經歷的嘗試和動盪——這是我從未有過的人生階段，因為我很早就進入家庭，承擔起養家餬口的責任。事實上，我已經習慣了將過去10年左右的時間稱為我的「第二段童年」。不過，雖然20幾歲的人可能會過著省吃儉用的生活，但我能夠享受第二段童年，部分原因是「錢不是問題」。

在這段期間，我的財務狀況如何？這是一段好壞各半的時期。

我在2008年加入花旗集團，並成為美國財富管理集團的金融教育總監時，我的財務狀況已經井井有條了。跳槽到花旗使我的收入增加了一倍，不過我仍繼續像個卑微的報紙記者一樣生活。在一間華爾街金融公司工作的6年就像是一種教育：我從內部觀察諮詢產業、學習到我很少寫的金融主題、被迫克服對公開演說的恐懼。事實上，我發現自己每年要向客戶進行多達30幾場演講。在花旗職業生涯的末期，是我人生中第一次意識到，我只是為了薪水而工作。我的財務收入雖然令人羨慕，但是精神收入卻非如此，我撐得夠久，領取了最後一次年終獎金後，就在

2014年初辭職了。

　　與此同時，過去10年我賣掉三間房子，其中一間賺了很多錢——在2011年紐約市住房危機最嚴重時我買了一間公寓，然後在3年後賣掉。但其中一次是一場不折不扣的災難，當我把所有因素都考慮進去後，那間公寓可能害我的資產少了10多萬美元，哪裡出了問題？我犯了一個關鍵的錯誤，買了一間持續花費比附近房子還要高的公寓，結果後來很難出售；但我也沒有預期到一些意外——離婚、疫情扼殺了人們對擁有公寓的意願，兩個買家出價但後來又退出，而且我需要取得50多年前住在這間公寓裡，並且做了修繕工作的人的入住證明。賣掉這間公寓花了我31個月的時間，這場曠日廢時的鬧劇令我的內心非常不平靜，無數次夜不成眠。幾乎所有人在一生中都會遭受一、兩次重大的財務打擊，我覺得自己很幸運：這場風暴只是輕微的碰撞，沒有威脅到我的財務未來。

　　而我的投資組合呢？就像其他擁有股票的人一樣，我的投資被2007到2009年以及2020年的股市重挫所壓垮。但是，儘管我總是認為金融市場是有效率、無可匹敵的，我還是看到了兩次市場重挫——投資人極度恐慌的時刻，導致股價與內在價值脫鉤——我就瘋狂地買進。到了2008年底，我投資組合中約有70%是股票；到了3月市場觸底時，持股占比是95%。顯然後來的結果很好，但我不好意思提到它，因為我擔心會被人認為是擇時入市，這算公平的批評嗎？我認為擇時入市是根據對市場的預測採取行動，而我只是對市場走勢做出反應，並且善用投資人暫時失

心瘋的時候來獲利而已。

整個2010年代，我的投資組合完全是「指數基金」，而且主要是股票。但我持有的大量指數基金，專注於價值型股、小型股、已開發國外市場和新興市場，這些基金在2009到2020年狂飆的美國牛市期間，全都嚴重落後大盤。我並不後悔——廣泛的多元化就其本質而言，代表你永遠會持有一些市場裡扶不起的阿斗——而我也承認，如果我的投資組合不平衡，只投資於標普500指數中的大型績優美國股票，那麼我的績效就會更好。但我仍不打算改變策略，我不知道未來10年全球金融市場的哪些部分會大放異彩，所以我將繼續擁有每一檔股票的一小部分。

在過去15年的財務勝利和災難中，也許最大的變化是：即使我繼續花時間寫作和思考金錢，我也很少花時間思考自己的財務狀況。在一個多數人都擔心如何支付日常開支的世界裡，我開始不把錢當成是金錢可以買到的最大奢侈品。

我也變得更加不需要擔心支出。我喜歡每周外食一、兩次，而且已不再像20幾歲時那樣，我再也不擔心帳單的金額了；我會更快預訂旅行，無論是周末的小旅行還是度長假；每一、兩年，我都會買一件藝術品，通常是一幅油畫；我喜歡在經濟上幫助我的兩個孩子，並且撥款到我孫子的529大學基金帳戶；而且我最近開始更專注於慈善捐贈，我發現，花錢在別人身上比花在自己身上更快樂。

在我的財務世界裡，並非一切都是正確的，我最大的遺憾是：我一直太努力地工作。青少年時期，我樂於坐在沙發上，花一整

天的時間讀一本小說；但如今似乎總有一些事情需要完成，而且通常是工作。就像一個運動中的物體，會保持動者恆動的慣性那樣，我發現幾十年的努力會自然產生一種動力，一種我難以抗拒的動力。在某種程度上，我把這歸咎於一種錯覺，以為我所做的事情很重要，也許的確是如此，但並不如想像的那麼重要。我喜歡自己每天所做的事情──透過寫作和編輯，我正在幫助人們過更好的財務生活。但說到底，管理時間比管理金錢更重要，因為時間是最有限的資源。我應該過著更平衡的生活，雖然理智知道這一點，但我依然在努力說服自己這麼做。

三個教訓

- ◆ 固定生活成本低，再加上收入增加，可以讓你省下一大筆錢。只要確保你沒有為了保障未來的財務安全，而在當下犧牲太多東西。
- ◆ 與其買債券，倒不如考慮償還債務，包括房貸。你少支付的利息可能比買債券可以賺取的利息還要多出許多。
- ◆ 全球多元化的指數基金投資組合，表示你一定會持有市場裡一些漲不起來的阿斗，但是你也一定會獲得全球市場帶來的任何收益。而這些收益，再加上良好的儲蓄習慣，應該足以讓你過上舒適的退休生活。

【第 2 章】
以家庭為重

家庭可以成為我們最持久的快樂和憂慮的來源、是我們賺取和累積金錢的動力,也是我們最大的資產和責任,你將在本章的五篇文章中看到這些主題。為什麼我們要做每天都在做的事情?很多時候,這麼做不是為了自己,而是為了我們最在乎的人。

01
從助人中學習理財

理察・康納

理察・康納是半退休的航太工程師,對理財非常感興趣。他的興趣非常廣泛,包括追著兒孫跑、太空、運動、旅行、釀酒,以及閱讀。

當我回想我的理財旅程時,我想起了死之華樂團(Grateful Dead)一首著名歌曲中的一句歌詞:「這是一次多麼漫長而奇怪的旅程。」我的旅程確實很長,有時甚至有點離奇。

我生於1957年,在三個兒子中排行老二。父母給了我們一個充滿愛的家庭和良好教育。我在大學主修工程,並且整個職業生涯都在航太工程領域,所以不意外地,我一直很善於分析,而這也一直是我處理金錢問題的方式。

40年前,我和一生的摯愛結婚。我們有兩個兒子,現在有兩個很棒的兒媳婦和三個孫子,我們家是一個充滿愛的大家庭。我認為自己非常幸運:成功的機會——無論是在經濟上還是其他方面的成功——就在我的面前。

當我試著充分善用這個機會時,有四段經歷對我的財務思維

產生了重大的影響。這些經歷將我對金錢的興趣,從一種普通的愛好轉變為一種激情,並在這個過程中,教會我健全財務規畫的力量。

加入投資社團

第一段經歷是協助成立一個投資社團。我哥哥和他妻子的一些親戚想成立一個這樣的社團,而且問我是否有興趣加入。我以前從沒考慮過加入投資社團,但他們都是好人,我認為我可以學到一些東西,所以我同意了。這是我做過最好的決定之一。

我們在1993年成立了社團,當時正值科技股牛市的開始。傳奇基金經理人彼得‧林區(Peter Lynch)的前兩本書非常暢銷,他們讓像我這樣的新手投資人滿腦子都是這樣的想法:只要我們睜大眼睛,就可以找到具有強大成長潛力、價格被低估的股票。

讓我們有「自信做得到」的投資理念另一個啟發,是《路易斯‧魯凱瑟的華爾街周報》(*Wall Street Week with Louis Rukeyser*),這個在美國公共電視上每周一次的長期節目,既有趣又富含教育意義,讓我們認為可以用自己的想法和研究進行投資。

我們都同意,這個社團需要成為一個法人實體——普通合夥企業。我們建立了一個合夥協議、註冊一個聯邦稅籍編號,並開立了一個支票帳戶、一個券商帳戶和一個會計結構。我自告奮勇擔任財務主管,我也身兼會計,用預先印好的會計分錄表記帳。

一開始，我們每個月的投資金額都相同，所以每個人都擁有社團等量的股份。很明顯，這麼做會阻礙社團的發展。任何新會員都必須投資和創始會員相同的總金額，才能維持所有人的股份都相同。

　　那麼該怎麼做才好呢？身為工程師的我建立了一個電子試算表，這成為了社團會計結構的基礎。為了允許不平等的擁有權，我們需要以每股為基礎的方式來經營社團。每股的價值最初設定為名目價值，每位會員都投資自己想要的金額並獲得對應的股份。在每個月底，我們都會對全部持有的股票進行價值估算，並計算每股資產淨值。

　　實際上，我們的投資社團就像一個小型共同基金一樣運作。會員們出資，加起來一起買股票，每位會員根據其繳款金額加上獲利，按比例擁有基金的金額。社團是一個穿透實體（Pass-Through Entity）[1]：所有的獲利和虧損都由會員承擔。

　　會員可以按照當月計算的股價，購買或出售任意數量的股票，到了年底，我們總計股利和資本利得，這些透過K-1報表（美國國稅局的合夥表格）傳遞給會員。雖然花了一些時間，但我將這個過程自動化。後來社團的會員人數成長了一倍，我也管理帳簿和擔任財務主管將近5年。

　　社團會員決定將一半的資金投資於績優的大型企業，我們使

---

[1] 註：穿透實體是一種業務結構，在法律上類似於擁有該實體的個人。這種實體是按個人所得稅率繳納稅金，並在企業主的個人所得稅申報表上申報其收入，而非由實體以公司的身分納稅。根據路透報導的資料，穿透實體是美國最常見的企業結構。

用「現金流量折現法」（Discounted Cash Flow，DCF）來尋找價值股，這些股票相對於預期的未來收益來說似乎很便宜。我們買進默克（Merck）、艾克森美孚（Exxon Mobil）、奇異電氣（GE）、摩托羅拉（Motorola）、福特（Ford）等家喻戶曉的公司，當股價下跌時，我們有如信仰般地買進更多的股票，並將所有股利再投資。我將這5檔股票視為我們的迷你道瓊指數，這5間企業都是名列道瓊工業指數的30間巨擘之一。

我們基金的另一半，則全部投入投機性成長股。在1990年代時，有幾十間小型高科技新創公司，有可能成為大贏家——下一個微軟（Microsoft）或美國線上（America Online）。然而，其中有兩間公司令我特別放不下。

TRO學習（TRO Learning）是一間早期採用電子學習的公司，也就是現在常見的遠距教學。我們在1股5美元左右時買進，後來股價漲至20美元左右。這間公司的所有報告都顯示它沒有賺錢，而且幾年內都不會開始賺錢，對我來說，這就是我們應該賣出的跡象。我在一次社團會議上提出了這個問題，但是被否決了。其他會員喜歡公司的營收動能，所以我們沒有賣，結果股票下跌，我們最後只以微薄的利潤出售手中的持股。

我記得另一間公司名為Plasma-Tech，是一間小型製造商，這間公司生產的設備用於製造平面顯示器。產業專家說，這間公司製造的設備是全世界同類型設備中最好的，平面電視的未來充滿無限可能，這間公司對於美國稱霸平面電視市場的計畫非常重要。這是一個很棒的賣點，所以我們相信了——還買進一大堆股

票。

儘管賣點很棒，但是Plasma-Tech完全沒有發展。公司在交付產品時遇到了巨大的問題，面臨嚴重的供應鏈問題，以及提高產量的挑戰。1999年時，該公司被一間瑞士企業集團收購，並且從交易所下市。我從Plasma-Tech學到了寶貴的一課，一間公司可以有精湛的技術和很棒的賣點，但是，如果它不能管理好業務或沒辦法賺錢，你投資它的股票就賺不到錢。

在投資社團的那5年，使我成為具備相關知識且謙虛的投資人。我們的投資經歷了漲跌，但整體而言，我們的報酬幾乎複製大盤。我們的績優股整體而言複製道瓊指數，成長型投資組合平均也獲得了類似的結果。但是最大的報酬可能是這個過程中學到的事情，到最後，社團激起了我對所有理財議題的興趣。

照顧我的父母

第二個關鍵經歷，與投資社團幾乎是同時發生的，但是事情嚴重得多。在我35歲左右時，我發現當時已年過60的父母陷入了經濟困境。我父親已經有一段時間沒工作了，他們靠母親的收入和她繼承的一些錢過生活，我們問父母，他們無奈地承認需要幫助。

我的兄弟、妻子維琪和我，同意提供足夠的支持來穩定他們的處境。但是在幫助他們支付帳單幾年後，我們採取的一小步，很明顯並不足以確保他們的長期未來。妻子建議我們賣掉自己的

房子,買下我父母的房子並搬進去,讓他們和我們住在一起。當我們向他們說明這個計畫時,可以感覺到他們鬆了一口氣。

父母的餘生都和我們住在一起。父親的健康情況每況愈下,他很快就需要助行器和氧氣。他在1999年去世,享年71歲,母親繼續和我們一起生活了6年。2004年夏季時,她癲癇發作,接下來的2個月,她身體左側逐漸失去控制,醫師花了幾個月的時間才診斷出來,她的大腦中有一個腫瘤,這是一種B細胞淋巴瘤,已經很晚期了。

她接受腦部手術和後續的化療。雖然她在化療後有所改善,但幾個月後她又出現症狀了,這時候已經沒什麼好選擇了。她在耶誕節後幾周的2005年初過世,家人和朋友都陪伴在她身邊。

照顧父母健康和財務的經歷,教會了我很多事,我認為這才是我最終成長的一段時期。我處理了債務問題、爭取醫療保險、改造我們的房子以配合父母日益嚴重的失能情況,還有最後一項——處理兩次遺產的分配。

這些事都讓我下定決心,我和妻子不要成為孩子的經濟負擔。雖然工作量很大,有時也很有挑戰性,但我從不認為照顧父母是一件辛苦的事情。這是一次深刻的經歷,如果有必要,我仍願意再做一遍,而且很快就發生了。

協助妻子的親戚

第三次經歷,大約是5年後開始的。當時我接管了我妻子一

位寡婦阿姨的財務,派蒂阿姨沒有子女,她在70多歲開始出現認知能力下降的跡象,她逐漸失去了管理事務的能力,我後來甚至發現她也忘了追查一些資產。

派蒂阿姨在2007年搬進我岳父母家,妻子獲得了關於她的醫療和財務事務的授權書,我負責了解、組織和管理她的財務。

她很幸運,有幾份退休金和社會保障金提供她充分的固定收入。我最大的工作是組織和簡化她的財務狀況,雖然花了幾年時間,但我把所有東西都合併到一個先鋒集團的帳戶和一個支票帳戶中,我將她的收入和費用支出自動化。我還找到了派蒂阿姨遺失資產的證據,經過一陣廣泛的搜尋後,我追回了超過7萬5,000美元。

我幫派蒂阿姨規畫的財務方案確保她會有足夠的錢,如果需要的話,足以支付10年或更長時間的高品質長照費用。遺憾的是,這並沒有實現,她於2011年5月突然過世,享年81歲。在幫助派蒂阿姨時,我了解到,隨著年齡的增加,簡化財務狀況的好處很多,還能確保所有資產文件的安全。

同時,我的岳父母打造了成功退休生活,是中產階級夫婦很好的範例。他們一生都在努力工作、量入為出、勤奮儲蓄,五個孩子長大後,他們開始認真投資退休帳戶。因為有傳統的退休金、社會保障和儲蓄,讓他們能夠從65歲開始享受舒服的退休生活。

我岳父於2009年過世,享年82歲。在他過世後,岳母似乎對管理財務失去了興趣,於是我再次接手這工作。除了他們計畫

和執行退休外,當岳父過世時,我還發現了一個很重大的錯誤,當他領取貨車司機工會的退休金時,他選擇了一次性的支付。這表示,當他過世時,就會停止給付,這大大減少了我岳母的收入。

我最初的任務,是透過簡化她擁有的帳戶和資產的數量來組織她的資產,我再次把資產整合到先鋒,她的投資組合包括403(b)、一些先鋒的基金、一些個股和一些定存單。她將大量的資產保留為現金。

岳父過世1年後,岳母決定賣掉自己的房子,和她姊姊派蒂阿姨一起搬進一個獨立生活的銀髮社區,她選擇了一間兩房的公寓。加入這個社區不需要高額的費用,每月的費用約為6,000美元,幸好,我岳母和她姊姊的固定收入加起來足以支付這筆錢。

我們賣掉岳母的房子,並將賣房子的錢投資於她的先鋒帳戶,現在她的財務狀況很好,我感到很放心。但後來派蒂阿姨突然過世了,現在我岳母必須自己獨自支出6,000美元的公寓費用。

不久之後,她出現了一些健康問題。在例行的手術中,她出現了需要緊急手術的併發症,導致她的認知能力顯著下降。在84歲時,她已不能在沒有協助的情況下獨自生活。

我們被迫迅速研究幾間銀髮中心,每一間都有自己的費用結構,我必須評估每一個,以確認是否適合她的財務狀況。我們選擇了我們家附近一間優質的中心,初始的押金很低,但是每個月的費用較高。她每月的費用增加到7,000美元,我計算出她有足夠的資產和收入來支付她的長照費用直到95歲。

由於她被診斷為失智,她的大部分生活開銷都符合免稅醫療

費用的條件。從2011年到2014年，我利用這筆稅收減免來抵消她的個人退休金帳戶提款，大大減少了她的所得稅。在我們領完了她的退休金後，我用她的醫療扣除額來抵消長期的資本利得稅。她申報的收入非常低，所以她有資格享受零資本利得稅率。

我為她的短期、中期、長期支出安排了三份資金。我們在第一部分中保留了3年的現金，以滿足當時的需求；第二部分投資於短期債券；第三部分則投資於標普500指數基金。因為她已經85歲左右了，我們打算在10年內提領她的資產，但她只多活了3年半就過世了。

自我照顧

在照顧岳父母的同時，我和妻子也在為自己的退休做準備。2007年，在我50歲生日那天，我們請了一位當地的財務規畫師做了詳細的退休評估，他進行投資組合分析、退休收入預測，以及所謂的蒙地卡羅分析（Monte Carlo Analysis），研究我們的投資組合在許多市場情景中的表現。他的詳細報告顯示，我們正在一條穩定的道路上，可以在62歲時退休。

我們都知道接下來發生了什麼事。2008、2009年時，我們假設的8%股票年均報酬率，突然顯得很愚蠢，但這並沒有改變我們的退休計畫。我們的兩個兒子剛完成大學學業，所以我們集中資金將401(k)退休金帳戶提撥額調升至最高。隨著股價跌至2009年3月的低點，我們繼續以更低的價格買進股票指數基金。

2010年時，我的雇主——航太公司洛克希德馬丁（Lockheed Martin）的一個部門——被賣給了一間私募股權公司，員工非常擔心，這表示我們的傳統退休金計畫結束了。當時我是高階主管，所以許多員工都向我尋求有關複雜退休金規則的指導，身為領導者，我發現自己需要更了解退休金這件事。這是我的第四段重要經驗——將我的理財教育提升到一個新的水準。

我花了一周時間研究這個計畫，並製作了一些試算表來協助解釋我們的選擇。接下來的7年，我成為我們退休金計畫的專家，為許多員工提供諮詢和午餐簡報。2014年時，新公司凍結了我們的退休金計畫，這表示我們不能再累積任何的福利；同時，他們增加了一次性付款的選項，但提供的細節很少。幸運的是，我的一個兒子有位朋友，他是退休金產業的精算師，他教我有哪些新的選擇。

許多員工來找我，設法了解他們的選擇，並弄清楚他們退休後應該做什麼。我喜歡為他們提供諮詢，我決定繼續深入學習，所以我報名參加美國金融服務學院的認證理財規畫顧問課程。我在大約9個月的時間內完成了這個專案，然後通過了綜合測驗；幾年後，我也完成了退休收入認證專業人士（Retirement Income Certified Professional，RICP）課程。

2017年4月，我不再做全職工作，比我們在2008年的經濟大衰退之前制定的時程表提前了2年；幾個月後，我開始領取退休金。我曾短暫考慮過轉行，並成為一名財務規畫師，但是，在60歲時開始新職業的想法令人感到害怕。在我離職幾個月後，

我的前雇主問我是否有興趣從事一些諮詢工作。我同意了，並且在過去4年來完成了不少有意義的項目。

我一直打算在退休後回饋社會。我自願參加美國退休者協會（AARP）的稅務協助計畫，我們免費提供納稅申報表準備服務，重點集中於低收入的老年客戶。後來證明這是一個很好的選擇，這件事融合了我對金融的熱情和廣泛協助社區的心願，並將我和一群聰明、有愛心的人連結在一起。

我還發現了HumbleDollar網站，我想我也許可以寫一些文章，並加入網路上正在進行的金融對話。後來我發表了100多篇文章和部落格文章，我很高興抓住了這個機會。這件事豐富了我的生活，希望我讓一些讀者有所收穫。

2021年，維琪和我賣掉了在費城郊區的房子，搬到在紐澤西海岸的房子，這會是我們的最後一站嗎？可能會是。我們喜歡這個地區，我們的子孫都住在幾個小時車程的距離內。但在幫助我的父母、派蒂阿姨、岳父母之後，我學會了做好準備，但也要保持靈活。我不太確定我們的餘生會如何發展，但我樂觀地認為，多年的儲蓄將提供我們舒適生活所需的財富。

三個教訓

- 退休似乎是放慢腳步的時候，但是財務變化總是來得又快又急。準備好幫助你的父母和其他年長的親戚，並為自己70歲以後的財務生活將發生的巨大變化做好準備。
- 永遠不要停止學習。無論是向他人尋求建議、在網路上搜尋資訊，還是參加教育課程，都有豐富的財務資訊和見解可供選擇。
- 請記住，旅程才是重點，不是目的地。在這條道路上，珍惜你的家人和人生中遇到的朋友。當你到了可以幫助別人的時候，請不吝嗇且經常幫助他人。

02
保留犯錯的餘地

安妮卡・海斯卓

完成MBA學位後,安妮卡・海斯卓進入一間大企業,在美國及東南亞,以外國人的身分在投資交易廳工作。和非常聰明且事業有成的專業人士一起工作,令她驚訝地發現,很少有人對自己的財務生活有遠見。她成為一名認證理財規畫顧問,並共同創立了「上層財富」(Uplevel Wealth),以協助家庭規畫和過著有意識的生活,同時盡可能幫助他們消除財務方面的意外。

暢銷書作家萊恩・霍利得(Ryan Holiday)認為,如果你想成為一個了不起的作家,首先必須過著有趣的生活。要了解這個世界,你需要培養經驗,並被挑戰你的事物所吸引。霍利得曾說:「從不冒險的人以為他們能得到什麼?」

發生在我們身上的所有事,包括丟臉和不幸的事,都是我們可以用更好的方式面對未來的素材。大衛・艾波斯坦(David Epstein)是《跨能致勝:顛覆一萬小時打造天才的迷思,最適用於AI世代的成功法》(*Range: Why Generalists Triumph in a Specialized World*)一書的作者,他認為這類事件也是尋找意義

和成就感的關鍵。他指出:「我們對自己的看法,受到過往經歷的限制。我們必須去做一些事情,然後反思它。」

正是透過逆境,我們才有機會過有趣的生活。古老的愛爾蘭祝福說:「願你沒有不幸,充滿福氣。」也許這句話應該被改寫為:「願你充滿福氣,還有不幸。」接著,我就要開始談我的金錢之旅了。

雙重挑戰

我當時36歲,在奧勒岡州波特蘭市的一間金融服務公司工作,那時我很幸運地懷孕了。我患有子宮內膜異位症,這種疾病影響十分之一的女性,可能需要長達10年的時間才會被診斷出來,而且可能導致不孕症。這是我做過的最好的投資之一:尋求有關病情的答案,然後得到協助。

我和丈夫花了1萬美元,然後在驗孕棒上得到確認懷孕的消息,這是許多像我這樣的人夢寐以求的。以不孕症治療來說,1萬美元真的一點也不貴,我們不必再採取體外受精或其他更複雜的行動方案。

但是就在懷孕後不久,我的運氣發生了變化。從例行的害喜和疲勞,升級為無數次和醫師約診、各種專家的診療、延長的住院時間。在我懷孕27周又6天時,緊急分娩生下了雙胞胎女兒。

這世上沒有什麼可以讓人為這種風暴做好準備。一夜之間,我們從9月的預產期變成了6月生產,我們沒有幾個月的時間來

處理，而是要在幾分鐘內思考。過程中的每一步，我們都必須在「問題多於答案」的情況下做出決定。

真的很難形容當我看到寶寶呼吸困難時的感覺——當新生兒加護病房的警報響起和燈光閃爍時，他們的心臟停止跳動。兩個寶寶的妊娠階段根本沒有達到發展出持續記住呼吸的能力，我全身上下每個細胞都想做出反應，打開他們的隔離保溫箱，開始挖出電線和管路來幫助寶寶。

但是，雖然這聽起來違背常理，正確的解決方式是——什麼都不做。嬰兒需要一個自癒的機會，如果他們沒有自癒，護理師就會輕彈他們的腳或輕輕撫摸他們的皮膚，以刺激他們產生反應。在這個過程中，護理師也是在同時訓練嬰兒的大腦，並為我們的馬拉松設定了速度。看著護理師照顧我們的寶寶，讓我們學到重要的一課：新手會恐慌地反應，專業人士則是沉著應對。

而最好的護理師也做了不同的事：他們花在床邊的時間比在病歷表上的時間還要多很多。他們必須夠了解新生兒患者，以便在數據或標準程序不支援的時候做出決定。我離開新生兒加護病房時，根本記不住血氧飽和度的每一個層級，或是營養師說的所有營養資訊細節；我離開時，只是對照顧我們寶寶的團隊，感到非常感激而且有信心。

我開始欣賞他們的同理心，而且他們的情商和智商一樣高，甚至更高。在金融和其他工作中，我們經常關注處方，而對診斷的關注不足；我們沒有花足夠的時間去處理和分析輸入的資料；我們把8／2法則顛倒過來，在80％的事情上花費了太多時間，

而在最重要的20%事情上花的時間根本不夠。

財務與人生的長期準備

像我這樣懷孕機率不到1%，備孕相關的花費非常驚人，但是丈夫和我並非完全沒有準備。在我們踏入產房之前就花了很多年的時間，奠定在經濟上和其他方面的基礎。

我很早就開始這種準備了，我是透過觀察父母來學習理財習慣，尤其是我的父親歐列，他既是一個運動愛好者，也是一個徹頭徹尾的書蟲。身為獸醫病理學的終身職教授，父親的工作裝束主要包括克拉克（Clarks）皮鞋、卡其褲、少穿過一個環的腰帶、襯衫，還有一副厚重的圓眼鏡。他非常擅長自己帶便當，也是DIY之王。他的時尚感反映了他低調和謙遜的本性。從他身上，我了解到——想累積財富，就要靠你沒有花掉的錢。

除此之外，還有我的教育背景和財務顧問的職業。我認知到，財務上的成功很大程度上與行為有關，理財與其說是一門硬科學，不如說是一門軟技能。為了做某件事而採取行動並不能累積財富，堅持一個健全的策略，並專注於我們可以控制的事情，最終能帶來財富，同時也讓我們有更多時間去做人生中重要的事情。

自從我和丈夫在2014年結婚以來，我們一直瘋狂地堅持生活中的兩件事——存錢、投資自己。不要誤會我的意思，我們也非常享受美食、啤酒、葡萄酒和朋友，這是波特蘭市美好生活的

先決條件。我們盡最大努力將金錢和時間結合對我們來說重要的事情：冒險、知識、財務獨立、經驗；但我們也盡量減少或不花錢在其餘部分。我們的財務方法很簡單：把錢花在重視的事情上、確保量入為出，並把節省下來的錢用於投資。

這並不是說我們沒有失誤，最大的失誤之一就是，我們的第一間房子多付了錢，這在2015年的波特蘭並不少見。在買下房子3個月後，我們才發現前屋主有多偷工減料，以及我們需要修復多少東西。

那是2015年12月，是波特蘭有紀錄以來最潮濕的冬天之一。新搬來的鄰居邀請我們去他們家的年度假期聚會，我們在那裡遇到另一位鄰居問我先生一些關於她的房子和天氣的事情。他去查看她家的地基，然後發現地基的空間裡有幾十公分的積水。我們錯誤地以為自己家是乾的。

我們家有一個抽水泵浦，但顯然是壞了。買房子附帶的1年保險會賠償新的泵浦，但我們必須先把90公分的積水抽乾。我們在水的深處放置一個有很多孔的水桶和一個家得寶（Home Depot）的抽水泵浦，製作了一個臨時泵浦，然後，一根附帶的花園水管穿過外部地基通風口將水抽到街道上。在大部分的水抽乾後，很明顯地，暖氣和空調管道的軟性絕緣管道損壞了，而且這又導致我們發現了許多其他問題，需要對整間房子的每個暖氣、空調管道進行徹底翻新。所有工程的費用接近8,000美元。

後來還有更多工程。最大的工程原本是更換圍欄，後來變成了360度結構景觀改造，包括擋土牆、圍欄、排水、下水道和煤

氣管線、灌溉、植物和照明。我們對這間房子做的最後工程，是我先生建造了一個有屋頂的加溫露台，沒想到6個月後新冠疫情爆發，為我們做好準備，在這段期間與他人保持社交距離。

在完成這個工程2天後，我們終於把雙胞胎接回家了，那是2019年9月——他們本來的預產期月份。雙胞胎在醫院的新生兒加護病房度過了87天，每個嬰兒的醫院帳單遠高於100萬美元。我們非常感謝良好的保險和2010年的平價醫療法案（Affordable Care Act），禁止保險公司為承保範圍設定終生金額上限。我們保單的年度自付額上限是1萬4,000美元，這是一筆巨款，但是比起雙胞胎的總醫療費用根本不算什麼。

我們能夠在財務完好無損的情況下度過這場風暴，不只是醫療保險的結果，也不是因為多年存下來的錢，而是取決於我們減去的東西——我們選擇不花的錢。我們雖然為那棟1962年的老房子多付了錢，但事實證明，它對我們的價值要大得多。當我們買房子時，我們確保只用一份收入就申請到房貸。

這些低廉的居住成本，再加上，雖然我們的收入增加了，但生活方式仍很節制，都替我們留下了充足的財務喘息空間。這使我們能在雙胞胎出生前幾年存下一筆可觀的金額，也讓我們在財務上靈活應對隨之而來的動盪。

挑戰創業

隨著雙胞胎的到來，我放下全職工作休息6個月，然後試著

重返職場，每周工作4天以恢復正常生活。但很快地，我發現自己陷入了兩難的境地，既要照顧年幼的兩個女兒，又要滿足工作的要求。我正努力跟上生活的腳步，但生活又發生了意想不到的轉折——2020年3月時，新冠疫情來襲。

和多數人一樣，2020年給了我一個反思人生道路的機會。我意識到我需要和想要為自己、家人得到的東西並不存在。那年稍後，我和一位同事一起例行吃午餐，我們是兩個有年幼孩子的職業婦女，研究顯示這是一個問題：有孩子的職業婦女不太可能被錄取、被認真對待、被認為有能力。我們領到的薪資通常也低於具有相同資格的男同事。

我們決定掌控自己的情況——成立一間只收費用，不收佣金的財務規畫公司——上層財富。

理財服務業是一個相當艱難的產業，失敗率很高。我們所做的無形工作可能需要很長的時間才能爭取到客戶，進入門檻也很高。舉例來說，一個大型託管人（持有客戶投資的公司）要求一間財務諮詢公司至少管理5,000萬美元才能使用其平台，這5,000萬美元是業界最低資產要求的低標，其他託管人要求以前（通常規模更大）的雇主簽字，然後才會允許你使用他們的平台。財務諮詢也是女性和少數族裔很少擔任管理職的產業，貝拉研究集團（Bella Research Group）和奈特基金會（Knight Foundation）在2019年的一項研究發現：99%的資產管理公司，是由白人男性所擁有。

雖然有這些障礙，但疫情帶來了一些關鍵的機會。疫情迫使

這個產業以虛擬方式經營，這使我和合夥人能夠更了解客戶的生活。我們不是在辦公室裡和他們見面，而是在網路的幫助下進入他們家的大門、和他們一起坐在廚房的餐桌旁、見他們的家人。在一個陌生且不確定的時期，網路反而幫助我們更親近彼此。

想要更豐富的生活嗎？有人曾說，養孩子會是你所做過最難也最好的事情。我同意；想要財務自由嗎？我相信創業會是你做過最難也最好的事情。我之所以能夠放手一搏，就是因為丈夫和我在財務生活中建立了喘息的空間。為了開展我的新業務，我們把多年來儲蓄的錢，投入一個標示為「機會」的帳戶中。

在短期內，我相信財務自由是你茁壯成長和體驗生活的能力。財務自由讓你有信心可以休長假、轉換跑道或輕鬆應對意外事件，這是在繼續奮鬥同時承擔經過評估的風險的能力。從長遠來看，財務自由是一種能力，讓你能夠確定自己對「足夠」的定義，一旦你達到了這個目標，就能以謙遜和自律的心態感到滿足。我還沒有達到我的目標，但是我對這段既充滿福氣但也有挫折的旅程深深著迷。

三個教訓

- 永遠不要沒有醫療保險。自付費用的最高限額雖然看起來很高,但你可能會遭遇比那高得更多的醫療費用,而沒有醫療保險的人就會因此破產。
- 有意識地使用你的錢。把錢花在你在乎的事情上,同時避免那些無法帶來滿足感的開支。
- 挑戰會不請自來,進入你的生活。請確保你有足夠的財務喘息空間來應對挑戰。

03
曲折卻美好的財富

約翰・古戴爾

約翰・古戴爾是德州退休金審查委員會（Texas Pension Review Board）的政策副主任暨法律總顧問。他職業生涯大部分的時間，都在為現役和退伍軍人倡導稅務、遺產規畫和退休問題。他最大的愛好是陪伴妻子和孩子。

這不是關於我和妻子如何實現財務獨立的故事。技術上來說，我們還沒實現，但我們會的。其實這個故事是關於──說故事的力量。

我從小聽著外公在大蕭條和第二次世界大戰期間的生活故事長大，有幾個主題總是很明確：家庭、服役，以及需要盡可能存錢以備不時之需。我成長在舒適的環境中，我們生活的大環境是外公那一輩的人協助打造的，所以我很著迷於聽人訴說另一個非常不同的世界。

外公從來沒告訴過我這些故事，這些故事是外婆或母親說的。她們說外公在1930年時必須提前一年從史丹佛大學畢業，雖然他大學最後一年被著名的足球教練波普・華納（Pop Warner）

給予首發四分衛的位置。

當1929年股市崩盤的餘波最終蔓延到一般人的生活時，外公在沒有兒子幫助的情況下，就無法維持家族在加州的牛奶箱生意。外公從不抱怨錯過他多年來在足球場上辛勤努力的光榮巔峰；正好相反，就像他那個世代許多最偉大的人一樣，他盡職盡責地捲起袖子，努力確保家人的生存。10年後，外公自願加入陸軍，在太平洋服役期間，利用他的機械工程學位建造、維護飛機。他在戰後返回經營家族企業，並成功地經營了幾十年。

外公的身教，讓我學到很多東西。但有兩個教訓很明確——「存錢」永遠不嫌多；至於家庭，你要做出任何必要的犧牲，給家人最好的生活。

接著，就要說到我接受教育的最後幾年，我下定決心、盡我所能確保自己永遠不缺錢。我是靠陸軍後備軍官訓練團獎學金上大學的，我決定成為一名軍法律師，於是申請了法學院，我支付了大學費用，並承諾將來會在部隊中服役，但是我沒有念法學院需要的錢。外公不僅沒有讓我債臺高築，而是在他過世前不久，提出支付法學院的全部費用。因為看到華爾街投機造成這麼多的金融和個人大屠殺，所以他一生都很厭惡負債這件事，為了實現財務自由，他很努力工作，也放棄了很多，他不希望看到兒孫負債。

現在我會講這些故事給我的孩子聽，不過，在外公的故事中，我還加入了三個自己的故事，但每一則故事都不是關於存錢，而是——偶爾讓錢溜走的好處。

節儉帶來更大的價值

從法學院畢業後，我重返陸軍，那時我已經和高中女友結婚。在她完成醫學院和住院醫師培訓期間，我們靠著我的部隊薪資生活。我們過著節儉的生活，我在這7年期間的薪資約6到7萬美元不等，而我存下了大約三分之一的錢。

2012年時，就在我妻子即將完成住院醫師的工作時，我被派往阿富汗1年，那是我一生中最黯淡的時期之一。我是怎麼熬過來的？我繼續拚命存錢，但我在那一年做了一個多數個人理財專家認為最糟糕的花錢決定：買一輛新車。在阿富汗待了4個月後，我透過一個向派駐海外軍人提供的方案買了這輛車，我每個月都要支付薪水的一大部分，直到派駐結束時還清了車貸，而我得到的回報就是，我訂製的汽車可以獲得一筆小折扣。

那可不是什麼隨便的新車。我買了一輛2013年的黑色福特野馬GT Premium California特別版，我花了好幾個月才選擇汽車的顏色、賽車條紋的顏色和位置，以及百葉窗等時尚的訂製裝飾。我渴望那輛車，一想到它，就能逃離戰爭的日常現實。當我回到美國，最終在田納西州和德州之間的一條偏僻道路上感受到442匹馬力V-8引擎的全部動力時，那種感覺真是難以言喻。

我為這個會折舊的資產支付了大約3萬6,000美元。如果我當初把這筆錢投資在指數基金上，今天它的價值早就超過那筆原始投資的3倍了，但是現在回顧我在阿富汗的那一年，毫無疑問地，有些東西可以讓我暫時脫離身邊發生的一切，所以這是我當

時能做的最好投資。

從0到3：另一種投資

我仍然記得當妻子完成住院醫師培訓後，領到她的第一筆醫師薪水時，看到我們銀行餘額激增時的震驚。我知道有些男人，尤其是那些年紀較大的男人，比較希望自己才是主要的家庭收入來源；但我不是那樣的人，因為妻子的收入大約是我的2倍，我對此一直深深地感激。

許多醫師將他們初次的大筆薪水花在昂貴汽車、大房子上，或他們漫長的培訓過程中無法得到的事物；但在我妻子結束住院醫師工作後，我們還是很節儉，我們每年的開支仍略低於3萬2,000美元，這在很大程度上要歸功於軍人的住房津貼。有時我們甚至會住在基地，那裡的房子是免費的。

因為妻子獲得獎學金，而且就讀的是她所能找到最便宜的醫學院，我們所有的教育費用都在32歲時就還清了，那時我們才真正開始儲蓄，並看到資產以複利增加。如果用標準的4%提款率來計算，我和妻子在35歲時幾乎可以用儲蓄來支付我們的所有費用。那時只要再存4年錢，我們就能輕鬆實現財務獨立了。

但我們反而決定暫停，為什麼？我們開始問自己一個重要的問題：「如果沒有人可以分享金錢的許多用途，那麼金錢又有什麼用呢？」

在感恩節晚餐時，我和弟弟、他的妻子討論他們收養的孩

子。他隨口說出有那麼多孩子正等待收養，令我感到震驚。當我和妻子思考這個問題時，我們愈來愈清楚，我們的想法可能與大多數人不同。雖然我們認為擁有一個家庭的重要部分是撫養和愛孩子，但我們倆其實並不渴望有自己的孩子。我們後來意識到，孩子是否擁有我們的基因，對我們來說並不重要。

我們決定，「收養」將是我們的下一段旅程，雖然這個決定讓我們在財務獨立的道路上倒退了很多年。在某種程度上，是因為養孩子的花費很高；但部分原因則是因為我們選擇了最昂貴的收養途徑，如果你不熟悉這個過程的話，國際收養的成本遠高於國內收養。但我們對美國法官持謹慎態度，他們可能會應親生父母的要求重新審核收養程序，所以我們決定收養外國兒童。

我們前往哥倫比亞的麥德林市，展開一生中最壯闊——或許也是最昂貴——的冒險。美國為收養費用提供驚人的稅收抵免，2022年領養每個孩子的費用，免稅額高達1萬4,890美元，而收入較高的人就沒有這筆免稅額。因為相信我們的收養費用可以透過免稅額抵銷，所以我們想都不想就決定領養外國孩童。我們預計在2018年初前往哥倫比亞，因此計畫了稅務和工作時程表，以充分利用稅收抵免額。

收養機構在2017年10月打電話來。我們比一般人更快獲得哥倫比亞政府的批准，如果我們還是打算收養的話，有三個孩子在等我們。當你和外國政府合作時，這類提議不是接受，就是放棄，這不是可以討價還價的事情。我們的機構透過電子郵件寄來孩子的檔案，當我們看著這三個漂亮手足的照片、閱讀他們的經

歷時，我們在這些青春期孩子的眼睛裡，看到上帝的美麗正凝視著我們。我和妻子當時就知道，我們不會放過這個機會。我們在哥倫比亞住了5個星期，再加上旅費，總計約1萬5,000美元；支付給哥倫比亞的律師、機構個案員工，以及美國和哥倫比亞政府的收養費用，讓支出增加了4萬美元。

在這過程之中，我忽然發現：我們沒有資格獲得收養免稅額。我們在2017年的收入總和，比免稅收入逐步減少範圍高出不到1,000美元，我們以些微的差距錯過了三項免稅額。為了降低我們的應稅收入，並收取高達4萬4,000美元的免稅額，我試著將當年的羅斯退休金帳戶儲蓄，重新設定為傳統的免稅提撥額。但事實證明，這對我們的兩人的雇主方案來說，都是不可能的。

顯然，這是一次財務上的挫敗。儘管如此，後來證明收養是我們一生中最好的投資。投資報酬的一部分來自愛，但大部分來自辛苦的部分，身為家長，我學到了很多教訓，父親的身分幫助我從原本那個毫無準備、過度自信的人，變成一個更好的人——現在回想那個自己我還是會不禁苦笑。

犧牲我的退休金

在我們收養三個孩子的2年後，我決定縮短我的現役軍人生涯。我通知陸軍，2020年將是我擔任全職軍人的最後一年。當我39歲離開時，軍隊是我所從事過的唯一職業。

很難說這是不是明智的財務決定。以平民來說，固定福利的退休金計畫，大多已被401(k)和類似的計畫所取代，其中儲蓄和投資的責任落在員工身上；但軍方仍提供傳統的退休金。事實上，軍隊可能是退休金的黃金標準，會隨著通貨膨脹成長，並且有美國政府的擔保。

如果繼續服兵役20年，退休金將相當於最高36個月基本薪資的50%；滿20年後，每多服務1年，退休金就會增加2.5個百分點。你領取到的金額會因軍階和服役年限而異，根據我的現役職業道路，我預計退休時領取的50%退休金會相當於現今價值約每年6萬0,500美元。我本來可以從45歲開始終生領取這筆錢。

我仍在繼續完成20年的役期，只不過我目前在陸軍預備役服役，這將使我可領取的退休金變少，且20年內不會生效。預備役和國民警衛隊成員的退休金沒有軍隊那麼慷慨，而且取決於你的服務時間——周末工作、在自然災害期間動員以提供協助、在戰區作戰等。

我的退休金將取決於我參與預備役的積極程度，但我估計將提領大約39%的陸軍薪資，這表示當我年滿60歲時，我每年將領取大約4萬6,000美元，這比我再服役6年的話會收到的錢還要少約1萬5,000美元，而且我將在15年後才開始領取；如果留在軍隊中，我本來可以獲得更高額的退休金。

明顯的問題是：為什麼要放棄退休金的舒適性、安全性和即時性？在眾多原因中，最主要的是我的家人們過去2年內搬家了四次，軍旅生涯使我們必須常常搬家。對於年紀較大的孩子來

說,搬家這件事會變得更加困難,因為他們必須一直離開朋友。

雖然有些人可能不認同,但我相信這樣的舉動對孩子的身心造成很嚴重的傷害,尤其當你的孩子正在學習一種新的語言和文化時,更是如此。我們的孩子很有韌性,但以犧牲孩子成為新美國人的立足點為代價,來追求我的機會和晉升,這麼做似乎太自私了。最重要的是,我妻子經常必須中斷她的職業生涯來支援我的兵役,不是軍眷家庭的人都不知道,軍人配偶和孩子為支持家人的軍旅生涯而犧牲了多少。

衡量財富的方式

在我們通往財務自由的曲折道路上,我發現最好的部分是當我「放棄一些錢」的時候。這是因為打造真正的財富是需要「平衡取捨」的,我回想起外公的旅程,以及大蕭條在他生命中所扮演的角色。他儲蓄、投資並建立了一個成功的家族企業,但我也想到他為所愛的人所做的許多犧牲。他的財富不只是以金錢來衡量的,還有他的家人、朋友和心血結晶。

我希望能在60歲之前就實現財務自由,但是如果沒有,至少當我一滿60歲就會有預備金和社會保障金可以依靠。因為我是深受大蕭條故事影響的偏執狂,所以我確保有經濟上的後援,以防萬一有任何原因需要用錢。

現在我和妻子把大部分收入存起來。這些積蓄大部分會用於確保孩子們不必背負大學債務,將外公給我的禮物傳遞下去。我

們的孩子長大了,所以上大學的時程表變得更緊湊,儲蓄的迫切性也更大了。

有人說,在為孩子的大學儲蓄之前,應該先確保自己的財務未來。如果我們更接近退休,而且未來沒有退休金的話,我會說這些人的話有道理。儘管如此,我還是不喜歡「以我優先」的這種心態,坦白說,我不在乎——因為我想要走和外公一樣的路。

三個教訓

- ◆ 財務自由固然重要,但家庭也很重要,儘管有時支持家人表示通往財富的道路會變慢。
- ◆ 對夫妻來說,願意共同努力降低生活成本可以開啟各種可能性,包括換工作和家庭的擴大。
- ◆ 慎選你效法的對象。精通財務的父母或祖父母可能會提供寶貴的經驗教訓,讓你終生受益。

04
實現更多目標

麥特‧克里斯多福‧懷特

麥特‧克里斯多福‧懷特是註冊會計師（CPA）和認證理財規畫顧問，他撰寫有關金錢和耶穌學徒的文章。他是《如何愛錢：為你的財務注入活力的四個悖論》（*How to Love Money: Four Paradoxes That Breathe Life into Your Finances*）一書的作者。麥特樂於談論《路加福音》6：43[2]、「國內稅收法」第643條[3]和6-4-3雙殺[4]。他最喜歡陪著妻子莎拉及他們的兩個女兒，莉蒂亞和伊莉莎，一起在他們位於大煙山腳下的家中生活。

我的曾祖父佛萊契‧懷特（Fletcher White）是第一次世界大戰時，被徵召參戰的美國青年之一，他還為我們家族的後代子孫設定了財務方向。

佛萊契雖然缺乏軍事敏銳度，但他用在阿帕拉契農村長大的聰明才智和韌性來彌補。1918年秋天，他和100萬美國士兵在幾個月內完成了法國人4年來無法完成的任務，在默茲—阿戈訥

2　註：《路加福音》6：43：「好樹不會結壞果子，壞樹也不會結好果子。」
3　註：美國「國內稅收法」第643條是關於收入分配扣除的規定。
4　註：6-4-3雙殺為棒球游擊手傳二壘再傳一壘的雙殺打。

（Meuse-Argonne）攻勢中以超過2萬6,000名美國人的生命為代價，將德國士兵趕出戰壕，結束了一場可怕的戰爭。

我讓佛萊契用他自己的話告訴你。那段話保存在一本書中，由威廉‧海爾頓（William W. Helton）所著的《尤尼科伊郡的家》（*Around Home in Unicoi County*）記錄了田納西州我們的小鎮歷史：

「1918年11月11日早上，我們一群士兵把一批彈藥帶到前線，到達那裡時，正好在11點之前，幾分鐘後突然安靜下來，消息迅速傳播開來，一切都結束了。多麼大的變化──前一分鐘是戰爭的雷聲隆隆，下一分鐘就安靜得像墓地。直到那天晚上，我們才聽見到處都響起慶祝的聲音。那天晚上我們睡在地上，雖然4年來第一次一切都如此安靜，他們還是安排士兵站哨，但那天晚上我們睡得很好，而且很感激──甚至連睡地板都覺得很舒服。」

活著回到田納西州東北部阿帕拉契山脈的爾文鎮10年後，佛萊契和妻子洛蒂在大蕭條期間撫養三個孩子。我父親笑著回憶起在前廊上聽他爺爺捲毛線球：「每當談到大蕭條時，他總是說：『我們過得很好。我們永遠有房子住，有飯吃』。」

國會在1924年通過了一項法案，以補償第一次世界大戰退伍軍人在服役期間損失的收入，唯一的問題是，第一筆款項要到1945年才會給付，也就是21年後。1932年，數千名沮喪的退伍

軍人及其家人聚集在華盛頓特區進行和平抗議，敦促國會立即提供援助款。最後，在1936年，他們成功地全額領到這筆津貼，他們創造的聲勢帶動後來被稱為「退伍軍人權利法案」（G. I. Bill）的立法。

曾祖父收到了800美元，他用這筆錢買了幾英畝的土地，這片土地是改善他家人生活的機會。他種植水果和蔬菜、飼養牲畜、建造穀倉和地窖，並出租他的甘蔗磨坊供鄰居製作高粱糖蜜。多年後，祖父母在這片土地上建造他們的房子，那是我父親和他妹妹長大的地方；後來，我的父母也在那裡蓋房子，那是我和哥哥長大的地方。我的祖父母和父母至今仍住在那棟房子裡。

曾祖父不只是透過購買土地為我們的家庭開闢了一條道路，他還在克林奇菲爾德鐵路公司（Clinchfield Railroad）擔任了38年的車夫，公司在20世紀初將總部遷至爾文。他的兒子——我的祖父——在強森市附近的史蒂德學院學習會計，接著以此為業，而且也在克林奇菲爾德鐵路公司工作。事實上，我的曾祖父／外曾祖父、祖父／外祖父都為克林奇菲爾德工作，只有我的外祖父（我都叫他阿公）沒有從那裡退休，他離開鐵路業並進入空軍服役，派駐韓國。由於有「退伍軍人權利法案」，他回國後上了大學，然後繼續在尤尼科伊郡的學校擔任教師、校長和督學，我的父母則追隨他的腳步，我母親主要是八年級的科學老師，父親則是小學校長。

我父母的整個職業生涯都為同一個雇主工作，有著穩定明確的退休金計畫，他們之前就是看著自己的父母終身為同一間公司

工作,並獲得了經濟舒適的退休生活。當你的退休金是由「美國鐵路退休委員會」或「田納西州綜合退休制度」監督時,就不必擔心退休問題。這可能就是為什麼我的家人很少談論投資或金融市場的原因。

田納西的世界

我小時候也不太思考錢的問題,我只想運動——確切地說,是籃球和棒球。我是在1990年代成長的孩子,所以我想成為像麥克‧喬丹(Michael Jordan)或小肯‧葛瑞菲(Ken Griffey Jr.)那樣的人,我相信以我的本事,可以在體育界闖出一番成就。

我在高中籃球和棒球比賽中表現出色,獲得了一些當地的認可,但是沒有任何大學給我獎學金,這令我的自尊心受傷。看著我的夢想破滅,我感到強烈的痛苦,我失敗了嗎?2004年,高三時的我接受了事情就是這樣,這是我從事體育運動的最後一年,之後毅然決然地把這個夢想拋在腦後,就像被潑了一臉的冷水一樣。這是我第一次認真思考高中畢業後要做什麼,在那之前,我只想著盡可能繼續我的體育生涯。

我的人生需要一個新的願景。幾年前,我決定跟隨耶穌,我記得當時我認真思考這到底代表什麼意思,我打算留意耶穌說的話。我在《聖經》中讀到祂說:「即使你擁有很多,人生也不是由你所擁有的東西所定義的」,我還讀到「你的珍寶在何處,你的心也會在那裡」。我把這些想法謹記在心。

我造訪了幾所大學，學費都很高，但我認為這些都不適合我，於是我選擇就讀位於諾克斯維爾的田納西大學——這裡讓我感覺很自在，可以為我心愛的田納西志願美式足球隊（Vols）加油，而且這裡也有不少機會可探索。

上大學前的那個暑假，我讀了一本星巴克創辦人霍華·舒茲（Howard Schultz）的傳記，這本書激發了我對商業和金融的興趣。然後我拿起了我生命中的第二本商業書籍——艾瑞克·泰森（Eric Tyson）的《新手的個人理財書》（*Personal Finance for Dummies*），我認為對於一個完全的新手來說，沒有比這更好的書了，我翻閱了幾章而且很感興趣，並決定要了解更多。在大學迎新會上，我發現自己可以主修商業，但還不需決定確切的系所。我認為這非常完美。

在準備搬到校園時，我思考如何在田納西大學結識新朋友。我想找到其他也想跟隨耶穌的人，所以我調查了校園裡的各種基督教團體，我注意到浸信會大學事工（Baptist Collegiate Ministry）舉辦了有一些有趣的歡迎周活動，所以我決定參加，我未來的妻子莎拉也參加了，當時我倆都沒有去過浸信會的教會。到了12月，我們就決定結婚了。

當莎拉和我愈來愈親近，她說在她12歲時突然失去了父親，這件事塑造了她的人生，他是在一次出差時腦動脈瘤發作。我認識了莎拉的媽媽，她是小學1年級的老師。她和我父母相處很融洽，感覺就像我們一直都認識一樣，我也認識了她哥哥，我開始看到他在管理家庭財務責任方面是多麼令人欽佩。我當時只有

18歲，但我已經找到了想要共度一生的女人，我們夢想著一起養家，就像我能清楚地看到整個田納西大學校園裡那種鮮豔的橘色一樣，即使當年只有18歲，我也可以看到我每天的行為會直接影響家庭的未來。

大二時，我決定學習會計和金融，我很高興有機會增加我的個人理財知識。毫無疑問地，我受到會計師祖父的故事所影響，還有莎拉的父親，他以前是田納西大學的審計長。

那是初級金融課的第一天，我記得坐在田納西大學山上的一棟老舊的磚砌建築裡。老師看起來就和學生差不多，他是個年輕人，穿著很輕鬆，他在第一堂課一開始就講述自己的故事。他在1990年代後期曾是一間快速崛起的矽谷科技新創公司的一員，他的許多朋友在對的時間兌現了股票選擇權，現在已經是千萬富翁了；但是他抱著那檔股票太久，後來公司破產了，他的股票選擇權也一文不值了，結果他就回到學校攻讀金融學博士學位。

當我思考他的故事時，我心想：「他當然不可能預測得到會發生這種事。我不認為他那些科技業的朋友比他精明，這種事似乎需要很多的運氣，一定有更好的方法才對。」

那個學期稍後，我研究共同基金如何提供多元化投資，並認識到資產配置和相關性的概念。在我的下一堂金融課上，我盯著教授關於複利報酬的插圖，我開始意識到，我可以靠著紀律而理財成功——這個紀律比運氣或所謂的技術更重要。

各就各位

2009年6月20日,莎拉和我在神聖的教堂結婚,她的父親曾是那間教會的領袖,在教會的建設上扮演重要的角色。我們倆都在田納西大學開始了碩士學位課程——莎拉主修營養科學,我主修會計,並以稅務為主。那年秋季企業徵才時,我在諾克斯維爾一間名為柏克哈特(Burkhart & Co.)的小型會計師事務所找到工作,公司提供稅務法規遵循、財務規畫和諮詢服務。等我畢業後,就會從秋季開始上班。

在一堂稅務課程中,我們深入研究傳統個人退休金帳戶的稅務機制,包括傳統帳戶和羅斯帳戶之間的區別,教授舉例說明了為什麼複利報酬在免稅時看起來更好,我很仔細地記著。我在我們家族世交愛德華‧瓊斯(Edward Jones)的公司,開設我的羅斯個人退休金帳戶,他建議的主動型基金是我買進的第一筆投資。莎拉在他們公司已經有一個羅斯帳戶,她也在自己的帳戶裡加碼買進。我們開始定期以清倉價進行投資——這是在2009年股市觸底之後。

莎拉和我都拿到了碩士學位,而且沒有債務。在學校放假期間,我已經通過了註冊會計師考試的兩個部分,並且在我開始工作之前通過了第三和第四部分。

在房地產泡沫破滅後不久,我們在諾克斯維爾買了第一間房子,以莎拉從她父親的遺產中獲得的一些資金為頭期款;房產經紀人告訴我們,這是他見過的最好的交易。有了我們的兩份收

入,房貸在我們的控制之內;幾年後,我們抓住機會以3%的利率再融資15年期房貸。因為大環境和時機都很好而受惠,但我們並不認為這是運氣,而是感謝上帝,我們相信大衛在《詩篇》第23篇中所說的話:「耶和華是我的牧者,我必不致缺乏。」我們知道自己所得到的是家族前幾代人所播下的種子——努力工作、為維持婚姻的穩固而努力,並為孩子投資,以過著更好的生活。

不是每個人都有我們這樣的機會,而我們想要有些貢獻,所以選擇透過國際愛心組織(Compassion International)贊助坦尚尼亞的一名7歲男孩,這是一個將捐贈者與貧困兒童連結起來的慈善機構。我們開始每月捐贈38美元,以資助他當地的慈善計畫,這個計畫透過一個正在為社區服務的教會運作,我們想幫助他得到我們在成長過程中所珍視的東西——一個緊密連結的扶助系統,專注於他的心靈成長、性格發展和教育。

與此同時,我們在教會上了一年的輔導課,然後開始在同伴輔導事工中服務,這使我們能夠幫助當地社區的其他人。諮詢主任成了值得信賴的朋友,在轉行之前,他也曾是一名註冊會計師,他和妻子育有兩個兒子,其中一個有特殊需求。他苦口婆心地勸我們,沒有孩子但領取雙薪的這些年,一定要盡可能地多存一點錢。我們聽從了他的建議。

工作方面,柏克哈特的創辦人兼總裁蘭達・柏克哈特(Renda Burkhart)很快就成為我的導師。我記得自己坐在她的辦公室裡,聽她解釋「指數基金」是如何運作的,她熱情地推薦了約翰・柏

格（Jack Bogle）的《約翰柏格投資常識》(*The Little Book of Common Sense Investing*)，我很認真讀完這本書。莎拉和我打造了一個堅實的財務基礎，我們兩人都有一個羅斯個人退休金帳戶，透過各自的雇主為自己打造一個合格的退休儲蓄計畫，一個健全的儲蓄帳戶和一個應稅券商帳戶。我們整合了在先鋒集團開的帳戶，而且偏愛投資指數基金，並重現投資組合中主動管理部分的低廉費用。

不如預期的一切

到了生孩子的時候，我們以為不會有問題，但過沒多久，我們就發現自己實在是太天真了。我們備孕1年多，但都沒有成功，所以在2013年初發現莎拉懷孕時，我們欣喜若狂。幾個星期後，當我在春季報稅季節忙於工作時，莎拉在上班時打電話給我，我躲進圖書館裡接電話，我仍然記得自己盯著那面牆的書，她邊流淚邊告訴我失去了孩子。只有我們的父母知道她懷孕了（但又沒了），所以我們也沒有告訴別人流產的事。接下來的3個月，報稅季節的大量需求占滿了我的時間，結果造成莎拉和我沒有機會一起為孩子的事哀悼。

大約是在同一時間，我開始在公司負責客戶關係的工作，我想要更全面、自信地了解遺產規畫和投資，所以報名參加了喬治亞大學的高階經理人教育課程，為認證理財規畫顧問測驗做好準備。

流產後，我們又不孕了1年。然後，在2014年的春季，我們發現又懷了一個孩子。得知這次懷孕也很喜悅，但完全沒有令我們感覺輕鬆。對莎拉來說正好相反，這是一個漫長、痛苦、焦慮季節的開始，我的工作責任愈來愈大。秋季報稅季節到來，再次帶來了連續數月的長時間工作；除此之外，11月的認證理財規畫顧問測驗日即將到來。

　　這一切對我造成的壓力實在太大了，我陷入強烈的焦慮和恐懼，我覺得自己讓每個人都失望了，我沒有足夠能力來滿足工作的要求。我的測驗準備落後了，但最重要的是，我下定決心要用更多時間和陪伴來支持莎拉。我感到憤怒又痛苦，因為工作使我在莎拉流產後無法給予更多的支持。我一路走來跌跌撞撞，但最終在11月通過了認證理財規畫顧問測驗；5天後，我們的女兒莉蒂亞出生了。

　　雖然花了一些時間，但我終於放下自尊並尋求外界幫助。我學會了接受我沒有能力獨自承擔所有重擔，我暫停同儕諮詢的工作一季，並學著成為接受諮詢的人。在那段日子裡，許多人帶給了我很多恩典。

尋找生命中的寶藏

　　蘭達在諾克斯維爾社區的良好聲譽，使我們在柏克哈特公司工作受惠良多，因為好的聲譽能吸引很多令人難忘的客戶。我發展出與高資產淨值家庭合作的專長，包括幫助他們處理信託和遺

產，與這些家庭一起工作是一個很棒的機會，可以讓我研究那些從所有客觀標準來看都屬於成功的人士，沒過多久我就明白了，「成功」並不表示他們不需要為了金錢和其他的問題掙扎。我的幾個客戶正在實現我童年的夢想，成為職業運動員或頂尖大學的教練；那些繼承第一代財富的人，很難辨別誰是他們真正的朋友、何時該分享新獲得的財富、何時該與人建立良好的界限。隨著世代相傳的財富在家譜中進一步傳遞，子女在繼承權和從工作中尋找價值方面遇到了麻煩。財產帶來的是憂慮和負擔，家庭關係衝突通常隨之而來。

在又一年春季報稅季節的到來，莎拉和我得到了好消息，我們第三次期待孩子降臨；不久之後卻發生了第二次流產，我們都傷心欲絕，但我從過去的錯誤中學到了教訓。儘管這是一年中最繁忙的時候，但我取消了所有的客戶會議，在家工作了一周，這樣我就可以和莎拉、莉蒂亞一起哀悼失去的孩子。我們也得到朋友、家人的愛與支持，我們都很疲憊，但仍渴望能為家庭增加新成員。這一次，我們不必再等1年，幾個月後，我們慶祝了第四個孩子即將降臨的消息——伊莉莎在隔年的2月來臨。

每當失去一個孩子或慶祝一個孩子出生，我們都會透過國際愛心組織贊助另一個孩子，以紀念他們生命的奇蹟，現在，我們的大家庭有八個孩子。他們在世界各地，我們已經交換了數百封信件，分享彼此的生活並了解彼此的文化。我們每年都會寄送生日和聖誕禮物，我們為他們祈禱，他們也為我們祈禱，我們喜歡讓兩個女兒參與這一切。我們在國際愛心組織的朋友們也有自己

的金錢問題,孩子們的父母往往找不到穩定的工作,他們的家庭也沒有太多我們認為的基本必需品。孩子們通常把生日的錢花在自己的鞋子上,或者為家人買米飯和豆子,他們很少,甚至沒有機會買玩具。

當我開始認識許多高淨資產,以及衣食無缺的家庭時,我觀察到了一些讓我感到驚訝的事:我們比自己以為的更相似。我們都必須做出同樣的基本決定。當然,我們從不同的角度和財富狀況來看待這件事情,但我們都必須決定──我們真正珍惜的是什麼?我們珍惜的東西,將決定我們是什麼樣的人。

眼前所見的景色

今天早上,當我寫這篇文章時,我坐在父母家的前廊上,欣賞著祖父母家所在的山脈和田野的景色。我擔心93歲的爺爺,他的健康和精神每況愈下,也擔心照顧他的奶奶和爸爸。我感恩這個周末能來探望他們──四代同堂一起享受這一刻。

當我反思到目前為止的理財之旅時,我注意到兩種截然不同的心態經常引導我的決定。有時候,長期的眼光使我犧牲現在以獲得未來的報酬;有時候,我則是選擇慢慢實現長期目標,並把握當下。困難之處在於,要知道何時該採取哪一種方法,人生通常不會大張旗鼓地提醒我,該是時候振作起來並專注於這個重要的選擇了。

我必須不斷提醒自己,平凡的日子才是真正的生活,正是在

那些日子裡，我格外需要一些有智慧且實用的建議，而我從南加州大學哲學教授達拉斯・威勒德（Dallas Willard）的話中找到了。他在《日常實踐中的心靈修復：靈性轉變的實驗》（*Renovation of the Heart in Daily Practice: Experiments in Spiritual Transformation*）中寫道：「在我一天的開始，我把這一天交托到主的手中……。然後，我遇見了上帝所差遣或至少允許的一切。我依靠祂的看顧來面對，我不再需要擔心天氣、飛機和他人。」除了他提到的這些之外，我還要再加上金融市場和我退休金的狀況。

當我以威勒德的練習開始新的一天時，我發現自己更有可能過好那一天，就像我珍惜我所說、所做的事情一樣。我珍惜耶穌並向祂學習，這使我重視人──我的家人、鄰居──勝過財產和成就。一段時間以來，莎拉和我一致同意我們該珍惜哪些東西，但這並沒有將我們的金錢之旅限制在可預測的道路上──完全沒有。我們曾有一季快速追求財務目標，隨著情況的變化，我們選擇放棄一些很有前景的財務機會，並以其他比較重要的事為優先。

這導致了我們兩人的職業轉變。我離開了公共會計業，為我的職業需求設定了更好的界限。現在，我可以為諾克斯維爾其中一個最大的雇主工作，充分利用我的專業知識，並且可以自由地寫作；同時，莎拉則是在莉蒂亞的學校擔任兼職教師助理，這讓她能做很棒的行程安排，還能有寶貴的親子時間。我們偏好節儉的生活方式，這使我們能夠繼續朝著明天的財務目標前進──雖然速度較慢──同時仍然能享受當下不緊湊的生活腳步。

莉蒂亞今年第一次參加籃球聯賽，我開始教球隊，再次來到

體育館讓我回憶起過去輝煌的歲月。我得承認：我覺得有點丟臉，因為我以前對運動過於執著，從來沒有認真考慮過這是否值得。我想知道，我當時認為「在體育界實現偉大的成就」會讓我有著什麼樣的人生？那時的我並沒有意識到，無論我有多了不起的成就，最終都會結束，而生活則會繼續。

「成功」是一種錯覺。我已經實現了一些有意義的財務目標，還有些目標即將達成，但我還有很長的路要走，才能實現更多其他目標。當我實現這些目標後，人生還是會繼續下去，到時我就要制定新的目標。但無論是當時還是現在，希望我的生活能展現出同樣的特質——感恩、知足、自律、勤奮、慈善。

三個教訓

◆ 反思你的家族歷史，是了解你理財之旅的起點。在你想清楚想去哪裡之前，需要先思考你來自何處。

◆ 有一天，我們的後代會審視我們的生活，來幫助他們了解自己的金錢之旅。我們希望他們看到什麼？你的遺產不僅僅是每一分錢，還有你樹立的榜樣，以及你所遵循的價值觀。

◆ 我們可能認為，實現一個值得炫耀的財務目標，能讓我們得到珍視的生活；但其實一心一意地追求這個目標，反而可能會分散我們的注意力——導致錯過真正值得珍惜的生活。

05
和伴侶一起規畫投資

桑妮亞・海格

桑妮亞・海格是《投資、再投資、休息：給所有世代的投資建議》（*Invest, Reinvest, Rest: Investment Advice for All Generations*）一書的作者，這本書是講述她身為散戶投資人所學到的事；第二版正在編輯中，內容將反映金融界發生的變化。桑妮亞的大部分職業生涯都在一間地區性的製造公司度過，最後晉升成為該公司一個部門的副總兼總經理。她在德國出生，隨父母移居加拿大亞伯達省，最終定居美國，桑妮亞畢業於維拉諾瓦大學，並在那裡認識了丈夫，現在他們住在費城郊區。

我在1975年大學畢業時，對我的父母來說是一個重要時刻。我們從德國移民，先是到了加拿大，然後再去美國紐澤西州。他們沒有大學學位，但他們努力工作，是美國夢的縮影；他們為有能力支付我的教育費用而深感自豪，但也為大學費用的結束而鬆了一口氣，他們期待著我職業生涯的開始。等等，那麼婚姻以及在郊區買房子呢？他們希望我能做這些事，但不是馬上去做。母親特別希望我有一份事業，她曾是紐澤西州弗萊明頓市的弗萊明頓皮草公司（Flemington Furs）傑出的裁縫師，我永遠感

謝她，在一個不鼓勵女性追求事業的時代，給予我的啟發和指導。她的收入比我父親還高，退休後還領到不錯的退休金。

我的母親也常常想「萬一」。萬一你從沒結婚，或是離婚怎麼辦？你能養活自己嗎？萬一你失業了怎麼辦？你要如何過生活？萬一你生病了怎麼辦？你付得出醫藥費嗎？萬一你不存錢，結果出事了該怎麼辦？

我父母是移民，而且對經濟安全感到很焦慮，所以他們很喜歡儲蓄。但我不是。

開始工作

我大學畢業時，工作機會很少，但我很幸運。我曾協助的一位教授在大三時為我爭取到在費城一間百貨公司的實習機會。大學畢業後，百貨公司錄取我。那時我會把賺到的每一分錢都花光。

我在大學時認識了丈夫。他打算念研究所，但沒有結婚的計畫；他獲得助教職位，但是身無分文。他從小學為父母做家事來存錢，一路走來賺個一毛錢、兩毛五這樣的小錢，節儉對他來說是很自然的事。

當我們在1980年結婚時，一切都改變了。這是我們持續合作的開始──無論是財務上還是其他方面──我們一起做出了無數的決定，經常是為了更好的生活，但有時不是。因為我們很幸運，沒有學貸又有好工作，也沒想過要花大錢。我們買了一棟「分時度假」（Time-Share）的房子[5]，貸款金額是房價的16%，不久

之後，我們又在緬因州買了一間雙拼的房子，這是一個相當聰明的選擇，因為我們的房客會幫忙支付部分貸款。唯有如此，我們才能負擔得起那16％的房貸，但我們也發現自己並不喜歡當房東。

支付房貸讓我們幾乎沒有剩下什麼錢進行休閒活動了，這讓我們意識到需要做出一些改變。幸運的是，我已經從零售業轉到了一間製造商，我所有能看到的東西都是向公司買的，公司生產的產品顯然並不是那麼高級，但是職業發展的潛力更大。

與此同時，我丈夫則是在一間大型製藥公司工作。他一開始想要在化學實驗室度過他的職業生涯，但後來改變了方向並進入了銷售領域。做出這樣的職業轉變，本來可能會很辛苦，但是現任雇主能讓他這麼做。雇主提供的相對安全感以及更多職場機會，使他更容易做出這個冒險的決定。我們預期可以領到兩份退休金，因此以為自己已經有所準備了，而且也過著這樣的生活，繼續我們的高消費生活方式。

接著，他回到學校攻讀MBA，結果改變了一切。怎麼說呢？他最喜歡的課程是金融，他的期末專題是規畫出一條通往退休的道路，專題得了A。我們決定遵循他制定的計畫，一起在55歲時退休。唯一的問題是：我們花了10年的時間才得以開始實施這個計畫。

5　註：「分時度假」是一種旅遊和住宿產權安排，讓多位購買者共同擁有度假物業的使用權。在這種模式下，購買者會支付費用，獲得在特定時間段（例如每年一周）使用度假產業的權利。

相反地，在1980年代末期和1990年代初期，我們不只買了一間房子，而是兩間，還投資了一間新創公司，並決定我們要再買另一間共享度假的房子來享受假期。當我回想累積的債務時，真不敢相信我們竟可以兼顧這一切。

這些房子的結果還不錯。在房地產大榮景時，我們賣掉了其中一間並獲得了可觀的收益，我們用這筆錢改造現有的房子。我們持有另一間房子很長一段時間，最後的獲利相當不錯。

但是那間新創公司卻根本是一場災難。我們對新創公司到底了解多少？公司的名稱是「跳蚤市集」（Flea Fare），為跳蚤市場提供連鎖服務。對，是真的，這在今天聽起來像是一個可笑的概念，但是當時的我們很著迷，很大程度上是因為我們和岳父母常在周末時去跳蚤市場。

那麼共享度假呢？這些房子為我們和家人提供了一些美好的假期，最終，我們將分配到的假期使用權送給侄女，她們到現在仍可以去度假。所以我們不後悔買下這個權利，只不過必須支付高額的房貸費用。

開始認真投資

在我們40幾歲時，財務狀況相當不錯。我們升遷了好幾次，但開始厭倦了工作所需的不斷出差，該是時候認真遵循丈夫在他的MBA課程所制定的退休計畫了。我們離55歲的目標不遠了，我們看到已經退休的父母享受著他們的生活，他們經常旅行，而

且愈來愈常陪伴家人和朋友，我們也想要過這樣的生活。

在此之前，我們的投資包括定存和一些隨機選擇的共同基金。我們需要一位財務顧問，1996年，我們從美國運通（American Express）的促銷活動選擇了一間顧問公司——這不是個很好的理由。當時，美通金融公司（Ameriprise）隸屬於美國運通，所以與美通金融簽約讓我們得到美國運通信用卡積分。

但是，我們意外的好運。顧問幫助我們度過了2008年的危機，讓我們保持了理智。在我們想要進行愚蠢的投資時，提供可靠的投資建議，並在我們做出自己的投資決策時，給予愈來愈多的轉圜空間。他到現在仍是我們的顧問。

到了2003年，我們已設法還清了債務，包括房貸。母親的聲音在我耳邊響起：「盡快還清你的房貸，因為你總是需要一個住的地方。」除了退休金外，我們現在還有兩個401(k)退休金帳戶，我們每年都會提撥最高金額至這些帳戶。我們的儲蓄在2003年也達到了神奇的7位數，儘管如此，我們都知道還需要存更多錢，才能享受想要的退休生活方式。

我們該如何增加退休金？我和丈夫一起嘗試過高爾夫球，上過很多課，然後覺得這太耗時了，於是決定開始一個新的愛好——投資。我們告訴自己「做得到！」但是該怎麼做呢？這世界上彷彿有兩種人，一種人自己動手投資，另一種人依賴他人的建議，我們是這兩種人的混合。

我的父母都是移民，他們非常重視保障，他們的大部分投資是定存。他們曾進入股市，但最後的結果都是慘賠，他們在昇陽

電腦（Sun Microsystems）是熱門股票時買進，但是持有了太久，結果獲利從5萬美元縮水到變成0。

我岳父母的情況則完全不同。他們多年來投資股票有成，也像我們一樣，有一位財務顧問，但他們也喜歡利用〈價值線投資調查報告〉（Value Line Investment Survey）和金融電子報自己做研究，他們後來開始也把這些資料傳給我們。

我不確定岳父母的金融電子報是最好的選擇，所以我研究了其他選擇。我將選擇範圍縮小到三個，並建立了一份Excel試算表，還追蹤金融電子報推薦的個股6個月。我們在那段時間內，並沒有買進任何建議的投資。

6個月後，我們選擇了《牛津公報》（The Oxford Communique），這是我岳父母訂閱的金融電子報，是由位於巴爾的摩的牛津俱樂部（Oxford Club）所發行的。這後來成為我們主要的投資建議來源。

這份金融電子報每個月都會寄送一篇關於股票的深入報導，這項研究為我們提供了買進哪些個股的方向。最重要的是，金融電子報也會在我們認為該賣出時發出警報，這消除了我們對歷史重演的恐懼，不必擔心到最後會像我父母持有昇陽的股票那樣。

牛津俱樂部還會開研討會，我們從中學會有關投資稅、評估股利支付率、如何投資選擇權（不適合我們），以及使用追蹤停損單等主題。在這些研討會上，我們還認識了金融電子報裡為我們提供投資建議的人，能夠認識這些人，讓我們感到更安心。

這些年來，我們的投資愛好讓我們賺了錢，不過我們的績效

相對於市場平均並不怎麼好，就像我們嘗試打高爾夫球一樣，我和丈夫喜歡一起投資——但是這又開始變得太耗時了。此外，共同基金的稅賦資料讓我們很頭痛，因此我們開始轉向買指數型ETF。為了研究指數型ETF投資，我們求助於亞歷山大・葛林（Alexander Green）撰寫的一本書《可以有空去釣魚的投資組合》（*The Gone Fishin' Portfolio*），葛林是牛津俱樂部的《公報》（*Communique*）編輯。

我們的「有空去釣魚」投資組合，是由10種不同的資產類別所組成的，每種資產類別都由先鋒集團的ETF為代表。投資組合每年只需再平衡一次。前提是，剩下的時間，你可以去釣魚——或者去做任何你喜歡的事。現在這些指數型ETF占我們總投資組合的四分之一。

該退休了

2004年，在公司的一個製造部門擔任主管，並與三位不同的執行長共事10年後，我精疲力盡了。我這時的老闆考慮的是短期目標，而我一直強調長期目標，他還想讓自己的人來領導各個部門。我掙扎著，我的生活被工作和對「工作的幸福感」所定義。我和老闆同意分道揚鑣。我發現自己和母親一樣，一直想著「萬一」會怎樣，要是我當初配合度更高，不那麼堅持要公司專注於長期目標會如何？

好消息是，「沒有負債」讓我可以選擇退休；但是首先，我

必須向自己證明，我仍然有能力迎接挑戰。我和一個朋友一起投身於創業，公司的目標是為女性提供從財務到裝飾等各方面的課程。公司最終沒有成功，但我喜歡和一位好友一起工作。當我們決定解散時，我再次開始質疑自己。

幸好，當時另一位朋友邀我加入賓州諾里士頓的非營利組織「月桂之家」(Laurel House)的董事會，幫助婦女應對家庭暴力，我全心投入到這個工作中，擔任董事會的聯合主席，兼任各個委員會的成員。這時我好像找到了新目標，而且終於準備退休了。現今我仍參與這個組織的活動，並且非常佩服組織所做的工作。

寫作是我畢生的夢想，也是我退休後能夠追求的夢想。除了為HumbleDollar網站撰稿和寫一本關於投資的書外，我還會寫一份電子報《聰明人的簡單投資》(*Simplified Investing for Smart People*)，介紹關於財經新聞如何影響我們個人。

丈夫和我在2008年時一起退休，這表示我們都實現了55歲的目標。幾年後，我們決定不要再承擔房屋擁有權的責任，而搬到一個55歲以上的社區。我們找到了理想的家，但又過了4年才搬進去──因為悲劇阻礙了我們。我們接連失去父母，四個人過世了，我們必須處理他們的事務，所以沒有時間搬家。新家的建商同意出租我們所買的房子，這份租金則用於支付新房子的房貸。

退休後，我們仍繼續投資於個股和債券，但是我們的重點已經轉移。多虧了一本關於股票股利的書──馬克‧利曲譚菲爾（Marc Lichtenfeld）的《靠股利致富》(*Get Rich with Dividends*)，我們決定了利用這個特殊的方式投資。何不領取股利並用於投資

呢？當時我們已經認識了也是牛津俱樂部的員工利曲譚菲爾，他的電子報現在是我們選股的主要資訊來源。我們已經看到博通（Broadcom）、富蘭克林資源（Franklin Resources）、德州儀器（Texas Instruments）、伊頓（Eaton）和艾伯維（AbbVie）等股票出現了上漲1到3倍的漲幅。我們有賠錢的個股嗎？當然有。我們在科技股中大賺一筆了嗎？沒有，但是我們都不介意。

退休代表著擁有更多的債券。當利曲譚菲爾開始為公司債券投資人提供交易服務時，我們就加入了。他的建議使我們能夠投資於提供固定收入和已知到期付息的債券，並具有偶爾資本利得的額外優勢。

如果沒有一點刺激，投資又有什麼樂趣？我們再次涉足新創公司，這次是透過MicroVentures，這是一個群眾募資網站，讓我們得以多元分散在眾多的風險投資中。我們投資Spotify賺了不少錢，但其他投資的結果則不怎麼樣。

我們還嘗試交易加密貨幣，先從比特幣開始，然後繼續增加其他虛擬貨幣。在我寫這篇文章時，我們的初始投資金額增加了6倍，但這種情況可能很快就會改變。在知道這可能的波動性後，我們賣掉了相當於初始投資金額的虛擬貨幣，所以現在我們交易的是「莊家的錢」。

丈夫和我針對「該買進哪些投資」有過多次激烈的討論，但這正是好玩的地方。我們很少會在餐桌上保持沉默，投資是讓我們保持親密的事情之一，另外還有旅行、戲劇、音樂會、博物館和美食。

摩根‧豪瑟（Morgan Housel）在著作《致富心態》(*The Psychology of Money*)中，將幸福定義為「擁有足夠的東西」。我們享受退休的生活方式，讓我們在想做的時候就能做想要的事、和想要相處的人在一起。對我們來說，這確實足夠了。

三個教訓

- 許多投資人選擇自己動手或依靠財務顧問，但是你沒有理由不能兩者並行。
- 一定要定期與配偶或伴侶討論家庭財務狀況。如果你們在長期目標上達成共識，就可以為你們提供儲蓄的動力，而這個財務旅程有助於你們更親密。
- 許多人在剛開始都會在財務上犯錯，但是不要絕望：你還有時間彌補早期的失誤。

【第 3 章】
穩紮穩打

高額投資獲利的前景可能很誘人,但追求這種獲利往往會讓我們的財務狀況變得更糟。對一般散戶投資人來說,財富通常是靠著幾十年來定期領取薪水、勤奮地存下每一元,然後讓這些小錢在金融市場上複利成長。聽起來很無聊嗎?也許是吧,但結果可能會很令人興奮。

01
沒有學到的金錢課題

霍華・羅雷德

霍華・羅雷德是一間社區醫院的前執行長,在醫院管理部門工作了超過30年後,提前退休。退休後,他喜歡在幾個非營利性董事會任職,與妻子蘇珊一起探索步道,還有探望他們的六個孫兒女。一件有關他的事鮮為人知:1994年5月,霍華和其他五人一起登上了《基普林格個人理財》(*Kiplinger's Personal Finance*)雜誌封面,發表了一篇題為〈我的成功投資祕訣〉(Secrets of My Investment Success)的文章。

我的父母深受大蕭條影響,身為他們的獨子,我也深受影響。我父親目睹了事業有成的小雜貨商祖父在1930年代時,因為銀行倒閉而失去了一切,父親從此再也不相信銀行或股票市場了,他預料未來某個時間點會再發生一次經濟蕭條。

我母親在阿帕拉契長大,那時沒有電力或室內管路系統(輸送冷暖氣、水等)。她的職業道德感很強,讓我清楚地知道工作總是比玩樂更重要;她很樂於延後支出,轉為儲蓄;她最大的恐懼是再次體驗童年時期的嚴寒冬季。

我父親會用一系列精闢的短語傳授智慧,他勸誡的話包括「主動就是在正確的時間做正確的事情,不需要別人告訴你」,以及「值得做的事情,就值得做到好」之類的警語。他提倡並實踐了黃金法則:「己所不欲,勿施於人」,這些對於塑造我的性格有著正面影響。

但是說到商業和個人理財時,我被教導:「重要的不是你知道什麼事,而是你認識什麼人」,代表著遊戲其實並不公平;「你需要有錢才能賺錢」,代表小人物在金融界不受歡迎;講到錢,「你不能相信任何人,連你阿嬤也不能相信」。他會用貶抑的語氣說,他認識的某個人「錢多到不知道要怎麼花」。錢對他來說是短暫的,不值得花時間去思考,這些關於金錢的負面形象,影響了我起初對金錢的看法。

我父母雙方都不奢侈,兩人都沒有花錢維持社會地位。母親非常節儉,父親花錢比母親稍微慷慨一些。父親是自行開業的醫師,他既沒有退休金也幾乎沒有積蓄,名下也沒有股票或債券;他的興趣廣泛,並樂於為社區專案和董事會貢獻時間,但他不願意花心力去了解商業或金融世界。因為不感興趣,導致他在沒有進行基本盡職調查的情況下「投資」,這使他可能會被詐騙。

當三人剩下兩人

父親因罹癌而被迫退休。有一天,他不舒服下班回家,然後就再也沒有回到工作的診所了。他的退休生活持續了9個月,大

部分時間都被疾病吞噬了,他過世的時候我17歲。父親有人壽保險,所以提供了我母親一小筆儲備金;房子沒有貸款,而且她有一份福利豐厚的工作,所以我們的迫切需求得到了滿足。我有資格獲得社會保障和退伍軍人家屬福利,這對支付我未來的大學費用有很大幫助。

母親還剩下15年的時間可以準備退休,她和我都沒有投資經驗,我們家也沒有投資顧問可以求助。我父親說「不要相信任何人」的話語在我們耳邊響起,讓我們害怕找別人協助投資。

那是1970年代後期,利率比現在高得多。我們領到的保險金,一開始投資於存貸機構的定存單,在12或18個月後到期前提供固定利率。在當時的監管環境中,聯準會的Q條例[1]允許存貸機構比銀行多支付0.25個百分點,而且他們經常會贈送家用電器作為開設新帳戶的誘因。這可以被認為是我們的第一筆戰略投資:0.25個百分點和烤麵包機。

隨著1980年代初期利率的飆升,有很多關於一個相對較新概念的資訊:貨幣市場共同基金。這種基金在支付穩健利息的同時,也維持穩定的1美元股價。在大學的金融課中,我們曾討論過這種產品。我們冒險將一些到期的定存單資金轉移到富達投資(Fidelity Investment)的貨幣市場基金中,而基金支付的利率高達2位數。

我開始意識到,我們需要為母親的退休做準備。她已經有個

---

1 註:聯準會的Q條例,規定董事會監理機關的最低資本要求與資本適足標準。

開頭了，她有一個退休基金，如果我們管理得好，這個基金就可以支付她的退休；如果沒有，我會照顧她。從我閱讀的資料中可以看出，顯然我們需要考慮投資股票市場。母親的雇主有用她的名義持有少量股票，並在某個時候將資金投資於「投資人多元化服務」(Investors Diversified Services，IDS)的股票基金，這是美通金融的前身。我們聯絡了投資人多元化服務的業務代表來家裡與我們面談。我記得自己在記事本上寫下了他一句深奧的話——「買低賣高」。為了和他一起投資，母親將一張到期的定存轉為一張2萬美元的支票。

隨著不斷學習，我開始了解投資人多元化服務投資中，內含的佣金和費用的金額，我無法接受業務從我們的交易中獲利，我們最終賣出這些投資，並將資金轉移到了富達投資公司，我們之前就已經在這間公司投資貨幣市場基金。在1981到1982年的嚴重經濟衰退期間，由於研究再加上一點運氣，我們將資金投入了富達麥哲倫基金(Fidelity Magellan Fund)，當時是由傳奇共同基金經理人彼得・林區所管理。後來我們投資了富達股票收益基金(Fidelity Equity-Income Fund)，當所有員工都能使用個人退休帳戶時，我們立即為母親開設了富達退休基金帳戶，而且買進股票基金。

有了這個基礎後，母親就有了過上健全退休生活的所需。她的工作將提供適當的退休金和極佳的醫療保險，以補充聯邦醫療保險不足之處。後來她的公司提出收購提議，而且她可以提前退休，並擁有足夠的資產度過餘生。

輪到我投資了

我在很年輕時就學會了為母親理財，這為我自己的投資奠定了基礎。大學畢業後，我岳父母經常投資股票，這對我來說是一件新奇的事：一個對市場有信心的中產階級家庭，並且為他們的未來投資。岳父是一個保守的投資人，他正在為退休做深思熟慮的準備。我從他的榜樣中學到了許多，他也是個很節儉的人，並且將這個美德傳給我妻子。

他之前給我妻子5股的美國電報電話公司（AT&T）股票，以及5股的奇異電氣股票，當作她的大學畢業禮物。多年來，我們唯一持有的個股股數就只有這麼多，但我們透過每一間公司的股利再投資方案，增加了股利再投資，而且不需支付佣金即可買進。尤其是奇異電氣在這段期間飆升，股票多次分割。

我母親因為人壽保險的收益而獲得一筆生活費，但我和妻子則必須拿出資金開始投資。我從母親那裡學會了節儉，幾十年來，我享受著投資成功的果實。但我比大多數人做得更好的是「儲蓄」，我和妻子量入為出，只花我們能負擔得起的錢。

我在20多歲時了解到，即使薪水不高，30到40年的收入也表示會有100到200萬美元流入我的支票帳戶，在這個過程中，取出一些收入去做投資，將使我能夠累積資金以準備退休和追求其他目標。早些時候，我和妻子湊了1,100美元，在20世紀投資公司（Twentieth Century Investors，現已改名為「美國世紀」〔American Century〕）開設了一個帳戶，這是一間不收取佣金（華

爾街術語稱為「無負擔」[no-load]）的共同基金家族。詹姆斯‧斯塔爾斯（James Stowers）當時經營著這間公司，在投資成長型股票方面的績效相當亮眼。

整個1980年代，我們的投資對母親和我們來說都很好，儘管如此，我還是非常害怕虧損，而且對市場的波動並不了解。我曾在不同時期被正常的市場波動嚇得賣掉了一些賺錢的投資，我很確定，如果繼續持有被我賣掉的每一筆投資，或甚至買進更多，後來的績效會好得更多。經過一段時間後，我學到定期定額和再平衡，這有助於消除投資的情緒。

回顧當時，我了解到這都是正常學習曲線的一部分。身為新手投資人，你可以和了解的人討論、聽取專家意見，以及閱讀市場歷史來獲得觀點。但是，真正經歷多次大起大落的市場走勢，並從成功和失敗的經驗中吸取教訓，是其他方法都無法取代的。

在管理母親的帳戶時，我還了解到，我不是在為自己投資，而是為她的退休生活投資。我們處於不同的人生階段，我未來的時間比她長得多，為她投資虧錢時，對我來說會更加痛苦。我區分出「自己投資」和「為她投資」的兩種方式，我的帳戶所承擔的風險更多，我自己的投資曾經歸零，但我從來沒有讓她的帳戶發生這種事。

重塑金錢觀

就像許多孩子一樣，我從父母那裡得到關於金錢的觀念有好

有壞，事實證明，這些年輕時學到的觀念很難動搖。當我需要為自己和母親投資時，我必須檢視父親關於金錢的教訓，並決定保留哪些、捨棄哪些，而這需要時間。

父親的一個教訓讓我銘記在心，而且直到今天仍在掙扎，那就是——不要相信別人給的金錢建議。從積極的一面來看，這促使我自學，我為母親和自己準備報稅表，所以我必須了解財務決策的稅務影響；如果我的投資決策結果不佳，就是我自己造成的，不能責怪別人。我們必須信任富達，但沒有任何業務員會從我們的交易中獲利。

在我念大學和研究所期間，我找到了學習更多投資知識的機會。安德魯‧托拜亞斯（Andrew Tobias）的《你唯一需要的投資指南》（*The Only Investment Guide You'll Ever Need*）是我讀到的第一本關於財務規畫的綜合性書籍。我在大學時選修過一門稅務會計課，在研究所期間選修了一門關於個人財務規畫的夜間部成人教育課，我繼續閱讀有關儲蓄、投資和財務規畫的所有內容。

由於我自己投資和研究，所以省下了專家的費用和佣金。我很確定的是，有時候因為缺乏專業知識，做了一些不太理想的決定，至於這是否抵消了我所省下的費用，就永遠不會知道了。

父親不只是不信任別人的財務建議，他也不信任整個金融體系，而且認為這個體系並不歡迎小人物；不過，雖然他認為制度不公，但我卻認為制度是有規則的，為了贏得這場遊戲，學習這些規則現在是我的責任了。我認為20世紀後期的市場監管，比1929年震撼了父親和祖父市場崩盤前的經濟榮景時期要好得多。

我在開始工作時，就馬上開立了退休金帳戶。因為有孩子和房貸，我花了6年才將每年自行提撥額調升至最高，那時我還在公司開設了一個403(b)帳戶。我每年都調高這些帳戶的提撥額，直到達到規定的上限，因為採用定期定額，我在每個發薪日都有資金流入投資。這表示我必須對制度有信心，而這是我父親從來沒有的。我不得不接受一個事實，那就是當我「買高」時，市場長期的上漲趨勢最終會克服不可避免的下跌走勢。

　　那麼，我父親認為「錢多到不知道該怎麼花」的觀點呢？我列出了我的職責：確保我母親的退休生活、養家餬口、教育我的孩子，以及為我的退休生活做計畫。如果我不準備履行這些財務義務，我就是對自己、我的家庭、社會不負責任。

　　「錢多到不知道該怎麼花」的另一面教訓就是，在某種程度上，錢夠花就夠了。在你擁有「足夠」的資金後，繼續積極累積財富，可能會使金錢變成最終目標，而不是實現財務安全的工具。套用摩根・豪瑟《致富心態》一書中的話：當你有了財務安全，就可以在任何地方、時間、和任何人一起做你想做的事，想做多久就做多久。簡單來說，你會有選擇，如果你沒有妥善管理資金，你的選擇就會受到限制，或是讓別人替你做選擇。

　　最後，我母親直到過世前都有經濟上的保障，我和妻子也準備這樣做。目標已實現，也許這才是最重要的。

三個教訓

- 我們都深受成長過程中接收到有關金錢的訊息所影響。努力辨別這些訊息,並想清楚哪些對你有意義。
- 要成為成功的投資人,就需要對金融市場實現長期報酬的能力充滿信心。如果我們明智地對待投資,這種信心應該就會得到豐厚的回報。
- 我們需要勤勉儲蓄、謹慎投資,才能累積財富。但即使態度審慎,也要知道何時已累積了足夠的財富,不再需要承擔如此大的風險。

02
通往財務自由之路

李察・昆恩

在2010年退休之前,李察・昆恩是一名薪酬和福利主管。他定期為HumbleDollar撰稿,也為自己的網站QuinnsCommentary.net撰寫部落格文章。李察和妻子康妮有四個孩子和十三個孫兒女,他們已經結婚50多年了,自退休以來,他們已經去過44個國家,並兩度開車橫越美國。李察很自豪曾親吻巧言石(Blarney Stone)[2]、飲用青春之泉(Fountain of Youth),並在西牆(Western Wall)[3]上祈禱。

這是一段旅程,關於可能發生的事,以及你可以實現的事;這是關於從底層開始,並在50多年內實現財務自由的故事。

我的財務觀點深受父母的影響,尤其是父親,但不是你想像的那樣。父親是一名汽車銷售員,多年來,他每周工作7天,從早上8點到晚上8點。他在67歲時被解雇,從那之後,我的父母

---

2 註:巧言石位於愛爾蘭南部的布拉尼城,傳聞親吻巧言石可以獲得三寸不爛之舌的說服力。
3 註:西牆又稱為哭牆,位於耶路撒冷舊城內聖殿山下西側,被猶太人視為聖地。

只靠社會保障過日子，但我從未聽過父親抱怨，我也從沒聽過他說羨慕別人的話。

父親工作的最後幾年，賣的是賓士汽車，他自己絕對負擔不起賓士，但他可以使用展示車輛。我17歲時在一次遊行中駕駛一輛300SL，自此之後，擁有一輛賓士就成了我畢生的夢想。直到2004年，我開了一個銀行帳戶，專門用於存錢買那輛車，我花了10年時間，終於在2014年用現金買了一輛賓士E350。3天後，我和妻子開始了橫越美國的旅行，那年我71歲。

我看到父母一生都為了財務掙扎，我想不惜一切代價避免這種情況。我在1961年的高中畢業紀念冊中寫著「有一天我會成為百萬富翁」，將這60年來的通貨膨脹也算進去的話，雖然我沒有成功，但我過得很不錯。

我出生於1943年，而且我的觀念與許多更年輕的美國人完全不同。我記得我們要時不時地爬到教室的課桌下，為核子攻擊做準備；我仍記得女人的工作就是相夫教子，以及「歧視是常態」的年代；我記得女性的強制退休年齡比男性還要年輕。

我知道自己有多幸運。我目前的財務狀況是在其他人的大力協助下實現的，這要歸功於我的人生中基本上沒有重大、無法控制的不幸，我很感激這一切。儘管如此，我還是要說自己的毅力和對財務審慎的態度很重要——而且妻子在這方面給了我很大的幫助。

逐步向上

當我1961年高中畢業時，我想到的是兩件事：首先，找到一份工作——任何工作都好；第二，我何時會被徵召入伍。我在18歲開始了工作生涯，成為一名郵務員，在一間有1萬5,000名員工的公司中是收入最低的人，時薪1.49美元。

4個月後，我試著透過從薪資提撥登記購買美國儲蓄債券，結果經理卻說：「別麻煩了，你不會在這裡待那麼久的。」我才剛開始工作沒多久，就要被解雇了。

幸運的是，工會介入並說服公司讓我在員工福利部門擔任文職工作，條件是我去夜校學打字。這項新獲得的技能還有一個附帶的好處：當我在1968年進入陸軍時，我很快就從貨車司機變成了文職士官。這表示我可以在辦公室裡工作。

我最初涉足的投資是買雞蛋水餃股[4]，投資了好幾年，但結果並不怎麼樣。我在服役時，和現在的妻子訂婚了，某個周末我休假回家買一枚戒指給她，為了支付戒指的錢，我虧本賣掉一檔股票，但是到了支付戒指費用的時候，珠寶商說我可以等到秋天再買，也就是我下次休假回家時。結果我賠本賣掉的那檔股票表現如何？如果我當時抱著沒賣，後來的獲利就能買得起那枚戒指了。

與此同時，我花了好幾年的時間才得到關於大學的資訊，部

---

4 註：指在股票市場中，股價相對便宜的股票，因為金額較低，入手較為容易，跟雞蛋、水餃一樣，所以才有如此的稱呼。

分原因是，這是我成長過程中從未提及的話題。我的父母只有高中畢業，我的祖父只念到8年級，而我的曾祖父則是文盲；當我的兩個高中同學去念普林斯頓、哈佛大學時，我則是去找工作。

不過我知道，如果我想出人頭地就需要一個學位，但我從來都不是一個有上進心的學生。終於，在高中畢業17年後，在夜間和周末上課9年後，我得到了學位。那些年，我幾乎沒有空陪伴我的四個孩子，但至少我沒有背負就學貸款，因為退伍軍人的福利——我在軍隊服役的好處——支付了大部分的費用。

幾年後，我參加一個部門員工會議。其中一位參與者（她有博士學位）建議會議室裡的人輪流說出自己在哪裡獲得學位。我馬上感到丟臉，我知道其他人念的那些學校：史丹佛大學、卡內基梅隆大學、普林斯頓大學、瓦薩大學，全都是知名的頂尖學府，當輪到我時，我說出一所社區學院和一所平庸的州立大學。但是在那時，因為時間和經驗的累積，使我成為會議室裡收入最高的人。

到了1982年，我已經成為公司員工福利部門的經理；那一年，我們推出了退休基金401(k)計畫，也是我開始認真對待投資的一年。我總是至少提撥足夠的資金，以獲得公司提撥同等金額的資格，我和妻子會調整支出，以確保我們的提撥額足夠。就算是為四個孩子支付大學費用的那些年，我們也持續這麼做。

但是我最好的投資是，為公司服務50年所賺取的退休金，這筆退休金加上我的401(k)退休金儲蓄和其他投資，表示我和妻子現在的財務是安全的。沒錯，我的退休金和社會保障加起來，

除了支付了我們退休後的基本開銷，還夠更多其他的花費。

如果你在一間公司工作了50年，你就會變得非常忠誠——也許太忠誠了。在服役結束後，我回到了雇主那裡，我以每周5美元的價格參加公司的認股方案。我的整個職業生涯期間仍繼續提撥退休金，超過50年的定期投資和股利再投資，的確產生了應該有的效果。

除此之外，我從2000年開始收到股票選擇權作為我薪酬的一部分，對大多數標準來說，選擇權的規模很小，但我很高興。與大多數接受者不同的是，當選擇權生效時，我將大部分轉換為公司股票。我老雇主的股份現在占我應稅投資帳戶的34％，我累積的股份產生了可觀的股利，但我並不認為把大筆資金押在一檔股票上是謹慎的投資方式。

實現夢想

是的，我很幸運。但我和妻子也從未惹事生非，我們只靠一份收入生活，從不背負卡債，無論生活開支多高，我們每個月都會存錢。

我們的第一間房子建於1918年，我們買下時——抵押貸款成本為9.5％——我們為自己是否有能力負擔而感到非常苦惱。我計算了總額，包括貸款、財產稅，我們盡力嘗試，雖然看起來可能辦不到，但我們還是買下了。

我們在第一間房子裡住了5年。我們的第二間房子就在幾條

街外,那間房子建於1929年,沒有現在房子會有的設施。它有三間臥室,其中一間有一個大型步入式更衣間那麼大、兩間浴室(一間是壁櫥改建的)和一個小廚房。我們在那裡住了43年。

　　一直到我退休後買了一輛賓士之前,我們都只擁有簡單的汽車,沒有任何用電的設備,也沒有空調。我們一直開著這輛車,直到引擎燒壞,而且這種事發生過三次。有一次,我們有輛較舊的雪佛蘭(Chevy)還被偷了,警察打電話說他們發現棄車的地點,我又去把它「偷」了回來,清理了後座上的食物和其他垃圾,把它修好後,又開了5年直到引擎燒壞。

　　從1988年開始,我們的三個孩子陸續在10年內逐一上大學。說實話,我不知道我們是如何支付所有的費用,但我記得我從401(k)退休金計畫貸款、使用房屋淨值貸款,以及拿我們的房子去抵押二胎房貸,我還開始了人們現在所說的「副業」。我發表了一篇關於員工福利的時事通訊報,並舉辦會議,在這個過程中,我經常讓全家人總動員,包括付錢請孩子們把通訊報放進信封裡。

　　讓孩子上大學的經濟壓力本來可以小一點,但我們決心支付所有的教育費──而且在最年長的孩子上大學之前,我做出了一個重大的、由情感驅動的財務決定。

　　多年來,我父親的收入完全是佣金,而且沒有帶薪休假;但是在1953年,當我10歲時,我們去了鱈魚角(Cape Cod)旅行一周,這是我能記得的唯一一次家庭度假。一個朋友給父親一個很棒的住宿地點建議,父親非常興奮地預訂了一周的假期,並提

前付款。

　　結果那間汽車旅館比軍營還要糟糕。我母親拒絕留在那裡，為了拿回已付的錢，我們都同意讓我假裝突然氣喘發作，所以必須立即離開。這招成功了，父母拿回了那筆錢，然後我們就在鱈魚角住了好幾間不同的旅館，最後到了麻薩諸塞州的查塔姆鎮。即使當年我只有10歲，我還是深深著迷。

　　時間快轉23年。我在1976年充滿熱情地對家人說：「我們去鱈魚角吧。」令我驚喜的是，我記憶中1953年大部分地方都還在那裡。從那個夏天開始，我們都在鱈魚角的汽車旅館或租的房子裡度過假期。雖然很不切實際，但在每次旅行時，我都會說出我的希望，就是在查塔姆買一間度假用房子，我甚至還訂閱當地的報紙。每周我都會渴望地查看待售的房屋資訊，幾年後，我的家人已經不想再聽我說白日夢了，但我仍持續在尋找。

　　1987年2月，我找到了一間老房子，財務上似乎負擔得起。家人警告我，如果我這次再不買，他們就再也不會陪我去看房子了。然而，我們不小心找錯了房仲業者，他們向我們展示了一棟新房子，價格是15萬9,000美元，就在我們的價格範圍內，新房子裡面有三間臥室和兩間浴室——正好適合我們。

　　在與銀行談判了一番後，我們付了10％的首付金額，並以30年期9.75％的貸款利率買下那間房子。我和家人都很高興，部分原因是他們不必在每次收到鱈魚角的報紙時，都得再聽我說一次夢想。最初的那幾年，我們必須在夏季的大部分時間出租那間房子，才能負擔得起房貸。

過去35年來,我們花費了超過30萬美元用於查塔姆房子的擴建、改建、維護,除此之外,還有財產稅、水電費和保險;現在這間房子的價值是當年支付的2倍多,包括裝修的支出,但是沒關係,我從來不把那間房子視為投資。它實現了一個夢想,以及買下多年的家庭回憶,我唯一的遺憾是,我父親沒能看到那棟房子——這麼說起來,他也沒有看到我的賓士汽車。

三個教訓

- ◆ 如果你想要財務成功,那就從「設定目標」開始。如果你不知道財務生活的目標是什麼,最後很可能會一事無成。
- ◆ 跳槽可能會為你帶來加薪和更高的頭銜;但是,找到一間你喜歡工作的公司,並投入多年,可能是一條通往財務自由更可靠的道路。
- ◆ 我們無法控制別人怎麼做,也無法阻止不幸的降臨,但我們可以控制自己的行為。對財務持謹慎態度的人,即使人生發生的事件並非總是如其所願,最後也很可能會成功。

03
「米奇計畫」：先還清房貸

菲爾・科能

菲爾・科能是特許金融分析師，在堪薩斯州利伍德的財務規畫和投資管理公司米契爾資本（Mitchell Capital）擔任投資組合經理和合夥人。當菲爾不工作時，他喜歡陪伴家人和朋友、閱讀、健行，還有騎自行車。

我不會訂立新年新計畫。我健身是為了讓自己感到愉快，而不是為了減掉一定數字的體重，或是打破一些個人運動紀錄；我存錢是因為未來的我會感激今天的我所做出的犧牲，而不是出於想要達到某個特定的財富水準。我從來沒有一個明確的人生計畫，我的職業生涯一直是機會主義的。儘管如此，我和妻子在婚後不久就確定並追求兩個目標，這兩個目標對我們家庭的財務產生了深遠的影響，也成為了我們在孩子成長過程中告訴他們的故事。

我們的女兒在2000年出生；2002年初時，我們又懷了第二個孩子。在懷孕初期產檢時，妻子在我工作正忙碌時打電話來：

「我懷了雙胞胎」，她告訴我。

我叫她別鬧了，結果她是認真的，我下午請假回家和她一起思考這個消息。我們知道養一個孩子要花多少錢，雖然我們是雙薪家庭，但這仍是一個經濟上的負擔，而現在這個負擔變成了3倍。

2003年底，我們最大的孩子3歲，兩個小的1歲，開銷感覺十分龐大。托兒所和幼兒園每年的花費是2萬4,000美元，這是我們家庭預算中的一個沉重開銷。我們每年還要支付2萬4,000美元的房貸，不過這也包括我們會定期提前償還本金。幸運的是，我們沒有就學貸款，也沒有卡債，而且我們有兩輛車。雖然家中的開銷愈來愈多，但我們還是把為未來儲蓄視為首要任務。

每年的年底，我們都會討論下一年的個人、財務目標──為你的退休基金存多少錢、為我的退休基金存多少錢、為這個家的裝修存多少錢、為那次旅行存多少錢。在2003年進入2004年時，我們的討論發生了不同尋常的轉變，我們都感受到了嘗試不同事物的吸引力，經過一番討論，妻子提出了一個新的想法：提前還清房貸。

安居樂業

我們是在1997年搬到堪薩斯州的歐佛蘭公園（Overland Park）時買了這棟房子，30年的房貸才剛繳了6年而已（截至2003年）。我們為這間房子支付了17萬5,000美元，以7.875％的利率借了16萬7,100美元，為期30年；不到12個月後，我們就以7.25％

再融資。2002年時,我們修改了貸款,進一步降低了利率,因此我們現在的房貸利率是5.625%,還剩下14萬3,168美元。我們每月的還款額是1,200美元,但我們繼續每月償還2,000美元,與房貸利率較高時的還款額相同。

我們比較5.625%與我們認為股市可能的報酬。在2000到2002年的熊市之後,股價穩步上漲,也許股票確實是更好的選擇。但最後是一個情感上的理由,讓我們持續提前償還本金。

對我們來說,財務自由並不表示提前退休。我們是兩個30幾歲的人,有三個3歲以下的孩子,不工作的想法既不切實際又愚蠢。相反地,在當時實現一定程度的財務自由,對我們來說應該是擁有自己的房子,不必擔心露宿街頭,就算我失去了工作也不會失去我們的家。就算我們想轉行,也可以接受賺取更少的收入。我們可以少付2萬多美元的房貸,想一想「這筆錢可以拿來做什麼」是個既簡單又好玩的遊戲。

此外,我們有信心這將會是我們長期的家。我們愛這個城市,在這個被我們視為家的新地方落地生根,我們都希望孩子在同一間房子裡長大,這間房子夠大,可以滿足很長一段時間的需求,我們已經搬過很多次家了,完全不想再搬家了。更重要的是,我們想控制自己的錢,而不是讓錢控制我們,「還清房貸」是朝著這個方向邁出的關鍵一步,而且感覺與周圍每個人正在做的事不一樣。這是一個長期的財務目標──雖然令人畏懼但卻是可實現的,我們都同意這麼做。也許,我們甚至可以把它變成有趣的事情。

到了2004年,當我們認真開始執行時,房貸還剩下13萬美元。我們付款幾次後,餘額降至12萬5,000美元,然後那種興奮感就減弱了。房貸的數字還是太大了,未確定的結束日期似乎太遙遠了,我們需要某些東西來幫助我們重新集中注意力,需要某個長期目標,來讓我們繼續前進且感到興奮。

我們一直是個愛旅行的家庭。在2001年時,我們帶著1歲女兒開車去維吉尼亞州阿靈頓市和家人共度時光,當我回顧這條路線時,我注意到這是女兒第一次穿越8個州。我開始想著,如果可以在孩子高中畢業前,和他們一起造訪美國所有50個州不是很有趣嗎?這將是一個去新地方的好藉口,還可以向孩子們介紹整個國家,讓他們從新視角看待事物,並培養對旅行的熱情。雖然他們的年紀還很小,以後可能不會記得這些事,但這並不重要,我們想要的是以後可以和他們分享的經驗和故事。

到了2004年,孩子們已造訪過16個州了,每個州都是開車前往。我們的預算不允許五個人一起搭飛機。我們能以某種方式將「償還房貸」和「旅行」的目標結合在一起嗎?妻子提議,等我們一還清房貸就飛往迪士尼慶祝,用童年只有一次的迪士尼之旅來慶祝這個成就,似乎是一個我們都同意的想法。另一個好處是,我們還可以同時體驗佛羅里達州——又是一個可以加入到孩子們名單中的州。突然間,我們的兩個目標合而為一。

原則與拼圖

那周稍後，妻子帶著一個1,000片的米奇拼圖回家，並解釋了她的想法。我們要把拼圖完成，然後再把它拆開、將相連的拼圖片分別放在獨立的袋子中。1,000片除以125次、每次1,000美元的房貸繳款額，也就是每袋要裝8片，每當我們將房貸本金減少1,000美元時，我們就會把8片拼圖拼起來。我們會把這些拼圖片黏在布告板上，然後把部分拼好的收起來，同時等待下一次可以再拼圖的時候。

我大約是在這個計畫開始的時候換了工作，如今是在一間信用合作社。我的收入沒有太大變化，我們仍在繼續繳款。我們偶爾會採取極端措施，延後購買一些金額較小、不重要的東西，以支付更多房貸；如果開銷變得太大，我們就會鎖住支票帳戶，直到開銷變少。我的新工作位於放款給我們的銀行附近，我會在午餐時間開車去那間分行，存入支票並拿到收據。到了2004年底，房貸餘額還剩下9萬7,000美元，這時拼圖已經可以看到米奇的耳朵和一部分的臉了。

2005年時，雙胞胎和姊姊都上學了，我又換了工作，到一間投資諮詢公司。我的收入變少了，但我和妻子都同意這是一個我們負擔起的代價，因為這是我幾年前在準備特許金融分析師測驗時所設想的工作類型。儘管如此，這並沒有讓我們更容易實現無房貸的目標，但我們願意為這件事放棄一些東西。到了第二年年底，房貸餘額剩下5萬2,000美元，拼圖也已經可以看到米奇的

手套和褲子了。

幾年過去，本金變少、拼圖愈來愈完整，離目標也愈來愈近了。我們每個月都會拿出布告板，計算我們還了多少房貸，並把拼圖貼得更完整。孩子們不了解我們這麼做的原因，但是他們喜歡拼圖，總是吵著要加入更多拼圖。隨著最後的日期快到了，他們開始理解即將到來的慶祝活動。

我們仍會繼續旅行，而且我們很節省。我們開車去探望其他親戚，睡在客房的床和地板上；我們在州立公園裡和朋友見面度過長周末。我們會去露營，這是我和妻子兩家人從小到大都會做的事情，我倆年輕時都沒有很多閒錢，露營提供了一種度假感和愜意的生活。我們開著車到處走，五個人開著一輛小速霸陸（Subaru），在狹小的空間裡用三個汽車座椅和安全座椅發揮創意。我們也會有放縱自己的時候，每年1月，我的岳母都會來陪孩子們住幾天，而我和妻子則會飛到溫暖的地方。

儘管要償還房貸，但我們並沒有犧牲其他儲蓄優先事項，我們會提撥部分薪資至公司開設的退休金帳戶，還為每個孩子都開立529大學基金帳戶並存錢進去。我們會存錢用於房屋修繕，無論是預期的還是意外的。我們願意放棄一些其他人經常視為「需要」的額外享受。

到了2007年底，房貸餘額剩下2萬7,000美元，我們認為最後可能會在2008年還清房貸，因此開始研究迪士尼。我們決定開始節省花費，以便支付最後一張房貸支票。最後，我們在2008年預訂了10月的旅行。

我們的計畫是花一周時間參觀迪士尼的四個園區：魔法王國、好萊塢影城、動物王國、未來世界。通常，我們會選擇住在附近以省錢，但事實並非如此，我們住在迪士尼的飯店，這樣就不必在住處與樂園之間往返，還節省了時間。

我們還決定買迪士尼的餐點方案。如果每次吃飯都要另外付費，會感到心力交瘁且心情不好，含餐點的方案雖然價格可能有點過高，但我們知道這筆費用包含了大家在那裡的每一餐，能讓我們對這趟旅行的目的留下更好的回憶——一趟愉快的家庭慶祝活動。如果孩子們晚餐想要吃貴一點，或是中午想吃霜淇淋，全都沒問題。這個方法非常棒，因為只要孩子快樂，父母也會快樂。

終獲自由

事實上，這次旅行的時機一點也不理想。醞釀已久的房地產危機在9月爆發，市場崩盤，全球金融危機即將來臨，我已經為當時的雇主工作了3年，突然間一切看起來都不確定。我們是投資管理公司，而市場正在崩潰，看不到盡頭。我的工作安全嗎？至少沒有人會拿走我們的房子，我們在11月開了一張9,400美元的支票給銀行；隔天，妻子走進銀行大廳，交出我們的最後一筆付款，這時離我們第一次貸款購買房子已經11年了。我們讓孩子完成米奇拼圖中最後金色鞋子的部分。

還完房貸並沒有立即帶來任何變化。我們不能公開慶祝，因為大衰退造成許多人面臨財務困難，如果大肆慶祝未免太白目

了，我們不知道誰可能正在擔心自己的工作或家庭。但我們打電話給保險業務員分享這個消息——因為我們現在必須直接支付屋主保單的保費，而不是每月房貸額的一部分。我們尋求的財務自由以微妙的方式實現。我們將額外的現金流用於買一輛新的、更大的汽車上，為不斷成長的家庭換一輛本田奧德賽（Honda Odyssey）新車；還增加了孩子大學基金的儲蓄，他們的年齡差距不大，這表示我們至少有2年的時間將同時為三個學生支付學費。

我們仍繼續旅行。在開車走遍了地圖中間的所有州之後，我們必須搭飛機才能造訪還沒去過的州，現在口袋裡有多一點錢，我們可以去這些州旅行了。2011年，我們造訪了德拉瓦州、賓州、紐澤西州；2013年去華盛頓州和奧勒岡州；2014年去加州；2015年，我們遊覽了新英格蘭地區。在佛蒙特州基靈頓的一個遊樂園排隊等車時，我們與前面的一家人聊天，當解釋我們要遊歷50個州的目標時，對方家長感到很驚訝，並分享說他們只去過附近的5個州，而我們正在10天內跑遍6個州。就在那時，孩子們開始了解到他們旅行過多少地方。

妻子3年前辭去了後來令她身心俱疲的工作，那時是春末，我們最大的孩子高中畢業，較小的孩子正進入高三。她利用暑假盡可能多陪著孩子，我們還存了錢要去夏威夷，這是我們造訪的第49個州。那年秋天，當最大的孩子進入大學時，我們已經準備好承擔大學的學費了。

妻子隔年暑假時再次轉換工作，在非營利組織找到了更好的

職位,那時我們前往阿拉斯加,實現了目標。雖然短期內收入減少了,但是沒了房貸負擔讓我們感到安心,而且還造訪了第50個州。

的確,提前還清房貸可能不是最好的財務決定,但我和妻子當時並不在乎,現在也是。現在那個完成的拼圖還放在壁櫥裡,孩子們可能會決定在我們過世後該如何處理它,這對我們彼此來說都是一次學習——你可以設定一個大目標,然後一點一滴地實現。而迪士尼的慶祝之旅呢?就像我們前往其他49個州的旅行一樣,那段旅程繼續帶給我們回憶和故事。當孩子們回家時,我們會在餐桌旁分享這些回憶和故事。

三個教訓

◆ 還清債務——尤其是房貸——可以讓你獲得財務自由,你可以追求較低薪的工作,並讓你更容易度過金融風暴。

◆ 如果全家人都專注於同一個財務目標,而且你在追求的過程中有些樂趣,那麼你不只更有可能實現這個目標,而且更可能享受整個過程。

◆ 實現財務目標可能需要多年,甚至是數十年的時間,因此實現後別忘了慶祝。

04
填滿你的小豬撲滿

凱爾‧麥肯托許

凱爾‧麥肯托許是特許金融分析師、擁有MBA學位,是加州路德大學管理學院的全職教師。他在為大型企業從事會計與金融工作23年後,將事業重心放在教學。凱爾與妻子、兩個孩子、熱情過頭的紅貴賓犬住在南加州。

在1981年的聖誕節,地點是加州的杭亭頓海灘,我正造訪爺爺奶奶住的銀髮社區。那天陽光明媚,溫度華氏70度(攝氏21度),海風很和煦。雖然天氣溫和,6歲的我還是穿上了一件令我全身發癢的毛衣,參加一年一度的節日聚會。我們唱聖誕頌歌、吃在商店買的餅乾、喝飲料,當天活動的高潮是聖誕老人在活動結束時分發禮物。

爺爺奶奶會和聖誕老人一起準備禮物,這已經不是什麼祕密了,熟悉的包裝紙和筆跡很容易就被發現。我本來希望能收到一個《星際大戰》(*Star Wars*)的人偶或任何大兵人偶的東西,當我撕開包裝紙,看到一個撲滿時,我的心沉了下去。這些年來,我也送過幾件無聊的禮物給自己的孩子,因此可以想像當年我臉

上的失望有多明顯。

爺爺奶奶並沒有因為那天我失望的表情,而忽略儲蓄這件事。他們在我小時候又送了我兩個撲滿,我的外公外婆也喜歡這個禮物的想法。等到了12歲時,我有了一整排的撲滿,雖然我當時對這些禮物並不滿意,但他們想傳達的訊息是──儲蓄很重要。

除了撲滿之外,他們還會透過其他方式幫助我成為一個存錢的人。爺爺在當地為我開了一個儲蓄和貸款帳戶,我們會不時臨櫃去更新存摺上的紀錄。我喜歡聽存摺印表機的咔嗒聲,因為這表示我的餘額更新了。我帳戶裡的金額並不大,但每一次補摺──尤其是1980年代的利率很高──都能看到我的餘額顯著增加。我目前的利息都來自餘額,包括之前收到的利息,讓我在存摺頁裡看到了複利效應。

我的外公會選股投資。當我們去外公家時,他經常在自己的住家辦公室裡研究股票,我有時會走到他身邊,看看他在Apple 2e電腦上做什麼,我記得總是看到綠黑相間的螢幕上,有一大堆圖表和線圖。

我清楚記得他告訴我「布林通道」(Bollinger Bands),這是一種描繪股價和波動性的技術分析指標。我當時聽不懂他在說什麼,但那聽起來很重要,如果他從技術性較低的主題開始教我,對我來說應該會有很大的幫助。去外公家的那些日子,確實讓我對股票投資產生了興趣。

最後一位影響我的祖父輩,是我繼母的父親──東尼。父母

在我很小的時候就離婚了，我和繼母的家人一起度過許多假期，在這些家族聚會中，大部分時間我都在和表兄弟搶著玩最新的任天堂遊戲機。有一次假期間，我們的電玩馬拉松被東尼打斷了，他給了我們一場關於累積財富的簡短演講。我想我當時的表情一定和收到第一個撲滿的時候差不多吧。

雖然我不記得他說的所有話，但有一句話讓我忘不了。他開始說：「如果你想變得富有，就必須使用定期定額投資。」我當時不懂這個概念，但我把這句話記在心上。多年後，當我在1990年代開始在《華爾街日報》上讀有關投資的文章時，每次看到「定期定額」這個詞時，都會聯想到「致富」。結果，那次玩任天堂時的中場休息演講，成了我從20歲出頭就開始遵循「設定後就能忘記它」的長期投資方法。

起初的工作

當我養成了儲蓄的習慣，也是時候該開始工作賺錢了。像大多數年幼的孩子一樣，我也曾經站過檸檬汁攤、洗車、做其他零工來賺幾塊錢；但是在我上中學時，我開始認真思考「賺錢」這件事。

從11到13歲，我為加州托倫斯的《每日微風報》(*Daily Breeze*)送報紙。這份工作每周7天要遞送60份報紙，這段經歷絕對比我財務旅程中的其他任何工作都還重要。那是我第一次賺到足夠的錢來讓我的儲蓄帳戶變得更有價值，更重要的是，它培

養了我在整個職業生涯中一直保持的職業道德和商業頭腦。

每個工作日的下午3點半，我都會和其他十幾個送報生一起到達附近的配送站。我們的路線領隊是我們之中唯一的成年人，他會讓大家知道當天的廣告插頁數量，然後我們會開始折報紙，經過幾分鐘的折疊和玩鬧之後，就會把報紙裝上自行車。周一到周五的報紙必須在下午5點半之前送達，而且沒有休息時間，只要投遞遲到1分鐘，每條路線就至少會有一位訂戶向公司客訴。以我的路線來說，這個人就是波特先生，他會盯著時鐘，而且將《每日微風報》的電話號碼設定為快速撥號。

周末的工作更是一項艱巨任務。報紙和插頁在凌晨5點半左右被砸在我們的車道上，必須在早上7點半之前送達。周末送報的好處是，我在寒冷的早晨折報紙時，母親會送熱可可來給我；每周六、日，路上的貝果店老闆都會扔一個溫暖的肉桂葡萄乾貝果給我。我一定要說這件事：這3年來，從來沒有貝果掉在地上。

送報生就像經營自己的生意，我們要承擔全部的盈虧責任。每個月，我都會收到《每日微風報》的帳單，報社會向我收取我所送的報紙以及我自行車上的帆布手提袋的費用，連橡皮筋也要付錢。現在回想起來，一個12歲的孩子因為用橡皮筋就被收錢，實在是難以置信。

我每個月的報紙、用品帳單大約是200美元，減掉我們折進報紙裡的所有廣告插頁的金額，然後由我向每位訂戶收取5.5美元（每月），如果向每位訂戶都收到費用並得到一些小費，我大概可以賺150美元。

月初時，我會在送報後去向訂戶收取費用。我會用一本路線簿記錄我的應收帳款，大多數客戶會及時付款，也會給予一點小費，以波特先生來說，他給的小費就真的只有一點點。

有時候，我必須多跑幾趟去向訂戶收款，這些後續的追蹤收款決定了我的每月盈虧。我必須向三分之二的訂戶都收到錢才能收支平衡，最後三分之一的訂戶費用則是我的獲利。雖然收款過程對某些人來說可能很尷尬，但我從來沒有因為向成年人要他們欠我的錢而感到不安。我很少超過一周才收到訂戶應該付我的錢。

除了當送報生外，我還在中學時找到了一些打工工作，包括清潔貝果店的鍋爐，並在春假期間在「蜂蜜烘烤火腿」（Honeybaked Ham，賣蜜糖烤火腿的店）工作。而我最喜歡的工作則差點害我被送到校長室。

在7年級時，我大約有6周的時間，在學校的置物櫃裡賣可樂來累積存款。一開始的規模很小，先賣6罐，然後是12罐，但是很快地就建立起我的可樂帝國，每天賣出24罐。那段時間，我賣1箱可樂的成本大約是6美元，所以我的每單位成本是25美分。我會一整天待在置物櫃旁，並以50美分的價格賣可樂給他們。

我每天都會賣光可樂。當時我還沒有看過《華爾街》(*Wall Street*)這部電影，但我的銷售方式就像電影主角葛登·蓋柯（Gordon Gekko）。「貪婪是好事」（Greed is good是主角蓋科的口頭禪），在天氣炎熱的日子裡，我會漲價到1美元；我不會免費贈送可樂，而且我自己也從來沒有喝過一罐。

可惜我們的體育老師齊吉並不欣賞我的生意頭腦，他抓到我

賣可樂兩次，並威脅說第三次再被抓到就要把我交給科比校長懲處。我還是得賣掉庫存，但是在第二次被抓後，我知道不能再賣了。在賺了超過100美元的獲利後，這個副業就結束了。

最後，做這些不同工作所存的錢增加到幾千美元，我上大學時把錢存在學校開立的一個支票帳戶裡。我花錢非常小心，有時候一次只提領5美元，因為我知道這筆錢是我多辛苦才賺到的。

當上班族的日子

時間快轉到1997年。大學畢業後，我繼續忙碌地展開上班族生涯。我在安達信會計師事務所（Arthur Andersen）找到了第一份工作，擔任審計師。我自願接下額外的專案，還額外為舊金山辦事處最有錢的客戶工作。到了2002年離職時，我已經提前晉升為經理，薪水也增加了1倍。

我的起薪是3萬4,100美元，因為我住在舊金山，所以這筆錢其實不高。即便如此，我還是在1998年提撥最高額至我的401(k)退休金帳戶，這是我工作的第一年。後來我連續8年都提高401(k)退休金帳戶的提撥額，為了採取東尼的定期定額建議，我把錢投入股票指數基金，而不考慮市場的漲跌。

在工作的最初幾年，我還在嘉信理財（Charles Schwab）開設了證券帳戶。我首先投資1,000美元在嘉信理財1000指數基金（Schwab 1000 Index Fund），每當我有多出100美元的閒錢時，就會將錢轉入嘉信理財帳戶並用於投資。我起初做了一些可怕的

投資，包括投資500美元在Webvan公司，這是一間網路雜貨零售商，在2001年倒閉。從這次的教訓中，我後來學會了只堅持買指數基金。那些年，我還在嘉信開設了羅斯退休金帳戶。

安達信會計師事務所在2002年因為安隆危機（Enron Crisis）[5]倒閉後，我成為數位洞見（Digital Insight）公司的財務主管，這是一間小型上市公司，後來被直覺電腦軟體公司（Intuit）收購。公司的財務長看到了我的努力（我在她之前工作的公司擔任審計員），她便抓住這個機會，讓我在27歲時成為她的會計團隊主管。我要在很短的時間內學會非常多東西，所以我用加班來彌補自己的經驗不足。

我的薪酬大幅增加，而且有資格獲得獎金和股票。我和妻子當時是頂客族（DINKs，Dual Income, No Kids）——雙薪、沒有孩子，所以我們提高儲蓄額並還清了就學貸款。我安排定期將資金從我們的支票帳戶轉移到嘉信理財，每兩周就會將這筆錢自動投資於標普500指數基金中。我腦海中沒有太多的財務里程碑，但我知道這些年來我們的券商帳戶餘額達到了10萬美元，這對我們來說是件大事。

「數位洞見」的工作步調從第一天開始就很快。周一到周五早上6點，我會帶著特大杯星巴克咖啡來到辦公室，很少在晚上

---

5 註：安隆危機是指2001年美國能源公司安隆爆發的財務醜聞，該公司被發現使用複雜的會計手法和虛假財務報表來隱瞞巨額的債務和財務虧損。最終，安隆破產，成為當時美國歷史上最大的企業破產事件之一，並引發了對公司治理、會計準則和金融監管的重大改革。

6點前下班；大多數周末我都會花幾個小時（有時甚至是一整天）趕上前一周的工作，或為接下來的一周做準備。雖然我的報酬很高，但這對我來說並不是一個健康的工作環境。經過3年的努力，我意識到如果你很痛苦，那麼賺錢就不重要了，我決定調職到一個薪水較低、要求不高的職位，這讓我能夠戒掉咖啡因，並享受生活。

在數位洞見的工作即將結束前，我接到了一通改變我一生的電話。亞當‧考夫曼（Adam Kaufman）是我認識多年的人資，他直截了當地對我說：「巴塔哥尼亞公司（Patagonia）正在尋找像你這樣的人，你有興趣嗎？」接下來，我就在這間私人服裝公司擔任財務主管4年。

雖然我的薪水變少了，但我喜歡上班，而且晚上和周末都是我自己的時間。我更常運動，可以安排旅行而不必擔心接下來的工作。此外，正常的工作安排使我能夠在加州大學洛杉磯分校安德森管理學院研讀MBA在職班。

即使巴塔哥尼亞公司的薪水較低，而且還有MBA的費用，但因為我們是頂客族，所以我們還是能繼續存錢。這時我們已經買了房子，目前仍住在這裡。我們最初考慮的是較小、更便宜的房子，但我們知道，一旦有了新的家庭成員，那樣的房子就會不夠大。

我們很高興多花錢買較大的房子，省下了因為新增家庭成員而必須換大房子的佣金。我們與許多鄰居都建立了深厚的關係，我們的孩子從小就認識他們，孩子現在分別是11、14歲。這樣

的鄰里關係是無價的。

我們在2004年11月買房子時，從15年期固定利率抵押貸款開始。還款有點辛苦，但隨著我們每年加薪，逐漸負擔得起每月的房貸付款。隨著利率下降，我們選擇再融資幾次，而且始終堅持15年期固定利率貸款。

每次再融資時，我們都繼續支付與2004年原始房貸相同的高額月付額，因為積極提前償還本金，讓我們在短短十幾年後就沒有抵押貸款了。理論上，我們最好以較慢的速度償還貸款，並將省下的錢投資於股票指數基金；但是擁有一間沒有貸款的房子，給我們心靈上的自由，並為工作提供了更大的彈性。

在巴塔哥尼亞工作了4年並完成了MBA學業後，我準備好迎接新的挑戰。接下來的11年半，我在安進公司（Amgen）工作，這是一間生物科技公司，是道瓊工業指數的成分股。我一開始擔任公司的會計，幾年後我主動參與一項國際性專案，結果我們就搬到瑞士了。在安進瑞士辦事處領導一個國際專案16個月後，我們又搬到了英國，並擔任安進英國和愛爾蘭商業營運的財務總監。

2年後，我得到了一個臨時職位。英國的總經理問我，是否有興趣在我駐外工作的最後7個月，領導一個商業部門。因為我的背景是會計，所以這個提議有些反常，但是總經理說他相信我的商業直覺和敏銳度。其實他不知道，我在小時候送報紙和賣汽水時，就已經磨練了這些能力。

接下來的7個月，我竭盡全力領導一個由35位銷售骨骼保

健、腎臟病藥物的專業人士組成的團隊。小時候與波特先生打交道的經驗，為我與英國國民保健署（National Health Service）談判藥品合約奠定了良好的基礎。

在那之前5年，當我還在數位洞見工作時，一位同事看到我的工作時間非常長，他建議我把職業生涯當成一場馬拉松，而不是衝刺短跑。那時我沒有聽從他的建議，而且──正如他所預料的──我後來精疲力盡；但是在安進工作時，我終於接受了他的建議。

我在2017年獲晉升為安進營運部門財務團隊的負責人，這種緩慢而穩定的方法得到了回報。我負責監督50名員工，分布在全球6個地點，預算超過30億美元。由於這個工作的職責遍及全球，我的一天很早就開始，從歐洲打電話到波多黎各，而且晚上經常要與新加坡通電話，我每年至少要去一次全球各地的營運處。這份工作的出差、工時都很辛苦，但我總能在周末回家，擔任孩子們足球比賽的裁判，或是出席游泳比賽。

安進不只提供專業挑戰，還提供長期在同一家公司工作所帶來的經濟利益。我的薪資增加，累積了一個可觀的退休帳戶，而且每年我都會獲得限制性股票獎勵。這一切都讓我在45歲時能夠轉向第二份職業。

轉換跑道

在企業工作了23年後，我在2020年翻轉人生，轉向教師的

第二職業，目前是我在加州千橡市的加州路德大學擔任全職講師的第二年。雖然我很享受在企業工作，但我也一直都對教學充滿熱情，並希望將這當成我的全職工作。

雖然一些同事和朋友認為，這次轉職是在疫情大流行期間突然頓悟而衝動做出的決定，但其實這已醞釀了好幾年。從財務角度來看，我們幾十年的努力工作和儲蓄都是在為這個改變做準備；但是比金錢更重要的，是妻子的支持。2016年，我們決定是時候讓我開始採取行動，轉向教學一職了。

我仔細地探索我的新職業。2017年，我在離南加州的家不遠的莫爾帕克學院（Moorpark College）教導兩門夜間部的課程；接下來，在2018、2019年夏天，我在加州路德大學指導夜校課程，同時也繼續為安進工作。

我從輔導和指導學生中感受到的回報，滿足了長期以來的教學願望，我想像中工作可能的缺點，例如花在評分、備課的時間，其實並不差。

重大的轉職並沒有完美時機，尤其當薪水變少更是如此。當我知道自己要轉向教書時，我就盡可能提撥至安進的不合資格延期支付薪酬計畫[6]中。我在2021年領取的這筆錢，幫助我彌補了

---

6 註：「延期支付薪酬計畫」是指，當未來某一時間或某一事件發生時，公司要支付高階經理人的部分薪酬，以市場現值或股票的形式存入當事人的延期支付帳戶中，待前述時間或事件發生時才支付，例如退休。延期支付的優點在於，經理人為了確保延期支付的薪酬利益，不會因企業虧損而受損，所以會盡心為公司的長期展望努力，而非只顧及自身短期的利益。

公司和教學工作之間的薪資差異。

儘管如此，我大可以想出無數理由來繼續待在報酬豐厚的公司工作，但是我知道我們有很好的計畫，而且我們存了一筆合理的金額，所以我必須跟著我的直覺走。

我喜歡我的新工作和它帶來的生活方式。雖然我們現在存的錢較少，但由於過去幾十年的儲蓄和辛勤工作，我們不會有問題。我不確定定期定額是否讓我們變得富有，因為我不確定如何定義這個術語，但這種緩慢而穩定的投資方法，以及許多早期的儲蓄經驗，都為我的第二職業奠定了基礎，我可以想像下半輩子都從事這份工作。

三個教訓

- 記住繼祖父東尼的智慧：「如果你想變得富有，就要定期定額投資。」
- 如果說有哪一種財務美德勝過其他所有美德，那就是「勤奮地儲蓄」。努力從年輕時就開始存下小錢，然後隨著收入的增長，提高儲蓄比率。
- 「職業生涯是一場馬拉松，而不是短跑衝刺。」雖然高薪的承諾通常會促使人們跳槽，但是在同一間公司待得更久，對你的職涯和經濟來說，獲得的價值可能會更多。

05
謹慎運用你的錢

葛瑞格・史皮爾斯

葛瑞格・史皮爾斯是HumbleDollar的副主編,他還在費城聖約瑟夫大學擔任兼職教授,教授行為經濟學。在他職業生涯的早期,曾擔任《奈特里德報》(Knight-Ridder)的華府分社和《基普林格個人理財》雜誌的記者。離開新聞業後,他在先鋒集團擔任401(k)資深編輯近40年。葛瑞格也是認證理財規畫顧問。

我相信,我們最早的財務經驗會設定終生的模式,對我來說絕對是如此,不過我直到最近才發現這一點。

我父親是一名聖公會牧師。1956年我出生時,我們一家住在哈林區一個大墓地裡的石頭教區房子裡,這是華爾街歷史悠久的三一教堂（Trinity Church）的墓地,教堂的墓地已經沒有空位了。父親對金錢從不感到擔憂,因為他一生都享受著經濟上的保障；而我母親則持相反觀點,她總是擔心有一天人生會出差錯,而且她會擔心不是沒有理由的。

母親出生在一個富裕的家庭,雇用了一名司機、一名女傭,還有一名負責照顧她的保姆。她的父親是一名律師,是一個像蓋

茲比[7]那樣的人物，他在自家草坪上鋪了高爾夫球果嶺，西裝則是在倫敦訂製的。他一開始是在1926年的佛羅里達土地蕭條中損失了一大筆錢，後來，又失去了勞合社（Lloyd's of London，又譯勞埃德保險社）紐約代表人的工作。他是大蕭條期間自殺的悲慘人物之一，我母親當年11歲。

大學畢業後，母親在1943年加入美國紅十字會。在她駐紮的英國空軍基地，許多她認識的美國機組人員再也沒有從大規模的轟炸襲擊中回來。諾曼第登陸後，她跟隨巴頓（Patton）將軍的美國第三軍團，從諾曼第進攻並橫跨法國和比利時，更踏進納粹德國。在她90多歲時，她告訴一名看護自己學過駕駛坦克，「以防萬一」部隊被包圍時婦女必須突圍，這種可能性的代號為阿拉莫（Alamo）。

我母親很早就知道，生命——甚至是西方文明——都脆弱得令人震驚，可以在瞬間被摧毀。她針對這種生存威脅採取的一項保護措施，是建立一個儲蓄堡壘，這是她給我的教誨。我2個月大時，她用我的名義在哈林儲蓄銀行（Harlem Bank）開了一個帳戶，她帶我去那裡存款，有些存款只有5美元，但能讓我對儲蓄重要性的印象非常深刻。我的舊銀行存摺顯示，到了1968年，我的帳戶價值增加到366.54美元。

在我5歲左右時，我們從哈林區搬到了紐澤西州的普林斯頓，父親在那裡擔任（另一間）三一教堂的牧師。我在當地的私

7　註：《大亨小傳》（*The Great Gatsby*）的主角，象徵美國夢的破滅與物質主義的空虛。

立學校領取獎學金，學費是由一位富有的教堂區居民支付的。我同學家有海灘別墅，還有每一款新的美國大兵人偶玩具；而我母親則是帶我去一般的小商店買衣服。我當時認為，我們和教堂裡的老鼠一樣窮，一定是這樣沒錯。

事實根本不是如此。我們是一個穩健的中產階級家庭，只是身邊的人都擁有龐大的財富。我的朋友奇普來自創立製藥公司必治妥施貴寶（Bristol Myers）的家族，另一位朋友的父親J‧理查森‧迪爾沃思（J. Richardson Dilworth）則為洛克斐勒（Rockefeller）家族[8]管理投資。我對貧窮的模糊印象，加上朋友的財富，使我終生「對花錢很謹慎」。

對花錢很謹慎的人，是指對自己的財務狀況保持警覺、警惕、留心的人。我們傾向於努力工作並存很多錢，因為覺得自己的命運──無論好壞──完全掌握在自己手中。感覺就好像我繼承了父親對宗教的信念，只不過我把這份信念轉移到財務上。我一直想做對的事，首先就是存錢，我不會指望好運或意外之財降臨。

我在教堂唱詩班唱男高音，每月賺6.25美元。當時的漫畫書售價12美分，空氣槍25美分。我怎能花光這些錢？我把硬幣和鈔票存在放OK繃的錫罐裡，偶爾會把它全部倒在床罩上數一

---

[8] 註：洛克斐勒是美國石油巨擘，於1870年成立標準石油（Standard Oil），以其精明的經商手段壟斷了美國9成的石油市場，後因被判反壟斷法而被迫將標準石油分拆成數十間小型石油公司。當年洛克斐勒家族的財富，相當於現今超過4,000億美元，是世界史上難以匹敵的首富。

數，悉心保護著這筆錢。

我從儲蓄中獲得的喜悅是永久的。我一直都在存錢，即使我賺得不多也是如此。例如，我在大學期間的某個夏天，在紐約市每周賺130美元，為了降低花費，在包厘街一間閣樓重新裝潢時，我一邊當裝潢工人一邊偷住在裡面沒付房租。後來，我以每周40美元的價格在一間單人房旅店租了一個房間，我會在房裡用電烤盤做飯。

雖然這感覺很像黑色電影的氛圍，但我並沒有匱乏的感覺。我的生活充滿了豐富的經歷，我有一輛自行車，我會在曼哈頓下城騎自行車，當時周末的大部分時間都像空城一樣；CBGB是龐克樂隊演奏的俱樂部，進場不必付費；我出沒於當時在下百老匯的許多二手書店；存夠了錢便在開學前去牙買加度假1周。

我不是吝嗇，但我很節儉。差別是什麼？我花錢買我珍視的東西，並從中獲得樂趣，包括旅行、古董家具、馬克吐溫初版書籍，以及大的老房子。為了買得起這些東西，我可以不開新車、用餐不搭葡萄酒、搭飛機不升等；我也不需要小確幸，比如喝星巴克咖啡，或在學校食堂吃午餐。

當我花錢時，我希望感覺自己得到了一筆划算的交易。妻子、兩個孩子和我從2002年開始去歐洲度假，因為在911之後很少有人想坐飛機。我們連續好幾年帶孩子們去羅馬、伊斯坦堡、阿姆斯特丹、巴黎，我們會收拾好外套，並在秋天去度假，這個時候比旺季便宜得多。

我總是自己修剪草坪、耙樹葉，我會告訴自己，我存下來的

錢可以支付我們下一次去歐洲旅行的費用。暑假時，我會刮掉並重新粉刷我父母在緬因州房子的一側，我和妻子至今仍住在這棟房子裡。我們家總是負責維護——這就是我父母能夠負擔得起這個地方的原因，如果有東西壞掉，我傾向把它修理好，而不是買新的。幾十年來，我一直在修理庭院的躺椅，直到它最終因腐爛而垮掉為止。我曾看過一個刺繡樣品表達出我的人生哲學：「自己做、將就用，不然就不用。」

字裡行間的訊號

在我的成長過程中，父母明確表示，等我大學一畢業就要靠自己了。在紐約州北部的一間周報報社工作了一年後，我於1980年進入西北大學新聞系。我以每月100美元的價格租了一間合租公寓的房間，每餐靠披薩為生。我告訴女朋友，我已經拒絕了最後一筆助學貸款，因為我不需要這筆錢，她把我的決定告訴她的商業寫作教授，他表示有一個更好的主意。

我聽從他的建議，回到財務室簽字、領取貸款，然後，我帶著這筆貸款來到芝加哥的金融區，並在肯珀證券（Kemper Securities）開立了一個貨幣市場基金。這筆基金的收益率約為18％，而我的貸款利率為5％，我當時的操作方式叫做「浮存」（Float），不過我並不知道這是什麼意思。這是我在聯邦存款保險帳戶之外的第一筆投資。

我進入股票投資則是另一個愉快的意外。我在佛羅里達的

《聖彼德堡時報》(*The St. Petersburg Times*)找到了一份工作，編輯指派我寫一篇關於1920年代西班牙復興建築的修復工作，我環顧建築四周後問導遊：「所有的大型電腦都在做什麼？」他解釋說，這是坦伯頓基金（Templeton Funds）的後台辦公室，而他則負責管理。

他拿起一張稱之為「阿爾卑斯山圖表」的護貝海報，上面顯示了坦伯頓成長基金自成立以來增加了1萬美元，我可以看到那已經變成了一小堆錢。在我的報導刊登出來後，我又回來投資了2,000美元在坦伯頓個人退休金帳戶，那時我的周薪是243美元，所以這筆投資大約相當於2個月的收入。

夜間編輯有時會把我從睡夢中叫醒，去報導房屋火災、致命車禍；我白天的任務是航空事件，包括飛機失事；我還寫過銀行搶劫、謀殺和一次致命的鯊魚攻擊。在報導了4年的悲劇之後，我已經準備好過更平靜的生活了。1985年，我跳槽到華盛頓特區《奈特里德報》報社的分社，負責報導社會保障、醫療保險和佛羅里達州精彩的國會代表團。

我的周薪也增加了，現在是576美元，並獲得了《奈特里德報》的退休金計畫、401(k)退休金帳戶和員工股票購買計畫的資格。401(k)由先鋒集團管理，我因此得以參與經常不對外開放的溫莎基金（Windsor Fund），這筆基金的經理人約翰‧納夫（John Neff）是20世紀最偉大的價值型投資人之一。在接下來的10年，我都透過401(k)買進溫莎基金的持股。

國會山莊的一位消息人士，向我推薦她的股票經紀人。我開

了一個小帳戶，他則幫我買股票，不久之後，1987年10月19日那天，道瓊工業指數重挫了22.6％，創下最大單日跌幅。我記得當我們看著電報時，華盛頓分社陷入了停頓，唯一重要的事件發生在紐約，我們不知道發生了什麼事。儘管如此，我很確信自己知道該怎麼做。

幾天後，我走進券商辦公室，虧本賣掉了我所有股票，用這筆錢投資了Van Eck黃金基金。在櫃檯前，我旁邊有一個男人則是正在買股票，我當時認為他犯了一個錯誤，當然，笨蛋其實是我。到了那年底，股市幾乎收復了所有的跌勢。

幸運的是，我繼續偶然發現一些管理良好的共同基金，通常是在別人的建議下發現的。我從1989年6月、兒子出生的那個月開始，為麥克存大學的學費。我一開始把錢存進銀行，接著聽從了一位朋友建議，與馬里蘭州的一位財務規畫師見面，討論如何投資這筆錢。

賴瑞在一棟玻璃帷幕辦公大樓的高樓裡，有一間裝潢高級的辦公室，他很友好、具說服力，而且建議我們投資第一鷹全球基金（First Eagle Global Fund）。這是由一位精明的法國人尚-瑪希・艾維亞爾（Jean-Marie Eveillard）所管理，他的權限很廣泛，可以買進他認為價值被低估的股票和債券。他甚至將該基金資產約10％用來買黃金，這是應對不可預見的災難準備金。他和我母親一樣，也經歷過第二次世界大戰。

我對基金的豐厚報酬感到很滿意，但我不知道我的顧問是如何獲得報酬的，賴瑞從來沒有寄過帳單給我們。後來我才知道，

我們買進股票的銷售手續費是8.5％，還有1年0.25％的12b-1費用[9]。幸運的是，儘管艾維亞爾基金的管理費用很高，但報酬率還是超越大盤。我們一直持有這筆基金，直到麥克上大學的前一年。

我在公司以15％的折扣買進《奈特里德報》的股票，這筆投資的損益平衡。而最有價值的好處是會收到我雇主的年報，我發現這很有意思，也很令人震驚。圖表顯示報紙發行量、廣告收入都在下降，我有一種船正往下沉的感覺，因為我發現到我50歲時，公司可能就不存在了。我需要在一切結束之前，找到一份新工作。

擔心公司是否健全，是我對金錢保持警惕的另一個證明。我周圍都是聰明的記者，但似乎沒人和我一樣擔憂，他們彷彿在說：「哪裡有冰山？」我覺得一間公司其實就和人一樣，健康會有起有落。後來，一間競爭的報業公司收購了《奈特里德報》，這麼做就像伸手去接掉下來的鐵砧一樣。收購它的公司被拖累而申請破產保護，數以千計的記者失去了工作，而資金不到10億美元的退休金帳戶被聯邦政府接管。

我在1994年底離開報社，避開了整場災難。一位好友建議我和他一起去幾條街外、華盛頓市區的《基普林格個人理財》雜誌看看。我寫了一篇試讀文章，然後就被聘為共同基金的副主編。某天，我採訪來我們辦公室的肯珀證券執行長，送他出去時，

---

9 註：12b-1費用，從共同基金或ETF資產中支付的費用，用於支付分銷成本（行銷和銷售共同基金），有時還用於支付提供股東服務的成本。

看到他坐進一輛停在路邊的豪華轎車後座。我回去便打電話給肯珀證券，請他們賣掉我的貨幣市場基金股票。這位執行長沒有令我欣賞的地方，我認為他拿股東的錢讓自己過著光鮮亮麗的生活。

我工作中最困難的部分，是找到值得向讀者推薦的投資，我沒有接受過金融方面的訓練，所以非常懷疑自己擔任預測員的能力。此外，我還注意到一個令人不安的趨勢：那些在解釋自己投資方法時最有說服力的基金經理人，投資績效卻乏善可陳。我把報導引向安全的投資標的，例如最好的電力公用事業股票，或美國儲蓄債券。有一天，我在閱讀介紹指數基金的《柏格談共同基金》(*Bogle on Mutual Funds*)一書時頓悟，我開車前往先鋒集團位於賓州莫爾文的總部，採訪該公司的創辦人約翰‧柏格。

柏格非常有威嚴，他的聲音低沉，說話時帶著《舊約聖經》中先知般的自信——但他會提供大量資料來佐證，他說他提供的證明是「簡單算術的明確規則」，我確信指數基金可以解決「投資選擇」這個大問題。柏格也是一位實踐節儉者，我當然很認同這一點。我寫的那篇文章說，投資低成本的標普500指數基金，就像在100碼衝刺中領先10碼。

在先鋒集團

不久之後，我辦公室的電話響了，是先鋒的人資請我去面試工作。該公司需要一名編輯來支援公司401(k)退休基金致投資人的信，當時指數投資仍被視為一種奇怪的投資方式，但我相信它

能幫助很多人,並且征服金融界。與此同時,紙本新聞業仍持續向下沉淪。1996年12月,我接受了先鋒給我的大幅加薪,然後就報到上班了。

在最初的3個月,我先租了一間公寓,妻子和孩子則在馬里蘭州等那一學年結束。在那些寂寞的夜晚,我無所事事地翻閱一本很厚的房屋資料,想要在一個好學區尋找新房子。我看到了福吉谷園附近一座舊農舍的照片,但我的房仲不會帶我去,因為那間房子超出了我們的預算範圍。

但我和妻子、孩子還是開車去了。那間房子看起來很迷人,一場小雪灑滿了梧桐樹,一條小溪穿過大前院,感覺好像脫離了現代世界。我看到那片土地上還有第二棟房子,是一間小屋,與一個老舊的石製穀倉相連,我告訴妻子,出租這間小屋可以幫我們償還部分房貸。我另外找了一位新的房仲,並對賣方提出一個較低的價格,他們再回覆我另一個較高的價格,我們最終以47萬1,000美元成交。租金收入支付了一半的房貸,所以每月的繳款金額與我們在馬里蘭州的老房子差不多。

我全心投入到先鋒的工作。在1年之內,我們發布了一個關於投資、退休、保險、稅收、遺產規畫等主題的深入投資人教育系列,我的資訊來源主要是認證理財規畫顧問。最後,我發現,如果我獲得了認證理財規畫顧問的資格,就可以自己審查內容,而先鋒同意為我支付5,000美元的課程費用。我在上班前、周末,甚至在孩子小聯盟比賽的看台上讀書。因為我對金錢很警惕,我想知道關於金融的一切,就算是這樣,我還是花了好幾年的時間

自學,並在2005年通過了測驗。

先鋒的薪水低於大多數投資公司,但比我在報社擔任記者的收入要高得多,這使我能夠提撥上限至401(k)退休金帳戶,而且每年存1萬美元至529大學學費基金,當孩子們上大學時,我們可連續8年為他們支付全額學費。後來大學費用激增到每年6萬5,000美元,我們之前存在529大學基金的帳戶已經提領一空,所以每月要從收入中提出1,000美元,而妻子賣掉一些珠寶來幫忙支付。

兩個孩子都畢業後,我們可以存下更多收入。妻子在擔任心理治療師的地方開設獨立的401(k)基金、我的退休基金提撥金額調至最高、先鋒的各種退休計畫又幫我提撥薪資的14%,我們每年能存超過5萬美元,到了我64歲時,就有足夠的錢退休了。我的工作是管理10位作者,在疫情大流行期間變得著重在行政事務。距離及技術方面的障礙,都使寫作和編輯變得更加困難。

我的人生目標從來都不是變得富有,或過著奢侈的生活,我寧願划獨木舟也不願買快艇。我首要的任務是照顧家人,然後我想達到一個階段,讓我和妻子不必擔心錢。經過這麼多年的小心翼翼,也許我可以放鬆一下,不去想這一切,我實現這個目標了嗎?有時候是,但舊習慣是很難改變的。

妻子最近住院了一晚,在她的床邊,我們聊起了用來支付帳單的各種支票帳戶,包括房地產稅。我告訴她,我想要的是每個帳戶都有足夠的餘額,這樣我就可以開一張大支票而不用擔心。後來,我才意識到自己是在跟命運討價還價,想著如果我們有足

夠的積蓄,也許我妻子就不會發生任何不好的事。

也許我父親說得對:「上帝會提供。」他從教會退休金中賺的錢,比他工作賺的錢還多。此外,我想他從在哈林區主持了無數葬禮中領悟,活著的每一天都是一筆財富——無論你的銀行存款有多大。

三個教訓

- ◆ 隨時都要了解你雇主的財務狀況,因為這會影響你的工作保障;善用雇主付費的教育訓練,以確保你有可以找到工作的技能;為你的工作設定高標準。
- ◆ 除非你有獨立的財富來源,否則至少要將10%的收入存為「退休金」,如果能存15%更好。
- ◆ 大筆的儲蓄具有連鎖效益。如果你付現金買二手車,就可以不必背負車貸多年;如果你為房屋支付了大筆頭期款,那麼每月的房貸金額就會更少。這類家庭開支愈低,就能存下更多錢。

【第 4 章】
非典型道路

有時候我們是自己選擇偏離規矩的正道,有時候我們是被迫偏離它。這種偏離正軌通常在短期內對我們的財務狀況不是好事,也可能對幸福有負面影響。但是這樣的改變可以幫助我們更了解自己,以及我們真正關心的事、激勵我們解決財務問題,並開始踏上更快樂、更充實的人生。

01
從金融危機中重生的方程式

詹姆士・克爾

詹姆士・克爾在離開企業界，轉而追求寫作和講故事的熱情之前，曾為多間《財星》（Fortune）美國 500 大科技公司領導全球傳播、公共關係和社交媒體工作。他的著作《漫長回家路》（The Long Walk Home: How I Lost My Job as a Corporate Remora Fish and Rediscovered My Life's Purpose）於 2022 年初由柏萊登廣場圖書（Blydyn Square Books）出版。詹姆士也在 PeaceableMan.com 發表部落格文章。

那是 2009 年 1 月，我的世界——就像我周圍的世界一樣——正在崩塌。

離婚 1 年半後，前妻和我終於開始分配我們投資的資產，而且當時的時機非常糟糕。世界金融體系正在崩潰，股票市場也跟著崩潰，股市每天都會再下跌 1% 或 2%，而且那還算是好的時候。股市低點，似乎沒有盡頭。

更令我苦惱的是，早在秋天股市走高時，我們就財務結算條款達成了共識。4 個月後，我們的帳戶價值下跌了 30%，由於前妻分到的部分是以金額計算而非百分比，因此整個投資的虧損都

是由我來承擔。

20多年來，我一直在遵循財務安全和財務獨立的標準流程：在我的401(k)退休基金中存錢、利用公司提撥額、撥款至孩子的529大學基金，量入為出；而且到了月底若有任何額外的錢，都投資於應稅帳戶中的廣泛指數基金裡。我做了所有我該做的事，而現在——在勤奮的儲蓄和投資之後，我的投資組合只是勉強有6位數而已。

更糟糕的是，我擔任公共和投資人關係經理的那間價值數十億美元的科技公司財務陷入困境，公司的股價已經岌岌可危地跌破1美元，有傳言稱公司可能必須宣布破產。此時就業市場也很糟糕，我很擔心自己的工作不保，我每個月都要支付數千美元的贍養費和子女撫養費。

我當時49歲，完全沒有達到在這個階段應有的財務狀況。實際上可以算是重新開始，而且我很害怕。

吸引力法則

像大多數人一樣，我是一個尋求安全感的人。我不喜歡冒險，我渴望腳下有堅實基礎的感覺，這也是我在2021年離開企業界之前，幾乎整個職業生涯都在為大公司工作的原因之一。我絕不會從飛機上跳傘下來，或者從橋上高空彈跳到下方湍急的河流，我不是那樣的人。我喜歡確定性，我喜歡知道當我需要資源，手頭上就有資源。我連備用計畫都有備用計畫，這讓我晚上能睡

得安穩。

面對這麼多的不確定性——我的個人生活、職業生涯、財務——讓我深感不安。我記得那年1月某個特別寒冷、漆黑的夜晚，我躺在床上無法入睡，想著自己的財務狀況，也想著結婚14年後再次單身的感覺是多麼奇怪。憂慮像一團嗡嗡作響的蒼蠅，在我的腦海中盤旋。我能履行我的財務責任嗎？我能從這件事恢復過來並回到正軌嗎？我能退休嗎？

當時我的工作職責之一是與華爾街分析師互動，並幫助他們為我的雇主建立財務模型。因為對公司財務狀況的擔憂，我花了很多時間在電話上與分析師和投資人討論艱澀難懂的資產負債表專案，例如應收帳款、營運資金。

因此，我在1月那個失眠的晚上，腦子裡一直想著資產負債表。當我躺在那裡盯著天花板時，我誠實地評估自己在人生這個十字路口的負債和資產情形。

負債方面，我前一年買的房子有一筆可觀的房貸，但除了房貸、子女撫養費和贍養費的義務外，我沒有其他大額的債務。我沒有車貸，且總是在月底還清卡費。這些都是好事。

在資產負債表的資產方面，我擁有房子的淨值，可惜的是，我是在房地產泡沫破裂之前，當市場在高峰左右買這間房子，所以我的房屋淨值並不高。我和兄弟在賓州東北部擁有一塊土地，我希望有天能在那裡建一棟小屋。

在財務結算後，我的401(k)退休基金和我們的應稅帳戶還剩下一點點錢，退休時，我有權獲得一半的退休金，不過公司在幾

年前就刪減了原訂的福利方案，所以我的福利金不會太多。

整體而言，我的資產負債很少。但如果我是一檔股票，沒有任何金融分析師會對我這檔股票給予「買進」評等。

不過，我還有其他可算進來的非金融資產：我還活著，身體健康；我有很棒、充滿愛的家人的支持；我和三個兒子的關係都很好；如果我需要找到另一份工作，我有可用的技能。這些事都令我覺得很慶幸。

我也是個很有韌性的人。我一生中經歷了很多困難的事——憂鬱和焦慮的時期，一大堆的意外和不幸——但我還是撐了過來。一路走來，我對自己做了很多努力，並且已經達到了某種地步，內心深處知道自己可以度過任何難關。

我一直都是個探索者，也很喜歡閱讀，我在閱讀時發現了冥想、正念和其他東方的靈修，這些全都對我有很大的幫助。

最近我一直在讀所謂的吸引力法則。基本概念是，人類會吸引我們關注的任何東西進入我們的生活，無論是好的還是壞的，而我們表現出的狀態和經歷，會與我們所散發的思想能量相符。如果我們對幸福和富裕的未來發出積極、樂觀的能量，這就是我們會得到的；相反地，如果我們的腦海中充滿了對絕望未來的黑暗想像，以及恐懼我們不想要的東西，我們也會得到它。

根據吸引力法則，如果我們想在生活中得到某樣東西，只需向「宇宙」清晰而明確地說明我們的欲望，宇宙就會把我們想要的東西送到面前。我們的要求愈具體，得到的機會就愈大。

除了尋求安全感之外，我還是一個非常理性的人——有時太

理性了,我的女朋友有時會對我這麼說。我需要看到事實才會相信一些東西,我需要看到一些客觀的證據,證明我被要求相信的這個東西確實存在。

我對這個所謂的法則持懷疑態度。重力是法則,熵是法則,但吸引力法則呢?這聽起來像是新時代的心理學鬼話。

儘管如此,我所讀到的大部分內容對我來說都很合邏輯。從心理治療的過程中,我知道人的潛意識思維和信念模式,非常真實地塑造了我們的現實。我學會了如何透過密切關注我對自己說的話,來化解焦慮和恐慌症。不可否認的是,透過每天的冥想和正念練習,我變得更加平靜、腳踏實地,而且有成效。

這一切都清楚地證明了正確的思想和意圖,對創造我們外在環境所產生的力量。我想,何不試試這個吸引力法則呢?能有什麼傷害嗎?

因此,在那個失眠的冬夜,當我凝視著昏暗的天花板時,我精確詳細地陳述了我的意圖:10年後,當我59歲時,我會快樂、健康、平靜;我的生活中會有一個很棒、支持我的伴侶,她會是黑髮的瑜伽老師,她會和我的孩子們相處得很好;在經濟上,我會安全而獨立,我的投資組合價值將會是現在的10倍——足以讓我能夠盡早離開企業界,追求我對寫作和說故事的熱情。

10年內增加10倍。當然,有何不可?既然要對星星許願,何不放大格局呢?

我逐項列出我的願望清單,為我的人生設想一個新的、更充實的資產負債表。因為當時的世界很黑暗,所以這些事情似乎不

可能實現，但從我所讀到關於吸引力法則的內容來看，我的欲望是否能實現並不重要。我所要做的就是設定意圖，然後把力量交給宇宙，讓它為我實現。

讓願望成真

說出我的意圖後，我就去上班了。吸引力法則也明確指出，光是說出你的意圖然後躺回去睡大頭覺是不夠的，你必須積極地朝這個方向前進。

這點沒有問題。我喜歡努力工作，我喜歡設定目標，並看到自己朝著這些目標前進。我有10年的時間來實現這個計畫，這是可能實現的，只需要堅持不懈、有信心就可以了。

就像我說的，那是2009年1月，2個月後，股市終於觸底，開始緩慢而虛弱地爬出深淵。

我從MBA和投資人關係的課程中知道，儘管當時市場情緒很糟糕，但從長遠來看，情況會好轉，現在是將資金投入市場的好時機。我也知道定期定額的力量，並堅信約翰·柏格的理念，投資低成本、廣泛的指數基金。除了提撥至我的401(k)退休金帳戶外，我還開設了一個應稅帳戶，並開始每個月提撥一定金額投資於低成本的先鋒集團指數基金。

一開始，我看好債券基金，因為績效良好，而且在當時看起來較安全。但幾個月後，我開始主動出擊，將所有資金投資於股票基金，並著重於快速成長型的美國企業。

我的公司也處於上升期。一位新的執行長上任，向股東承諾會轉虧為盈。我很欣賞他不說廢話、走動式管理的領導風格，他和我建立了牢固的工作關係。我被派去負責全球通訊部門，負責向媒體和大眾訴說我們的故事。

不久之後，我們的財務業績和股價就開始好轉了，我們達到了業績目標並發放了獎金。此外，身為管理團隊的一員，我有權獲得年度配股權，隨著股價的上漲，這些配股權突然變得有價值。每當我獲得獎金或兌現任何股票時，都會把錢投入市場中。

現在回想起來，我可能太積極了，把這麼多的投資都配置到美股。但我真的覺得市場太低了，所以風險也很低，更重要的是，我對美國的商業創造力充滿信心，而且認為長時間下來，我的信念會得到回報。

設定好投資策略後，我就坐著看種子成長。我們都知道2008到2009年那個黑暗的冬季以來，市場上發生了什麼事。標普500指數從2009年3月9日的低點676點開始，在接下來的10年裡漲了4倍。當然，這個過程並不是一條直線，但在市場的起起落落中，我一直保持紀律，讓我的投資自己成長。

一路走來，生活帶來了很多意外，人生本來就是如此。2013年，我發現我得了第三期結腸癌，不得不接受6個月的化療，幸好我及早發現它，現在已經治癒了。

2016年時，56歲的我，在這間科技公司工作28年後，失去了工作──我在《漫長回家路》書中寫下了這段非常令人不安的經歷。但是我很幸運，很快就在一間大型、非常成功的金融科技

公司找到了另一份工作。就在那一年,我遇到了現在的女友——是的,她有一頭黑色的頭髮,而且是一名瑜伽老師,從那以後,我們就一直在一起。

隨著市場持續表現良好,我的投資帳戶不斷成長,我決定將在先鋒的投資,轉移到投資顧問的管理帳戶中。那位顧問非常出色,將我的投資組合多樣化,更適合我這個年齡的人。

信念終將獲得回報

2019年,在設定目標10年後,我達到了目標投資的數字。那一年,我簡化生活,賣掉房子、還清房貸,並在美國北部建造了我夢想中的山間別墅。隨著我的投資持續成長,我在這間金融科技公司又工作了2年。隨後,在2021年9月,61歲的我離開了企業界,追求我長期以來的夢想——成為一名作家。我現在正處於職業生涯的第二階段,熱愛過程中的每一分鐘。

有些人可能會說,不是吸引力法則讓我實現了財務獨立,我把錢投進歷史上其中最大一次的市場榮景之中,就只是傻人有傻福——這種情況不太可能再次發生。

我會回答:可能是運氣讓我來到這裡,但絕對不傻。我下定決心、努力工作、節儉儲蓄,並以公認的市場智慧做出投資決策。

這也需要我對自己和市場的信心。任何在2008到2009年那些黑暗期間投資的人,都是憑著信念放手一搏。最大的投資機會就藏在最不確定的時期中,方程式是這樣的:機會+意圖+知識

＋努力工作＋信念＝好運。

我們可以肯定一件事：市場將會出現更多的下跌走勢,這是創造機會的時候。當市場下跌時,我已經準備好了。

三個教訓

- ◆ 財務生活不要漫無目的。建立一個你希望在財務和其他方面達到的目標願景,然後全心投入到實現目標上。
- ◆ 如果你想在財務上取得快速進展,可以透過每個月在一般應稅帳戶中的投資,來補充公司的退休基金。
- ◆ 毋庸置疑,投資股票需要信念——相信企業將繼續發展和創新,他們的成功將反映在股價上漲。歷史顯示,這種信心會得到豐厚的報酬。

02
崎嶇的金錢旅程

唐・索沃斯

唐・索沃斯是一位半退休的普救一位神教（Unitarian Universalism）牧師、顧問、報稅員，住在北卡羅來納州教堂山。他最近完成了認證理財規畫顧問的教育。唐熱衷於靈性與金錢之間的交集，他鼓勵人們遵循自己的天命安排。

我的財務自由之路始於7歲。當然，我當時並不知道，但是從那時起，我就開始擔心、關心與金錢相關的事。

我和母親、妹妹住在舊金山的一間一房公寓，有天我父親帶情人節糖果來給我們。當時父母已分居幾個月了，那天他才來不到幾分鐘，他們就開始大吼大叫，並互相扔糖果。第二天，當我和妹妹放學回家時，外婆在前門等我們，她說母親自殺未遂，現在正在醫院裡。

接下來的3個月，我和外婆住在一起，妹妹和我們的舅舅、舅媽住在一起，而母親則在醫院裡療傷。當她再次回到我們這裡時，她告訴我，我現在是家裡的男人了，幫忙照顧她和妹妹也是我的責任了。我們的手頭拮据，但多虧了外婆的慷慨幫助，我們

才有了一間便宜的公寓可住。大多數時候，我都不覺得匱乏。

我的第一份工作是在9歲時。我會把外公的擦鞋工具帶到路口，並幫路人擦皮鞋以賺取25美分。我們住在離海特─艾什伯里區幾條街外的地方，那裡到處都是嬉皮，許多人沒有鞋子。擦鞋業務的獲利不是很高，但幸運的是轉角處有一間酒吧，我帶著門牙縫的笑容讓一些人很難拒絕，尤其是在幾杯黃湯下肚之後。在大多數時候，我會帶著足夠的錢回家，我會買一、兩顆糖果，然後剩下幾枚硬幣給母親。

我在6年級時，找到了第一份真正的工作，我開始在放學後賣報紙。頭條新聞愈精彩，我每晚收到的錢就愈多，平均每天賺2到3美元，每周給母親8美元的房租。我可能是極少數必須支付房租的12歲孩子，但我也是少數每周都有幾美元可花的人。

雖然母親強烈鼓勵（甚至要求）我存一些錢，但我通常只在周末把一個25分錢的硬幣存進我的存錢罐。我會用積蓄買幾包棒球卡，或一張門票去看我心愛的巨人隊棒球賽或49人隊美式足球比賽。在那個年代，兒童票只要5毛錢，對我來說，看球賽比「存錢以備不時之需」要有趣得多。

受影響的金錢觀

我認為想要實現財務自由或心靈的平靜，就必須處理年幼時與金錢有關的事件和經歷。每當我有機會帶領班級或指導人們如何處理金錢時，我都會要求他們回想從小就學到的教訓和價值觀

——其中有很多都沒有經過檢驗。

我認識一些總是為錢而焦慮的有錢人，也有些人則認為金錢很邪惡，或是因為擁有太多而感到內疚；還有一些人認為傻子才會儲蓄和規畫預算。他們通常是在成長過程中被教導這些觀念，有些人則背離自己的童年經歷，盡可能選擇與父母不同的財務決策。

以我來說，我母親總是擔心錢，我們很少去度假，父母總是在法庭上為贍養費和子女撫養費而爭吵。她認為工作比教育更重要，因此，我17歲時把重心放在擔任全職速食店經理上，而不是上大學。

母親在我上中學時就開始領取身心障礙補助，這表示我和妹妹每天都能享受到免費的學校午餐。食堂的食物比我自己帶去學校的花生醬／果凍三明治或蘋果要好得多。儘管如此，獲得免費的午餐、穿著太小的鞋子和在減價商品區買的衣服——經常讓我覺得很丟臉。也許這就是為什麼，即使我在高中時每周工作高達30個小時，我的口袋裡始終沒有多少錢。

16歲時，我接觸到賽馬。我當時在加利福尼亞州聖馬特歐市的貝梅鐸賽馬場對面工作，我發現，雖然我不到18歲，但他們很樂意讓我非法下注——而且我通常會輸。接下來的5年，我愈來愈沉迷於賭博，21歲時，我失去了原本以為會結婚的女友，因合法和非法的「借貸」而負債數千美元。我的感情和精神上徹底破產，令我考慮自殺。

幸好我的賭癮得到了幫助，我不再賭博了，還清了所有債

務，找到一份新工作，慢慢開始建立起新生活。我的財務仍然非常不穩定，當我拿到一張新的信用卡時，我以為這表示我的信用額度就是我可以花的錢。年利率是多少？我不需要知道這個細節，我只要支付每月最低應繳金額就好。

當我第一次與某位朋友見面，並檢視我的財務狀況時，他要我記錄30天內花的每一分錢。我非常意外地發現，我花的錢比我計畫的還要多500美元，難怪我信用卡上的欠款一直在增加。

主日學的啟示

我認識凱薩琳時，正在整頓自己的財務。我當時26歲，住在舊金山市一間轉租、裝修簡陋的公寓裡，她則是一位單親媽媽，有一個3歲的兒子賈斯汀，住在舊金山灣對面的艾拉米達一間新公寓裡。我非常喜歡她和賈斯汀。

但是當我第一次去她家，準備接他們去看電影時，我差點被一個景象嚇跑。凱薩琳的冰箱門上貼著一張預算表，不是一張整體預算，而是詳細列出每一元的支出，包括食品、房租、育兒和儲蓄等類別。令人驚訝的是，儘管她賺的錢比我少，付的房租也比較多，但她每個月都能存錢。如果我能還得出比信用卡最低應繳金額還多25美元，我就要偷笑了。存錢？門都沒有。

儘管我有財務上的缺陷，但她在我身上看到了足夠的優點，接受了我的求婚，那時我必須借錢才買得起訂婚戒指。但是我們結婚後，我學會了她的會計風格，當我們收到薪資時，會預留一

筆資金以供所有的支出,並且一直將儲蓄當作預算的一部分。我跟著凱薩琳的榜樣,也在公司開設了401(k)退休金帳戶,我發現自己在過去3年都放棄了公司提撥6％額度的退休金福利。

婚後不到6個月,我就升職了,我們擁有的錢比我倆以前都多。這不僅幫助我們存錢買房子,而且還能夠旅行和買新家具,當時我心想,這樣的生活很不錯。我開始在廣播中收聽財經節目、閱讀財務建議的書籍。

我們在結婚1周年紀念日買了第一間房子,我們不確定自己是否負擔得起,但每個人都說他們邁出這一步時也是這種感覺。到了第二年的年底,兒子就出生了,現在是一家四口了。

雖然我的金融教育幫助我了解指數基金和儲蓄債券之間的區別,但我在一個對我來說不尋常的地方——教會——找到了通往財務自由的第二步。凱薩琳從小就是天主教徒,但是說到教會,我只會慶祝耶誕節和復活節。朋友告訴我們,當地有一間非宗派教會(獨立教會)很棒,並邀請我們某個星期天去看看。這個教會接納所有人,並讚揚許多通往靈性和智慧的道路,我們學到了很多東西,我們的孩子也是。雖然我們在那個教會只待了幾年,但學到的一課永遠改變了我們的財務生活。

每個星期天在奉獻之前,牧師或教友都會說一些關於慷慨的故事。某個星期天,一對和我們年紀相仿的夫婦帶著年幼女兒,談到了「什一奉獻」的力量。我想,我一開始翻了個白眼,但是當我聽到他們關於不再對金錢焦慮而且變得慷慨的故事時,我開始產生興趣。

當我們回到家談論這件事時，妻子說她也很感興趣。我開始學習什一奉獻，也就是將10％的收入奉獻給上帝、宗教傳統，或更崇高的目標。奉獻10％似乎不只是因為比較容易計算，還有一些特別的原因。我們看了一下預算，並確定我們有能力捐出收入的10％──在支付稅金、房貸、食物、保險，以及每月的退休金提撥額之後。

付出與回報

凱薩琳仍執行詳細的預算規畫，我們知道，從剩餘資金中捐出什一奉獻，表示我們每月只能捐出約18美元，就算是這樣，這仍是10％。每隔幾個月，我們其中一人會建議，在還沒支付食物、保險或留儲蓄資金時，就先捐出完整的10％。每次我們嘗試這麼做，都會深吸一口氣，但是這種感覺太好了，我們想繼續這麼做。

令我們驚訝的是，有一年我們都同意捐出所有收入的10％──甚至是尚未扣稅之前。每一個發薪日，我們都會把錢轉入一個特殊的支票帳戶，並將這筆錢捐給我們認為最有益的地方，那已經是30多年前的事了，從那時起我們就一直這麼做。到目前為止，這是我最重要的財務和靈性實踐。

為什麼？因為當我們開始什一奉獻時，我們對擁有足夠金錢的擔憂就慢慢消失了，雖然花了一點時間，但當我們需要錢時，似乎總是會有錢。我們開始相信錢夠用，如果我們有能力在滿足

自己的需求之前捐出10％，那麼金錢似乎就不再是稀缺的資源了。

有些人可以在沒有任何經驗或證據的情況下找到信仰，但我不是這樣的人，尤其是在我年輕的時候。這樣的經歷讓我獲得了信仰，這些經歷逐漸讓我信任他人，相信自己或更崇高的力量。我這麼做是在冒險，想看看事情會如何發展，這就是為什麼我們從小額的什一奉獻開始，花了幾年時間才逐漸可以捐出完整收入的10％。

有一段經歷替我們上了一課，我們永遠不會忘記，並讓我在餘生中轉變為一個忠誠的什一奉獻信徒。當凱薩琳懷了兒子路卡斯時，我們的朋友和家人為她舉辦了新生兒送禮派對，我被允許進去打招呼，但很快就被趕走，派對才可以開始。當凱薩琳回到家時，她帶回來許多禮物，包括一些給賈斯汀的禮物。

因為感覺有點被冷落，我決定在兒子出生時必須去度假，而且不只2周。這是在1980年代後期，當時的職場並沒有陪產假的福利，朋友們警告我，如果我要求2個月的無薪假，會毀了我的職業生涯。但我實在很想支持凱薩琳，同時認識剛出生的寶寶，並幫助賈斯汀適應有一個弟弟。

凱薩琳當時有全職工作，她打算使用產假和休假時間休假10周。我們查看了一下預算並發現，如果我請2個月的假，就會幾乎耗盡所有積蓄。但我們認為這是一生一次的經歷，值得冒險。

當我向老闆請假時，他欣然同意了，他告訴我，真希望當他的孩子在20多年前出生時，他也能多休息一段時間。我之所以

分享這個故事，不是為了顯示我是個多麼了不起的父親，而是為了說明這幫助我們在通往財務自由道路所取得的進步。

當我回去上班時，老闆把我叫到他的辦公室，說要替我加薪20%，這種事在這間《財星》50大公司是前所未有的。加薪是由人力資源部門使用最新的生活成本數據所計算得出的，如果工作表現出色，可能還會有1到2個百分點的加薪。2周後我升職了，並獲得了額外10%的加薪。我太太原本打算在下個月回去工作，後來決定留在家裡照顧孩子，一待就是7年。

每當我講這個故事時，都需要加一些警語：這是否代表著一旦你開始什一奉獻，錢就會開始從天而降？我不這麼認為。也許當我休假2個月時，我的價值對雇主來說變得更加清楚、也或許是有人欣賞我把重要的事放第一的態度，我永遠不會知道。對我來說，這個故事的真正意義是，做對的事永遠不會錯，就算對你的財務狀況來說並不合理。

大多數的人會說，他們的財務自由之路需要一些學習、一些努力工作、一些運氣，甚至是上天的恩典，而我相信運氣比大多數人意識到的還重要得多。我們出生的地點和時間、是否學習過良好的財務實踐，以及我們收入高峰期的股市表現等因素，對結果的影響遠大於我們的金融專業知識。我們無法控制自己的環境，所以實踐良好的價值觀永遠非常重要——我發現，當我們擁有好的價值觀時，事情自然會獲得解決。

做正確的事

因為我曾經是個賭鬼,所以我知道我的風險承受能力比大多數人都高。我和妻子已經學會了如何平衡彼此的不足,她對風險的容忍度比我低得多,我們在1994年1月時了解到彼此的相似和不同之處。

有天晚上我們回到家,發現有一則留言要我們打電話給凱薩琳的醫生。當醫生接起電話時,我們最擔心的事得到了證實——妻子在36歲時被診斷出乳癌。當時認為這有多糟糕還為時過早,但我倆都想像了最糟糕的情況。那天晚上,當我們緊緊擁抱著彼此時,我告訴她,我認為「這可能是發生在我們身上最好的事情之一」。這麼說令我感到不舒服,至今仍覺得不舒服,但這就是我心中的想法。而事實證明真的是這樣。

接下來的幾周,我們做了很多的檢驗和討論,包含許多我們以前從未考慮過的事,這就是患有「可能是絕症」必須做的事。身為銷售經理的我工作很忙碌,所以我請了幾天假來幫忙妻子做所有的事,但我很快地意識到,只請假幾天是不夠的。

正巧公司在裁員,並為那些服務超過10年的人提供遣散費。35歲的我,管理著一個成功的團隊,擁有看似光明的前途,所以我並非資遣的目標對象。但是在與凱薩琳談過後,我們一致認為8個月的遣散費和休假,對我們所有人都有好處。

她做夢也沒想到我接下來會想出什麼辦法。我們最近看了一部電影《迷失美國》(*Lost in America*),故事是一對夫婦賣掉所

有東西，買了一輛露營車，然後出發去看這個國家，我們都同意有一天要這麼做。在得知凱薩琳的癌症病況相對輕微後，我建議買一輛二手露營車，帶孩子們環遊全國，這樣就可以全家好好相處。我知道時間過得太快了，這個機會可能再也不會來了。

她說，大多數患有癌症和失業丈夫的配偶可能會說：「你瘋了，絕對不行！」幸好，當時凱薩琳已加入一個母親支援小組6年了，當小組中的成員聽到我的瘋狂想法時，他們說「她不去就是瘋了」。因此，我們就出發了。

1994年4月，我們帶著13歲和6歲的兒子，還有我們的侄子，裝滿了二手約8公尺長的露營車，開始沿著5號州際公路遊覽這個國家。在露營地的第一個晚上，我發現我早就忘記了如何清理露營車的下水道軟管，我擔心我們會把汙水帶到全國各地。幸好，我們發現了一個露營車主社團，他們很樂意在沿途的每一站幫助、教導我們。接下來的3個月，我們造訪了26個州，看到了我們夢寐以求的事物，同時也更認識了我們的國家和彼此。

當回到家時，我在一個小城市找到了一份工作，妻子也得到了她夢寐以求的工作：為圖書館駕駛一輛7.6公尺長的行動圖書車。正如我所說的——做正確的事，錢的問題自己會解決。

達到足夠財富

在我的新工作中，我發現自己愈來愈厭倦企業界。1年後，我的老闆把我叫到他的辦公室，他說如果我的績效沒有改善，3

個月後就必須解雇我。我告訴他，因為市場的變化，我不會實現這個目標。

那個星期日我去我們的新教會，那天是事工星期日（Ministry Sunday），他們談到了事工[1]的重要性，並請求捐款來幫助支援神學院學生和事工培訓。我以為這大概是一年一度的活動，但其實並非如此，過去30年來只舉行過一個星期日。

感覺就像上帝給了我臨門一腳。我在我們找到的第一個教堂做過一些講道，我研究靈性和宗教很久了，每次我參加性向測驗時，事工都會在適合我的職業中名列前茅。我和教會的牧師見面，並申請進入神學院。

3個月後，我的雇主真的解雇了我，但是那時我已經被神學院錄取，並安排了一份業務培訓工作，我可以在暑假全職工作，在學校學期間兼職工作。妻子願意回去全職工作，我們又看了一次預算，這一次，我們不知道該如何同時什一奉獻和存錢，所以我們在禱告後，共同決定什一奉獻更重要。

神學院的大多數同僚都比我年輕，當中許多人都背負了巨額的助學貸款債務。研究所助學貸款的金額只適合未來將成為律師和醫師的人，並不適合研讀神學的學生。大多數同事對金錢的態度很天真，令我感到震驚，我設計了一門課程給「不想做財務管理的人的財務管理課」，並交給神學院，而且最後也給了全國各

---

[1] 註：「事工」在基督教中通常指的是，教會或信徒為了達成宗教使命而進行的各種活動和工作。

地的神學院。

　　我的金錢旅程是一條漫長的、有時甚至是崎嶇不平的道路，分享這些財務經歷和困難，有助於加深我對基礎知識的理解。這也給了我一種管道，讓我可以感激地分享我的知識，希望對其他人有幫助。

　　從神學院畢業後，我為會眾服侍了8年，然後成為我們牧師協會的創辦執行主任。我每年都布道說明金錢的問題──不只是籌錢，還會說明錢這件事如何影響我們和我們的生活方式。大多數我認識的牧師都不討論金錢問題，尤其不喜歡開口要求金錢，大多數會眾也討厭聽這件事。

　　但是，我們國家有個問題，也許全世界都有這樣的問題。我們需要問問自己──多少才足夠？我們需要正視年輕時的感受和學到的教訓。只因為可以買得起最新的汽車或最好的房子，就值得做一份削弱我們精神的工作嗎？我們如何調整社會中財富累積的巨大差異？我們該如何教導年輕人為現在和未來管理金錢？

　　當我59歲時，我決定是時候離開牧師協會了。當凱薩琳和我跟財務顧問會面時，對方告訴我們，我可能不必再工作了，因為我們存了很多錢。我覺得很好笑，認為這不可能是真的，畢竟，我當牧師過了20多年才賺到和在企業界工作最後一年一樣多的薪水。

　　此外，我們是少數在8年後賣掉在加州的房子卻沒有賺錢的夫婦。自從我成為牧師以來，我們接下來賣掉的兩間房子幾乎沒有賺錢，我們怎麼可能有足夠的錢度過餘生呢？

那是將近5年前的事了,從那時起,我只做過兼職工作。看來財務顧問說得沒錯,那些年來的謹慎消費、勤奮儲蓄確實有用。在我擔任牧師的20多年,我們經常存下至少10％的收入,將大部分資金存放在股票共同基金中,這種一致性和不斷上漲的股市給了我們足夠的錢,到我年滿70歲之前,都不需要開始領取社會保障金。妻子仍在工作,只要她決定退休,就會開始領取福利金,等她不再喜歡工作時才會退休,薪水不會是決定因素。

　　我覺得非常幸運,我還是不敢相信我可能不必再工作賺錢了。我打算能工作多久就做多久、做我想做的事、和我想一起工作的人一起工作。我也希望有一些祕訣可以給你,但我真的沒有。

　　但有一些事對我來說有用——什一奉獻、持續存錢、謹慎投資,並祈禱好運和愛來到你的生活。我不能保證這可以帶來財務自由,但是我可以保證這麼做能讓你過上別人會羨慕的生活,無論對方有多少淨資產。而且這種感覺很好。

三個教訓

- 和一個善於理財的人結婚,尤其如果你不是這樣的人。
- 盡可能做「對的事」,而不是做「能賺到最多錢的事」。對於你所擁有的心存感激,而不是渴望你所沒有的;對你的福報心存感激,而不是金錢。
- 捐出至少10%的收入、存至少10%,並盡可能讓你的投資變得無聊。長期看來,指數基金和低成本的共同基金成長可能會很驚人。

03
在投資中尋找內心的平衡

威廉・艾哈特

威廉・艾哈特是華盛頓特區的一名記者,也是一位經驗豐富的散戶投資人。他的經歷大多是「千錘百鍊」,他喜歡分享學到的知識,幫助人們消除市場噪音、理解自己為什麼要投資、投資有多簡單,以及如何避免常見的錯誤。

「投資成功」與一個人的秉性有關:要維持穩定的情緒、了解自己的能力、避免野心過大或情緒化、要有耐心和謙遜、只需要一點點的投資知識。但最重要的是——要知道自己不知道什麼事。

可惜的是,這不是我的天性。

從很小的時候開始,我就渴望學習投資。我還記得8年級的同學珍妮・科克倫(Janie Corcoran)轉身遠離我,因為我正在大談先靈葆雅製藥公司(Schering-Plough)或其他一些長期被遺忘的公司,我並未持有這些公司的股票,也沒有真正深入了解他們的業務。我一直跟在父親身邊,和他一起看《路易斯・魯凱瑟談華爾街一周》(*Wall Street Week with Louis Rukeyser*)節目。

投資最吸引人的地方在於「不勞而獲」——除了付出我所謂的卓越腦力之外,什麼都不必付出。換句話說,我喜歡透過「智取」來致富。

我的軟弱性格就這麼暴露無遺:我年輕時大部分的時間都認為,自己應該得到的比別人更多,人生對我不公平,剝奪了我一些享受。我想要不屬於我的東西。這是一種不只在金錢上的態度,它摧毀了財富以外的東西,而且也確實摧毀了財富。

如果我現在說的話對你有任何用處,那是因為幾十年來,我已經鍛鍊出品格和正直,因為歲月的流逝磨練了我的性情。

無論如何,就是不快樂

托爾斯泰(Tolstoy)在他的經典小說《安娜‧卡列尼娜》(*Anna Karenina*)中,開頭是這樣寫的:「幸福家庭都是相似的;而不幸福的家庭各自有不幸的方式。」

將這句話應用於投資:有無數種勞力密集、情緒化、過於複雜的虧損方式——其中許多都是由華爾街巧妙地推動的。我在此對「虧損」的定義是:多年來大幅落後大盤。這是試圖打敗大盤幾乎可預見的結果,而且幾乎肯定是試圖快速致富會有的結果。

同時,有一些簡單的獲利方法,也就是捕捉股票的長期報酬潛力,而最可靠的方法就是透過複製大盤的廣泛市場指數基金。性格適合的人可以遵循這種被動的方法,每年接受大約9%的報酬率,然後感到快樂,但這對我來說這很無聊。我以各種方式讓

自己不快樂,直到完全學會了那些在幼稚園學到的教訓:耐心是一種美德、欲速則不達。

我有囤積1分錢硬幣的習慣,這預言了我未來在自尊心的驅動下導致的投資失誤。有些人喜歡收集硬幣,而我在青少年時期則是囤積1分錢硬幣,總值23美元,全都裝在一個銀行的袋子裡,就是電視上會看到搶匪拿著的那種袋子。我之前曾讀到,政府鑄造1分錢硬幣的成本比那個硬幣的面額還要高——當時的1分錢是用實心銅製成的。這表示我的硬幣實際價值高於23美元吧?我可以把它融掉或是⋯⋯不管是什麼?誰知道我當時在想什麼,因為我幻想自己比別人更聰明,就像未來幾十年,我對自己理解世界事件和透過預測這些事件賺錢的能力,抱持著極為膨脹的看法。

也許我和已故的父親是同一種類型的人,他把南非克魯格金幣藏在衣櫥的抽屜裡。我經常責怪他在1980年代初賣掉自己的公司後,沒有投入更多資金在股市裡;但事實是,我後來卻做了對家人更糟糕的事。

我做的也比已故的母親差得多。我以為她什麼都不懂,而她的財務顧問——我曾與她發生衝突——知道的也很少。但是母親從外婆那裡學會了一個教訓——永遠不要賣出。

幾十年來,她只是持有美國平衡基金(American Balanced)、美國收入基金(Income Fund of America)和先鋒惠靈頓(Vanguard Wellington)等優質基金,而不必擔心那些所謂的大師在《華爾街一周》節目上所說的話。在她繼承了外婆的投資30年後,以

及後來又繼承了我父親的投資20年後，我和兄弟姊妹在2021年繼承了母親的這些投資。她從來沒有賣出。

必須賣掉她一些投資的人是我，因為我要支付她最後幾年的巨額長照費用。在她生命的最後幾年，長照費用超過20萬美元，但是她仍有一大筆遺產可以留給子女繼承。

徒勞無功的日記

可悲的是，從小時候想融掉1分錢硬幣以智取美國財政部的操作開始，我的投資智慧就開始進展得斷斷續續，而我的自負讓我不去制止這樣的行為。

在我20幾歲的時候，我涉足先鋒集團的黃金和能源行業基金，完全錯過了其醫療保健基金的傑出表現。你看出模式了嗎？銅、石油、黃金——我在有形的東西中尋求財富。在1980年代和1990年代低通膨的繁榮中，這是錯誤的方式。我想我之所以不投資醫療保健基金，部分原因是它已經非常受到其他投資人的歡迎，相關的投資組合經理人被媒體大肆吹捧。

我還投資了先鋒的明星（STAR）和溫莎二號（Windsor II）基金，但我覺得很無聊。什麼？每股只漲3美分？我才不要慢慢等。我當時不知道，這些基金最後可以讓我獲得龐大的財富。在我父親的鼓勵下，我從很年輕就開始為了退休金儲蓄，而這些錢都投入了穩健的低成本基金。

明星和溫莎二號都沒有成為像富達麥哲倫（Fidelity Magellan

Fund）那樣的傳奇基金。然而，我最近回顧發現，這35年來我沒有持續提撥至這些基金，放棄這麼簡單的方式而錯過的財富令我感到震驚。而重點又是——「簡單」。

我和前妻交往時，1991年突然出現牛市，我很想把錢投入積極成長型基金，讓我的錢能在1年內翻漲1倍。我不在乎這個基金在那時已經很受歡迎了。這一次，我想投入資金，這時候的我在追逐績效，許多基金在那一年公布了令人瞠目結舌的報酬率，但就像雷擊一樣，這樣的好運很少在同一個地方發生兩次；事實上結果正好相反，1991年獲利最大的基金，後續的績效都令人失望或慘賠。

我仍然記得，將近10年後，當時的妻子說我們需要休息一下，但我沒有理她，只是繼續仔細研究我的試算表，為了家人，我一定要發財。但是我們並沒有變得更有錢，儘管在網路泡沫破滅的期間，我的表現還算不錯；不過，沒多久後，我的家庭就破裂了。

我責怪自己，並短暫停止對投資的執迷，但是，在自尊心作祟下，我的投資知識仍然是個危險工具。我40幾歲的時候，在2008到2009年金融危機期間和之後，因為一連串令人痛苦的可怕決定，差點就賠光一切。這就像一次精心安排的跌勢，我的錢虧損的速度快得難以想像。

我已經完全沒有錢可以投入市場的漲勢。然後，我在2009年底被報社解雇，1年後，我才找到工作可以再次提撥部分薪資到401(k)退休基金。

慘痛的教訓

　　你並不是來聽我個人的悲慘故事。我只需要告訴你：離婚、酗酒、生病、失去兩份工作、房屋貶值、花費遠高於我的能力範圍，而且用借來的錢進行投資——結果可想而知是一場災難。

　　我以為自己知道融資來投資的風險——也就是用股票作為抵押品來借錢——而且我以為我的做法在安全範圍內，但我不知道券商有權宣布你持有的一些資產不再有資格作為保證金債務的抵押品，這些資產無法再用來借錢了。當我持有大量投資銀行的股票在2008年無法再用來抵押時（我自以為像個天才一樣撿便宜），我的保證金交易生涯就結束了。

　　被迫在2009年市場低點附近賣出，我甚至賠掉了本來想為孩子的大學學費預留的錢。最終，我在2010年申請破產，一切就這麼結束了。

　　我又慢慢地學會了與自己相處，更緩慢的是，透過更好的消費習慣和認真工作，我開始重建財務狀況。長期的牛市幫上了忙。

　　雖然我更有責任感，也更清醒，但更多的投資教訓還在後面。我還沒有完全接受指數投資，儘管我很欽佩先鋒的創辦人、指數基金先驅約翰・柏格，並從他的書和採訪中學到了很多東西。與柏格的建議相反，2010年代大部分的時侯，我都相信「市值加權指數投資」（Market-Cap Indexing）很盲目、愚蠢，是冒險的迷魂曲。我偏好價值投資，所以這種觀念很吸引我，我又開始到處尋找獲利的機會，但就是不做其他投資人已經獲利的投資。

「別管什麼尖牙股（FAANG）了」，我告訴自己；但是臉書（Facebook）、蘋果（Apple）、亞馬遜（Amazon）、網飛（Netflix）和谷歌（Google）仍繼續飆漲。

我的投資組合中充斥著價值型基金和外國基金，我什麼都買，就是不買美國大型股的指數基金。我涉獵當時流行的ETF，例如從開發中國家消費者支出成長中獲利的基金。專家說，新興市場的價格便宜，我重新審視了我最喜歡的黃金、農業和能源主題的ETF，都不知道在這種白費力氣的追逐中錯過了多少牛市。

我知道只有少數投資人才能靠能力打敗大盤，所以我試圖找到這樣的人，最後寄予厚望的兩位是著名的價值投資人卡爾・艾康（Carl Icahn）和丹・勒布（Dan Loeb），他們都公開交易投資工具。這些投資在市場飆升的情況下萎靡不振多年，即使我最終被指數化投資所吸引，也直到2020年初才放棄勒布和艾康，賣掉最後一個部位，改買整體市場指數基金（從我賣掉勒布的離岸基金以後，它的表現就開始一直優於大盤——你看看我有多衰——但是從我7年前買進的時間點來計算，它仍然是落後大盤的）。最後，我不只是開除了兩位億萬富翁投資組合經理人，而且也把自己降職了。我不再是自己的投資經理人，不再試著比別人更聰明來致富。

重回正軌

當然，因為我現在主要複製大盤，所以我的結果更接近大盤

的報酬率。這可能無法滿足我的自尊心，但感覺是對的，就像我是自己資金的良好管理者。意識到自己年復一年地落後市場一大段，感覺就像身在地獄裡。不知道自己落後大盤多少是不負責任的行為，所以我用試算表密切監控我的績效。

我仍然以自己喜歡的方式投資，仍然會做出一些決策是我認為經驗和長久學習有幫助的。首先，我們都必須根據自己的風險承受能力、時間長度、多元化偏好，做出基本的資產配置選擇。多年來，我的指標一直相當穩定，但我偶爾會重新評估它們。

我已經為「再平衡」和「逢低買進」設定了觸發點。我會在美國公債基金與公司債基金及抗通膨公債之間做選擇。我也允許自己做一些小額投資——以母親留給我的平衡型基金為主的衛星部位。這些小額嘗試都在預定的範圍內，所以如果我錯了，也不會拖累我的整個投資組合。

我維持著一個投資試算表和投資日記，記錄我的股票—債券、美國—外國投資組合、我的衛星部位和其他決策，以及我的表現，是的，我真的很喜歡這麼做。我對最近小額投資中的平均獲利率感到滿意，但我必須有責任，我需要防護的制度——對我的投機行為設下限制。當然，你可以不需要這些，只使用平衡的、資產配置的或目標日期退休基金就好。

我的系統可能很快就會改變，因為我決定尋求專業的財務協助。繼承了母親的遺產後，我的情況發生了變化，在我這個年紀，大概離退休還有10年左右，我需要知道的不只是我該投資什麼東西。

尋求專業建議

我了解到理財顧問的價值。所有事情都只靠自己的人，可能會把自給自足變成一種癖好，認為不值得花錢得到顧問的建議；但是，如果顧問能讓你不要做出愚蠢的事，那麼你獲得的回報就會比花的錢還高出好幾倍。

2016年，當我接管母親的財務時，我見了她即將退休的顧問瓊，以及她的繼任者凱西。我曾在16年前和凱西爭吵過，她們當時已經有心理準備我會再和她們大吵，但這時的我已經改頭換面了。

凱西和一位遺產律師一起幫我們用母親的一部分資產建立一個家庭信託。我不指望顧問們能提供打敗大盤的建議，就像我以前期望最厲害的投資大師能辦到的事。我認為財務顧問主要是一個指南，能抑制我最差勁的衝動，以及更廣泛的個人理財問題的建議來源。凱西並不是完全不會出錯，但她的確有兩次幫我的投資重新定位，她的協助幫我產生的獲利遠高於我付給她的費用。

現在母親已經過世了，我雇用凱西的同事丹寧為顧問——這是我第一次為自己聘請顧問，而且我還說服了兄弟也這麼做。

我不再設法智取他人來致富，但我可能會積累可觀的財富，為我的孩子們留下一筆可觀的遺產——只要我不再自作聰明就好。

三個教訓

- 確認你是否具備長期投資成功所需的耐心和謙遜。如果你缺乏必要的性格特質，為自己建立防護制度，限制自己的核心部位只能持有指數基金，其他都不能投資。或是尋求專家的建議——而且要照做。
- 不要想發大財，致富的努力幾乎肯定會落空。隨著時間的推移，複製大盤賺到的錢真的很豐厚，也不會因弄巧成拙的計畫而虧損。
- 不要借錢來投資。市場先生會在你最經不起虧損的時候，讓你虧損。

04
修正財務之道

吉姆‧華澤曼

吉姆‧華澤曼曾是一名商業訴訟律師，教授經濟學、人文學科20年。他是三本系列書的作者，介紹如何教導小學、國中、高中學生行為經濟學和媒體素養，他還撰寫了幾本教育性質的兒童讀物。吉姆和妻子姬雅布住在德州，姬雅布也為本書撰寫了一篇文章（1-5）。

我人生大部分時候只需要概念性地理解理財這件事，因為我出生在一個經濟條件優渥的家庭，我們家的人花錢都不太需要擔心。但就像所有養尊處優者的好故事一樣，我曾經得到教訓，然後再次重生。

我的成長過程可以說是享有每個人可能想要的所有特權，我的家庭就像電視情境喜劇中看到的，住在富裕郊區中的小家庭。我從沒有餓過肚子或露宿街頭，還接受了一流的學校教育，享受最新的舒適設施。我是出生在美國的白富男，通往成功的道路是條康莊大道。

我們家會討論預算、支付帳單，以及其他財務的實用方面，但我都不在乎這些知識。對我來說，金錢是一種價值尚未被定義

的資源，不一定需要管理，就像生活在森林裡所以不需要擔心木柴不夠用一樣。

我父親是白手起家的人。他接管了一間虧損的窗簾／掛毯／床罩公司，並將它改造成全美國的重要生產商。他親力親為，監督所有製造廠，並親自出差前往紐約的服飾店傑西潘尼（JC Penney），還有阿肯色州的沃爾瑪。

他也是個務實的人。我曾興奮地向他展示一本漫畫書，根據收藏家指南，它價值50美元，父親笑著問：「你認識的人有誰會馬上付你50美元買那本漫畫嗎？」我有點不好意思地說沒有，他就把手臂搭在我的肩膀上並說：「那它就不值50美元。」

如果說我父親有什麼缺點，那就是他對孩子太慷慨了。他希望我們不要擔憂金錢，這樣我們就可以追求夢想，但這是有代價的。雖然我學會了大部分時候對零用錢量入為出，但偶爾超出預算並不會有嚴厲的後果；我學習股票、觀察利率——我是在1970年代通貨膨脹的環境中長大的——但我也知道，如果我做了錯誤的選擇，還是有家庭的安全網。優渥的環境讓我覺得自己永遠都會有錢，我不需要擔心支付大學和念法學院的費用，所以我從來不擔心。

我從觀察父親學到一個很好的教訓（雖然我並沒有馬上了解），那就是——就算我們買得起最好的東西，也並不表示我們應該花那麼多錢。如果有個業務員試圖說服我父親買某件商品的豪華版時，我父親會直截了當地問：「告訴我，究竟是什麼東西讓豪華版的價值比其他高出那麼多，然後我再來判斷。」我們了

解到，像汽車這樣的東西，基本款就很夠用了。

我從法學院畢業後，準備好大展身手，因為有一份好工作，我又不需要擔心錢了。我有很多錢可花，甚至也有錢投資，我買了股票和市政債券，我不認為我買得很明智，這大多是基於一點點研究以及直覺。儘管我已經20幾歲了，而且幾乎一生都在學校度過，但我認為自己是進階的投資人，因為我正在使用最新的高科技，640KB記憶體的個人電腦，還有像Quicken這樣的個人理財軟體來監控這一切。但其實我就像是個開著法拉利的新手駕駛。

在消費時，我拒絕買高價物品，當然除了我「需要」的東西，例如昂貴的名牌西裝，可以在法庭上扮演強勢的訴訟律師。我最不自律的地方是日常開銷，我通常在好的餐館用餐；如果我需要什麼東西，我會以方便為主，而不是花時間貨比三家以獲得更好的交易。此外，在我20幾歲自大、無所不知的腦袋裡，我選擇不遵循父親的榜樣，從輪胎到家具再到葡萄酒，我買的所有東西都是比較高級的昂貴產品，在我幼稚的想法中，我認為這麼做讓我買到品質。

我妻子也是律師，我們搬到達拉斯，在不同的法律事務所工作。我們買了一間入門級的房子，兒子的出生讓我們成為一個真正的家庭。我們都有儲蓄和投資，但大部分投資都是分開的，除了像房貸這樣共同的項目。

幡然醒悟

　　1990年代的美國強勁成長，對我來說卻是崩潰的時期，我開始意識到我長期以來的直覺感受：我討厭律師這工作，這是社會所說的「成功」，但並不適合我。我從小就有一種貴族的義務感，優渥的成長環境不僅讓我能夠回饋社會，而且我有責任這樣做。身為一名商業訴訟律師，我幾乎沒有回饋社會，而只是將龐大的金錢從一個富豪轉移到另一個富豪手中，同時也為我工作的事務所賺了很多錢。我討厭單調的日常工作，這也呈現在我的工作和態度上。我的收入很高，但是我的體重增加，還有胸痛的毛病。

　　我退出了法律界。律師沒什麼可轉移的技能，這就是為什麼當人們做意見調查時選擇的答案——如果流落荒島，會選擇先吃掉的人就是律師。我檢視自己的周遭，尋找我能做些什麼來為人群服務，同時還要扶養兒子，而我發現了，那就是教學。我準備了一份履歷，寫了一封信給學校，告訴他們我是律師，我想教書，請他們給我一個機會。我在代課時觀察自己是否喜歡教學，以及是否可以忍受待在教室裡，結果我很喜歡。

　　在這段時間裡，有次和父親共進午餐時談了很多，討論轉職的事。他只希望我過得快樂就好，我告訴他，我必須向他道歉，和其他精英子女一起長大讓我覺得有點不好意思，因為父親只是普通的中產階級資本家，他透過生產窗簾和床罩來賺錢。我現在了解到，他製造的是有形的產品，改善了人們的生活，在這個過程中，他和母親為孩子創造了一個很好的成長環境。我很高興我

能在他過世前告訴他。

也大約在那時,我的婚姻破裂了。前妻和我現在是朋友,法律是我們的共同點,但我們並不適合當夫妻。首先,我經歷過優渥的生活,所以我並沒有很渴望得到俱樂部會員資格和擁有最新的產品,那些我都經歷過了;而前妻則是在鄉下地方長大,大家都告訴那裡的年輕女孩,嫁給當地的種子業務員就是她們最好的選擇。法律和律師的生活方式,是她獨立自主及證明自己價值的方式。

我們兩人都沒有對錯,但我們有不同的抱負。現在,我不是律師了,再也不能不假思索地花錢,婚姻就破裂了。她保留了兒子的主要監護權,因此她獲得了我們大部分的資產,我把必須給她的大部分資產,都投入兒子的大學基金中。

幸運的是,我證明了自己是很棒的教師,並設法找到一份好工作,而且我的職業生涯一直都有工作。問題是:我幾乎是重新開始。我的積蓄在離婚時全沒了,但我的消費習慣就像律師,卻是領著老師的收入。我被迫限制外出用餐的頻率,並注意是否有東西在打折,我還剩下一個花俏的東西──一輛閃亮的紅色敞篷車,每月租金是450美元,我終止租約而支付了一大筆罰款,買了一輛普通的克萊斯勒(Chrysler)PT Cruiser。當時兒子還小,我們不能再坐敞篷車令他很失望,但他喜歡車子的克萊斯勒標誌,因為看起來像哈利波特的金探子。這提醒了我們,為生活帶來意義的不是物質,其實正好相反,反而是──我們為東西所賦予的意義和感激的心。

我試著量入為出，但因為以前從未這麼做過，所以花了很長時間才控制住我的支出。儘管如此，我還是提撥上限至403(b)退休基金。我們學校的美國教師保險和年金協會退休服務經理人（TIAA-CREF）使基礎研究和選擇基金變得很簡單，透過買進全球基金、科技股和投資小型股，我終於開始投資美國自1990年代崛起的組合了。

然而，在我投資的時候，信用卡既是我最好的朋友，也是我最大的敵人。當然，有無數的新卡向我招手，並保證我只需每月支付最低應繳金額即可。我從來沒有花大錢買東西，但是某些看似不起眼的小開銷，卻讓我的信用評等大受打擊。

我有兩個弱點。首先，我試著做和前妻一樣的事，如果她帶兒子去度假或買很多禮物給他，我擔心他會比較喜歡媽媽，所以我表現得像第三世界國家，試圖跟上第一世界國家的步伐。最後，我必須尋找其他替代方法，或是拿免費的贈品當成禮物給他。我們沒有出去度假，而是「好麻吉一起遠足」，並在森林裡建造了祕密的好麻吉洞穴，我們保留購物剩下的紙板，用來建造堡壘和其他東西。

其次，另一個財務大漏洞就是「約會」。我與律師、商人、其他專業人士女性見面，對方會期望我們「有高檔享受」。理論上，花錢似乎會讓約會的氣氛變得比較好，有一位約會顧問甚至叫我撒謊，說自己仍是律師，因為「沒有女人願意和老師約會」。

諷刺的是，當我看著債務增加的同時，我也開始教授經濟學，並開始看到理論經濟學（假設買方和賣方會做出理性的決定）

與現實生活之間的脫節。我的消費習慣不當,經常買不對的東西,心想以後再來擔心就好。

我上課的教科書解釋:信用卡就像銀行的臨時貸款。但我開始意識到,我實際上是在「向未來的自己借錢」,以為債務很容易償還,因為通貨膨脹會使債務貶值,而且到時我應該會有更多錢。身為一名償還律師債務的老師,我看到了這一切有多愚蠢;與此同時,我的高中學生雖然在讀關於「未來成為消費者時應如何理性消費」的文章,但是放學後卻馬上跑去購物中心。

我開始研究「行為經濟學」,尤其是「消費心理學」。10年後,隨著史蒂芬・李維特(Steven Levitt)和史蒂芬・杜伯納(Stephen Dubner)的《蘋果橘子經濟學》(Freakonomics)的出版,消費心理學開始流行起來。令我著迷的是,消費者從小就被媒體和他們周圍的人「推動」到非理性的消費選擇和習慣中。我幻想自己是經濟學界的霍爾頓・考爾菲德(Holden Caulfield)[2],成為這個媒體素養新領域的先驅,我發表了關於這個主題的文章,後來還寫了三本教科書。

這次學術嘗試幫助我重新評估,並減少自己的支出。我在折扣商店買衣服;我會做一鍋辣肉醬,然後吃一個星期,而不是每天晚上都去餐館;我仍然熱愛科技,但我開始研究電腦和其他設備提供的功能(廣告商說我必須具備的功能)然後問自己是否真的需要升級。約會變得更有趣了,因為我不再擺出「老子有錢」

---

2 註:經典小說《麥田捕手》(The Catcher in the Rye)的主人翁,經典的「反英雄」角色。

的姿態，而是可以放鬆地說：「這就是我的情況。如果你不介意，那就太好了；如果你介意的話，幸會，再見。」

除了去爬山外，我和兒子還經常出去吃漢堡和奶昔，我會拿出棋盤並教他如何下棋。有一次，我甚至聽到一聲嘆息，抬頭看到幾個單親媽媽微笑著打量我。

認識互補的對象

將一艘航行了將近40年的船艦重新導向很困難，最好有人能幫忙，而我在2002年1月找到了對的副艦長。我一直在使用當時被視為新的、奇怪的網路約會系統，我真的很喜歡這個方式，因為我可以查看個人資料，並判斷一個女人是否可能適合我。如果我們有不同的核心價值觀，例如她只想找特定信仰的男人，或不想成為父母，或是想要高消費的生活方式，我就會知道這個人不適合。

我就不詳述姬雅布個人資料中吸引我的所有事情，但有一個方面可以總結我們不同的財務態度。我訂閱了那個約會網站1年，但會整整1個月沒有使用它，我只是喜歡在我需要時就能使用；相較之下，姬雅布只註冊了30天免費試用，之後就不再訂閱──這樣就不必付費了。我正巧在她的試用期間認識了她，幸好我遇見了她，因為我們相處融洽。

我們在她做完瑜伽後見面喝咖啡。我對她非常著迷，衝動地提出要請她吃飯，又回到了我以前的消費習慣。因為無法抗拒免

費的晚餐，姬雅布接受了。我一回到家就馬上寄了一封電子郵件給她，我為自己沒有表現得很冷靜而向她道歉，因為我沒有裝酷、先等個幾天再隨口問她想不想和我交往，我說我不想玩遊戲，也不想冒著風險失去與一個好女人在一起的機會。結果，成功了。

我也很幸運，在我開始糾正我的財務問題後，就認識了她；如果我們早一點認識，我想可能就會合不來了。但就目前情況而言，我們對資金管理的整體前景達成了共識，我們都相信要盡可能地多存錢，並且提撥上限至退休帳戶。更重要的是，我們也相信，比起買一大堆東西，多樣化的人生體驗更有價值。

舉例來說，我們曾經安排全家一起去迪士尼度假；即便如此，姬雅布和我還是去聽一個「分時度假」的分享會[3]，以獲得免費門票。如果你問我們兩個孩子（姬雅布的前段婚姻有個兒子）的感想，他們在省吃儉用的家庭旅行中玩得更開心，我們背著背包穿越紐約、費城、華盛頓特區，住在旅館、搭火車、走路，沒錯，背著裝了所有東西的背包。

姬雅布和我在兩個方面有所不同。首先，她注重細節，她知悉我們擁有的每一塊錢，錢在哪裡以及為我們做了什麼。她非常仔細，以確保我們有足夠的錢過好的生活。她是出了名的節儉、不願意花錢，而我則更注重生活品質，並主張用聰明的方式放鬆

---

3 註：許多分時度假公司會提供免費門票、住宿或其他獎勵，以吸引人們參加他們的簡報分享會。

對資金的控制,從體驗中獲得所能獲得的一切。舉例來說,養寵物在經濟上確實很花錢,但是養貓帶給我的喜悅讓姬雅布也跟著喜歡貓咪,從那時起我們家便一直有寵物。

我不需要她告訴我做的哪些決定是對的,她能在享受難得不必為金錢擔憂的時刻露出微笑就足夠了。但我的一些舊習慣仍然難以擺脫,有時候,當我覺得某些東西是必需品時,就不會費心去看價格或貨比三家,例如食物或房屋修繕。到了現在,當我開始說「買就對了」時,姬雅布會給我一個不那麼微妙的暗示:「但那要花多少錢?有沒有其他地方賣得更便宜?」而我們對於給小費這件事也意見不一。

我們分歧的另一個領域是:時間和金錢之間的權衡。姬雅布會花好幾個小時尋找更多資訊,以節省幾塊錢,但是卻很浪費時間——抱歉了,老婆。她總是很意外時間已經那麼晚,且日常安排落後了好多,而我則是對時間很吝嗇,我想「把事情完成」,然後去做下一件事。這是長期管理學生的結果,也有可能是我有注意力不足及過動症。姬雅布會拿時間來換錢,我則是拿錢來換時間。

重點是,我們不是對立,而是互補。在我們婚姻的核心,即使我們在經濟上存在分歧,也會相互尊重並願意重新審視自己的信念,甚至可能相信對方的觀點。我們不會只服從一個人,正好相反,我們就像陰陽,彌補對方的觀點。

當全家人一起度假時,姬雅布會策畫旅行,並找到最好的住宿地點,這些事全都可以最大限度地節省開支。當我們到達那

裡，我就負責尋找很酷的景點，例如一個奇怪的博物館、一條很棒的健行小徑或是鬼屋。我們的相互尊重往往表現在善意的嘲笑中，因為某些東西比預期的還便宜，或者當我表示，我和兒子想買的電玩每次玩都會變得更便宜時，我就會說我們「賺到了」，而姬雅布會說這是「華澤曼經濟學」（Wassernomics）。

我們的不同風格，影響了撫養兩個兒子的方式。姬雅布正確地認為兒子們在耶誕節收到的禮物太多了，所以我找到了國際小母牛組織（Heifer International），並透過它以「聖誕老人」的名義，把兩隻以兒子名字命名的山羊送給非洲一個偏遠的村莊。唯一的問題是：聖誕節隔天，兒子們興奮地要求帶他們去看山羊。

當他們年紀稍大一點時，我們有一年聖誕節曾去救世軍組織（Salvation Army），每個人都同意只在舊貨店買禮物，每份禮物的花費不超過10美元。最受歡迎的是裝電池就可攪拌的馬克杯，可以用來攪拌巧克力牛奶。讓兒子們喜歡省錢的因素有兩個，首先，我們從不將「減少支出」視為一種犧牲，而是將這個當成生活方式的選擇，以避免消耗這麼多的資源；第二，我們全家人一起這麼做，並把這當成是有趣的活動來玩。

邁向退休

當兒子們上大學時，姬雅布和我開始減少開支。沒有必要為很少使用的空房間支付房貸，所以我們賣掉了較大的郊區房子，搬到了附近的聯排別墅裡。當時我們尚未完全意識到，但我們也

正朝著退休大門邁出一小步。

我們一直有探索世界的想法，這逐漸滲透到彼此的談話中。我倆都喜歡自己的工作，但愈來愈受到行政事務的阻礙和職場利益競爭的困擾。多年來，我只能坐下來微笑著參加每一次員工培訓會議，這些會議宣稱，某些重新包裝十多年前作法的「新方法」將會徹底改變教學法。但是開完會後，愈來愈多的煩躁感揮之不去。我更直接公開地表達我的懷疑，這可能是在無意識的情況下暗示我受夠了。

每個人頓悟的時刻都不一樣，對我來說，是當我和TIAA的財務顧問會面的時候。退休這件事對我來說是「有朝一日」要做的事——直到那位顧問說，他透過蒙地卡羅分析計算了我們的儲蓄，並確定我們的錢足以度過餘生的機率超過99%。

就這樣。

在開車回家路上，我一直在想「我們辦到了」；但是當回到家時，我的想法卻是「我們現在……要做什麼？」

我們開始計畫人生的下一個階段。忠於自己的角色，我做白日夢和閱讀，姬雅布計算開支。我們想去旅行，不過我們一直更喜歡和當地人往來，像他們一樣生活。我們比較喜歡住在簡陋的小旅館，吃著街頭小吃，而不是乘坐豪華遊輪、在度假村裡度假，品嘗著改造成較符合美國人口味的當地美食。對我們來說，這是一種更真實的體驗，而對我們的荷包來說，這麼做更符合成本效益。我們現在想要同樣的體驗，只是範圍更廣。

我們決定要搬到一個可以探索世界的地方。等兒子們大學畢

業，我們知道他們會有一段時間想要獨立生活，然後我們可能接到孩子們的電話，通知我倆即將成為祖父母，而且他們將再次需要我們。

我們先考慮了哥斯大黎加，外籍人士對那裡的評價很高，生活成本相對較低，而且距離美國只要飛行2個小時。但是不久之後，我們就把目光投向了更遠的地方。我們發現，和哥斯大黎加大致相同的成本（每年3萬美元），可以住在西班牙南部，這將使我們更容易前往歐洲其他國家。

我們研究了西班牙簽證，接下來就在休士頓拿到了簽證。我們一開始選擇暫時落腳安達盧西亞的格拉納達，但最後卻詢問公寓屋主是否願意將其租約改為1年。當然，姬雅布處理文件，我則說些插科打諢的評語和鼓勵的話，同時泡咖啡並尋找西班牙語課程。

我們一到達西班牙就遇到了更多的障礙，例如必須設立帳戶，並發現當地官方業務的各方面似乎都停留在1500年代（當西班牙是世界最強帝國的時候），包括與政府互動還有銀行業務，大多數事情最好還是得親自辦理並且以紙本作業。對於所有的煩惱，我們只需要在山上散步，或在海邊散步，或是吃點小吃配葡萄酒然後午睡，並提醒自己，煩惱是選擇和優渥生活的代價。我們很感激自己仍然有選擇而且能過優渥的生活，在不徘徊和思考的時候，我們努力追求海明威式的海外作家生活。房子裡到處都是養尊處優的貓咪，這是一個好的開始。

3年後，我們回到了美國，我們有家庭事務要處理，也想念

兒子們。新冠疫情的隔離讓我們發現有多想念兒子，所以我們回家了。我們仍然對自己的儲蓄感到安心，並享受著金錢賦予的重要權力——選擇的權力。

美國建國是為了賦予人們追求幸福的權利，但這種追求並不是免費的，所有事都要花錢。年輕的時候，我所追求的東西都有人付錢，直到1990年代，我的錢全沒了，我才真正學習如何玩這個遊戲。

我的好運很大程度是中了原生家庭的樂透，還有他人的幫助；但我也做了一些好的選擇，以及年輕時做出的關鍵調整，這些都對我助益極大。對此，我總會想起以前一位跆拳道老師的話，在極少數情況下，我會調整我的陪練策略以利用機會抓住對手的破綻，教練會放鬆緊鎖的眉頭，點點頭，並給出他最高的讚美：「還不錯，華澤曼。」

三個教訓

- 不要把「省錢」視為一種犧牲，而是一種生活方式的選擇，可以把錢用於其他地方。基本款汽車、電腦或電子產品通常是最好的選擇，尤其是如果你希望有多的錢來儲蓄和投資。生活充滿了財務決策，重視價值而非價格，你就可以節省一大筆錢。
- 體驗人生帶來的喜悅多於購物。許多最佳的體驗都是免費的，如果你能發揮一些創意的話，有些事幾乎是免費的。在院子裡建造一個紙板堡壘，可能是比在迪士尼度假更珍貴的回憶。
- 旅行的時候嘗試住在樸素的地方、吃街頭小吃。入住四星級度假村並在優雅的餐廳裡用餐，往往只是待在封閉的遊客環境中，無法獲得另一種文化提供的豐富體驗。

05
別忘了投資你自己

凱薩琳・堀內

凱薩琳・堀內現在是榮譽退休教授，最近從舊金山大學管理學院退休，她教授的是公共政策、公共財政和政府技術方面的研究生課程。

我的第一筆零用錢是每周5美分。當時我5歲，我不記得我是怎麼花這筆錢的，但我清楚記得我去親戚家時，發現堂兄弟姊妹的零用錢是25美分。

這令我非常驚訝地發現，人們可以毫無緣由就擁有更多。我獲得的資本相當於每年52個5美分硬幣，也就是2.6美元。除此之外，我的聖誕襪裡還安全地藏著1美元，以及祖父母給的一點小錢。當我的零用錢增加到1毛錢時，我每年的總收入就可以攀升到10美元。

父母在我十幾歲時離婚，母親搬到了她姊姊住的城市，租了一間雙併公寓，找到了她的第一份工作。她上過大學，甚至讀過研究所，但已經當了20年的全職媽媽。她的就業選擇有限，她不年輕也不漂亮，在這個城市裡幾乎完全沒有人脈，又有兩個孩

子要照顧,而且沒有工作經歷。很少有工作能滿足我們家庭的限制。

她最後在一間療養院擔任午晚班的護士助理,這樣她就可以每天早上送我們上學、每天下午我們回來時都在家,然後她就會去上班了。當我看到她和我們在經濟上很辛苦時,我下定決心自謀生路,不做低薪的工作。

那時母親每周給我3美元的零用錢,所以我1年的收入大約是150美元,大部分都花在唱片和書本上。除了T恤和牛仔褲外,我會縫自己的衣服,同時還突襲、拆解母親的復古服裝,以打造新的造型。我有一個儲蓄帳戶,但裡面幾乎沒有錢。

一對年輕夫婦搬進了隔壁,我們成了朋友。其中一位是研究生,曾在非洲某個地方擔任和平工作團(Peace Corps)義工,這使我的眼界變得開闊,我想去看看更廣闊的世界。接下來的旅程可能看起來蜿蜒曲折,儘管如此,最後我的財務狀況還是好得令人意外,在很大程度上是因為,我沒有過度的需求和願望。這是一個被低估的財務自由來源——幾乎每個人都可以辦得到。

低成本大學生活

當我在1970年代初高中畢業時,我認識的許多同學都收到像是汽車、歐洲旅行等高級禮物。我很羨慕,但我有一個計畫:上大學、看世界。我的畢業禮物——一本字典和莎士比亞全集——對我很有幫助。這兩本書我一直保存到現在。

我拒絕了一所著名外州大學的錄取，因為它的經濟援助方案不足以支付我的開支。我就讀當地的大學，因為他們給我獎學金。我和三個直接進入職場的朋友住在一起。在那個時代，我每月的生活費是100美元，這筆錢是父親給我的，加上我在工讀中能賺到的任何錢。

我那間兩房公寓的月租金是28.5美元，外加四分之一的水電費。我們每個人每周花5美元一起買晚餐，每周還會外食一次。我會走約3公里的路或是坐公車到學校上課。

如果我沒有足夠的錢買教科書，我會在大學圖書館裡預約。我住的地方離家只有8公里，所以我可以經常回家吃家常菜、洗衣服、還有請人幫忙打作業。我大學畢業時完全沒有債務，但積蓄很少，我的銀行帳戶裡可能只有100美元。

我的職業規畫呢？成為一名高中拉丁語老師。但是當我一走進教室，我就覺得沒動力，我需要一個新的想法。我的室友幫我找到了第一個全職工作，一份辦公室裡的工作。工作了大約1年後，我決定回到大學攻讀碩士學位，我老闆鼓勵我這麼做。

我並不是用很理性的方式選擇主修的學科，其實正好相反，我問自己，在大學課程中的所有教授，誰看起來過得最開心？於是我選擇了語言學碩士學位。那時我的計畫是找到一份可以旅行、看世界的工作。

我靠獎學金、教學助理津貼和1,000美元的學生貸款過日子，我花了6年時間才還清這筆債務，這是幾筆小額債務中的第一筆，這讓我終生不喜歡借貸。我尊敬的人們認為，使用債務是有

價值的,我也看到他們做得很成功,但這不適合我。

照顧敏感的電腦

在畢業之前,我曾申請在和平工作團服務,但我的文件被搞丟了。我想過立即去攻讀博士學位,也許有一天能成為一名大學教授,結果卻在1978年搬到我哥哥住的城市。

我需要工作,所以我尋找有很多空缺的地方,他們幾乎什麼人都雇用。我希望能找到一份對未來有用的工作,我不想像母親一樣被困在一份沒前途、最低薪資的工作中。我發現男性比女性賺得更多,並讀到會發生這種事的原因。我無法正面解決這些問題,所以我專注於申請男性主導的職位,這些職位很少聘請女性,而且薪資更加平等。

我擔任電腦操作員的職位,負責照顧一台過於敏感的機器。這是一個早期的網路分時系統,支援遠端企業客戶,讓他們可以一天24小時存取自己的資料。我的工時表很瘋狂,不僅晚上和周末,還有白天。而我們只有四、五個電腦操作員要為客戶提供全年無休、全天候的服務。

晚上,我會自己一個人工作。每次電力干擾後,例如我們建築物附近遭到雷擊,我都會備份資料,並用一段紙膠帶重新啟動電腦。在比較空閒的幾個小時裡,我會讀電腦手冊並為**數據報告編寫程式碼**。這份工作月薪是700美元,是筆相當不錯的收入。

一段時間後,我加薪到了850美元,這表示我已經邁入年薪

1萬美元的門檻了,但這只是一個象徵性的里程碑,幾乎沒有改變任何事情。那是個高通膨的年代,所以不斷上漲的生活成本吞噬我加薪後的消費能力,我勉強過得去,但一點錢都存不了。我的廚藝不佳,經常吃速食,不工作的時間都在吃披薩、喝啤酒、和朋友一起聽音樂,我完全沒有考慮過自己的財務未來。

遙遠的土地

我參加了一個測驗以獲得為聯邦政府工作的資格,但分數不夠高,無法超越其他獲得優先錄取的人,通常是那些服兵役的人。我曾想過入伍,但是我首先再次聯絡和平工作團,他們找到了之前搞丟的文件,然後邀請我加入。我告別了那台笨拙的電腦,搭上飛機前往一個我以前從未聽說過的國家。

阿曼王國是個大小相當於堪薩斯州、形狀像逗號的沙漠王國,位於沙烏地阿拉伯東南部,從海上咽喉要道荷莫茲海峽開始,繞過阿拉伯海延伸到葉門。在接下來的3年,我賺的錢很少,但我的夢想成真——我看到了更廣闊的世界。

我經常被問到,生活在一個剛開始現代化的國家是什麼感覺?我住在一個遠離首都馬斯喀特的小鎮上,住的地方是一棟水泥砌的房子,基本上與標準的、能容納一輛車的車庫具有相同大小和結構。主臥室裡有電燈和吊扇,電力是每月向附近的雜貨店購買的,而費用則是取決於家裡安裝了幾顆燈泡而定。那位雜貨商有一台移動式發電機,每天會運作幾個小時,以保持店裡的肉

類和汽水冰涼。他透過分享電力給附近的居民,來支付他的費用。

那裡沒有「倒垃圾日」這種事,人們用火燒垃圾以降低體積,在溫度從冬季的華氏50度(攝氏10度)到夏季超過115度(攝氏46)的氣候中,我們沒有暖氣或空調,想要過著我之前舒適的美國生活根本不可能。我在美國有幾近無限的食物、娛樂、朋友和工作選擇;在這裡,我靠每月300美元的津貼生活,要支付房租、水電和三餐。

我在學校教書的那兩年,幾乎見到了村裡的每一個人,然後在阿曼南部度過了第三年,成為一名旅行衛生工作者。儘管困難重重,但那裡人們的幸福感似乎並不亞於我家鄉的每個人。每個家庭都有與我相似的希望和抱負,他們擔心家裡青春期的孩子,勸告年紀小的孩子在學校要好好讀書、生病時要互相照顧;他們去拜訪朋友和親戚,回來時帶著照片分享故事,在這樣的社交活動中消磨夜晚的時光。

那裡有屬於個人的悲劇和瑣碎的競爭、有派對之夜和節日傳統,這與我在家鄉的世界一樣,只是每個家庭的錢都很少,還必須管理他們所有必要的活動和期望。

後來的幾十年,每當我遇到重大挫折或生活狀況變得不穩定時,我都會回想起在阿曼和其他地方的歲月。我會提醒自己,任何能讓人幸福、讓生活變得有價值的東西,都可以用便宜的價格得到。我會停止沉迷於我想要的任何東西、那些我認為對幸福、成功非常重要的東西,並尋找適合我現在情況的替代品。

我還會記得,其他人擁有的比我還要少得多,然後想辦法做

些什麼事，用言語或行動在一段時間內改善他們的命運。在我的一生中，這讓我不至於陷入痛苦和花太多錢。

開始存錢

當時我還不知道我正在做的事叫做「建立人脈」，但在高中畢業後的最初10年裡，我一直在這麼做。這增加了個人機會，包括收入的潛力，這些早期對自己及對夢想的投資，幫助了我一輩子。

1982年，我從阿曼回來後不久，又讀了2年研究所後，我找了第二份與電腦相關的工作，這次是程式設計師，這時我快30歲了，而且沒有存款。我的公司有一個文化，就是教導員工規畫未來。我終於開始認真對待為退休儲蓄的問題，並開始提撥至401(k)退休基金。我的年薪從1萬9,000美元增加到3萬5,000美元，我接案的工作又可以賺個幾千美元，而且我的雇主也鼓勵我接案，他認為每個人都應該有一份副業。

我犯了很多財務錯誤。例如，我太過專注於為退休儲蓄，而沒有為意外的支出做準備，結果當我父親被診斷為癌症末期並要我去看他時，我沒有現金或信用來買機票。我的老闆建議我從自己的401(k)退休基金借錢出來用，我借了足夠支付兩次行程的錢，並簽署了一份協議，以7%的利息還給自己。要是我當時有充足的應急基金就好了。

我犯的另一個錯誤是，我在政府機構工作了12年，其中和

平工作團工作3年、市政府工作2年、所在地的電力公司工作7年。技術工作者在私人企業的收入高出好幾萬美元,所以大多數人在政府單位工作的時間並不長,但我還是選擇留了下來。

　　為什麼?在公部門工作的一個優勢是,擁有明確的退休福利金計畫,其規則允許我購買3年的和平工作團服務積分[4]。我一直拖到我的公部門服務生涯結束後很久才買這個積分,所以這花了我一筆不小的錢。

　　我的退休金積分費用遵循一個公式,部分以薪資為基礎,部分以估算的報酬率為基礎。雖然擔任和平工作團義工時,我幾乎沒有什麼收入,但購買3年的退休金積分花了我5萬8,000美元,如果我剛開始在市府工作時就買好這個積分,那麼費用就會低好幾倍。在這9年的工作中,我的收入從3萬美元增加到9萬美元,而我在這個城市工作已經過了20年。儘管如此,我買的積分還是對那筆隨通膨增加的小額政府退休金有很大的貢獻。

　　我每年都會估算可以從退休金中得到多少,我會查看我可領取的社會保障對帳單,以及思索這是否能滿足我的退休需求。我記得有一次,我以為每年1萬5,000美元已經夠了,而且我的退休金幾乎就是這個數字。但我也認為自己可能忽略了潛在的退休支出,所以我繼續工作、存錢。

　　我父母在57歲和62歲時過世,所以我從不指望能退休,如

4　註:根據美國國稅局的網站,「服務積分」是根據工作的年份所累積的分數,這是用於計算何時能退休,以及退休後可領取年金額的因素之一。

果我沒能活到老年，我不想後悔這輩子的生活方式。我定期檢視目前的工作是否適合我的生活，以及這份工作是否讓我發揮所長。如果看起來不適合，我會尋求升職或尋找一份可能更令我滿意的新工作。我不斷增進我的技術和管理能力，保持就業市場對我能力的需求。

40歲時，我以為自己會在55歲時退休，這樣在我或丈夫過世前，我們還有時間相處。但是一如以往，我做了規畫，而人生卻有別的打算。幾十年來，我結過兩次婚，第一次是丈夫離開我而結束婚姻，第二次則是丈夫在一次短暫、意外生病後過世而告終。

我的五個孩子分屬兩個世代，目前還有一個孩子在念高中。在這過程中，我及時支付帳單，並節省其他開支以平衡我的預算。多年來，我支付的育兒費及大學帳單已經和買房子及汽車一樣多，只有在極少數情況下以及盡可能短的時間內，我才停止為退休儲蓄，但當情況好轉時，我又開始為退休儲蓄——如果可以的話，我會存更多錢。

重返校園

在1990年代後期，我看到大量內部資訊技術人員和管理人員，被持有H-1B簽證的外國承包商和臨時員工所取代，身為一名經理，我不想換掉優秀的員工，也不希望因人員流動率高而產生困擾，所以我開始尋找自己的退路。

我召集了一次家庭會議，徵詢每個人對我離開政府工作去嘗試另一份職業的看法，如果我的家人不同意，我可能會永遠留在我的工作崗位上。但是，在一位導師的傑出建議下，我完成了大部分博士課程，因此只剩下幾個學分和一篇論文，我的家人熱情地支持我完成學位，並轉向學術生活。

　　我畢業時沒有負債，這要歸功於雇主的教育補貼，以及一些儲蓄和兼職大學教學賺來的錢。我接受全職學術職位，並且最終獲得了終身教職。我還擔任了3年的副系主任，學校邀請我申請系主任或高階領導職位，我禮貌地拒絕了。

　　在學校裡的最後幾年，我的年收入超過10萬美元，沒有超過很多，而且也不是很長一段時間，但肯定是一個很不錯的里程碑。我提撥上限至401(k)退休基金，包括50歲後允許的補繳款，我也提撥最高額至不可免稅的個人退休金帳戶，甚至在我的一般應稅帳戶中存了一點錢。

　　我把所有錢都存起來，並不是要以防萬一我活到95歲，我存錢是在以防萬一我的配偶活到95歲，以及確保若我有個三長兩短，我的青少年孩子不會有經濟困難。我和任何人一樣喜歡生活中的美好事物，但我也有長期節儉的習慣。

　　許多為我帶來快樂的東西真的很便宜，例如，聽我的孩子們談論他們的生活時大笑、遛家裡的狗、和鄰居聊天、看著人們在公園裡野餐。我能承認嗎？我用視訊方式參與市議會的會議，這麼做是因為好玩，另外也是因為想了解我所居住城市的重大消息。

我的退休生活

自從丈夫過世以來，我度過了異常艱難的3年。我發生了一場莫名其妙的事故、提前退休，然後在清理了我的校園辦公室幾周後，疫情使學校關閉了1年多，而且害我的雙胞胎無法申請大學入學。但我們仍努力撐下去，現在他們正要完成大學一年級的課業。

我擔心獨自度過晚年。我本來打算和結縭30年的丈夫一起享受晚年時光，我感到很難過，在我所有的朋友中，我是第一個失去終身伴侶的人。我不想成為孩子的負擔，他們開始了自己的旅程，與我多年前開始的冒險一樣，我不想成為他們的阻礙。

我的退休生活目前還沒有充滿無憂無慮的活動、新朋友和旅行。這就是為什麼，回顧過去，我比以往任何時候都更珍惜自己在花費時間、金錢時所做的選擇。這就是我有一個大家庭和很多朋友的原因，它讓我的大部分夢想都得以實現，如果要理解我的意思，可以參考下述三次難忘的旅行。

我父親在1988年去世，就在我第一段婚姻結束後的幾個月。我當時情緒低落，要適應只有一個人的收入，而大部分開支都沒有變化。從父親的葬禮回來後，我哥哥提議報名參加南美洲的登山之旅，但我們對登山了解不多，也沒有去過南美洲。他說這會讓我振作起來，我花在培養爬山所需體力的那幾個月會讓我忙碌起來。我同意了，想像著我可能會在旅途中遇到一個好男人。

我節省全年所有其他可自由支配的支出，以支付那次旅行的

費用。我在12月飛往厄瓜多，我們在一個登山者的小屋裡度過平安夜，因為人太多，我必須露宿星空之下。黎明前，我們開始徒步前往活火山通古拉瓦山頂，我們登頂的那個山峰現在已不存在了，它被後來的火山噴發摧毀了。在那次登頂幾天後，我又登上了世界上最高的活火山科托帕希山頂。

還記得千禧蟲Y2K危機[5]嗎？當時據說全世界的電腦都會崩潰。1999年初時我便申請年底的休假，在1月提出申請很容易就得到核准了。不過到了12月，我的上司都很緊張，要求我取消休假。但是我已預付了遊輪費用，且我知道電腦系統是正常的。我和丈夫在巴拿馬的一個長廊甲板上跳舞慶祝新的千禧年，而我的同事們在辦公室度過了一個無聊的夜晚。

我的雙胞胎女兒之一有資格代表美國隊，參加2019年世界舞棒總會（World Baton Twirling Federation）的比賽。丈夫去世6個月後，我帶著她飛往法國利摩日參加比賽。這是一次短暫的旅行，因為我必須為留在家的兄弟姊妹安排其他活動，我不想給好意幫忙照顧孩子們的親友造成過多困擾。

活動結束後，在回程航班之前，我們在巴黎度過了一回美好的雨天觀光。女兒累壞了，而我則是在意外後拄著拐杖走動。儘管如此，那次旅行還是有很多回憶，例如因為一場恐怖的雷暴即

---

[5] 註：西元2000年以前的電腦都是以6位數字記錄時間：西元年最後2位數字和月、日各2位數字。當時普遍認為跨年進入2000年時，電腦會無法區分是1900年或2000年而造成全面癱瘓。但這個問題早在跨年前就受到許多關注而在新的系統中改善，所以後來並沒有發生電腦全面當機的問題。

將來臨，使我們被迫縮短在凱旋門頂部露台的行程。

　　有些冒險已經不再可能了。在我們人生的這個階段，我和哥哥都覺得在1萬5,000英尺以上的冰爪中徒步旅行並不安全；我已經沒有丈夫可以和我一起搭遊輪旅行了；我的青少年子女很快就會和其他年輕人一起度假，進行他們自己的冒險，而我不會跟著去。

　　現在我是個單親媽媽，還要扶養三個年輕人。我們在經濟上要靠社會保障和退休金過日子，再加上我的積蓄。我在同一間房子裡住了將近30年，很久以前就還清了房貸，而且沒有欠任何人錢。

　　回顧我曲折的人生旅程，有一些好運，也有一些不順利，就我的淨資產和年收入而言，我的表現比預期還要好得多。那是因為我在相對年輕時就開始儲蓄和投資，選擇花的錢比我能負擔的還要少，即使在我的錢比平常還要多的那些年，也是如此。

　　我的人生充滿了目標，我很感激有足夠的財務資源來應對挑戰。我學會了放過自己，並將自己的怪癖和偏好轉化為有助改善財務狀況的方式。現在我正簡化自己的帳戶，並將更多錢花在我自己和幾十年來奉獻的事情上。隨著孩子們長大，我告訴他們我的財務狀況，如此一來當時候到了，他們就不會有不必要的困擾。

　　我不會不切實際地期待健康或好運能持續下去，正好相反，我是一個務實的人，身體雖然逐漸衰老，但只要這一周的情況沒有更糟，我就會心懷感激，或是如果比預期更好，就會感到愉快。我有保險以防最壞的情況發生。我永遠不會忘記，雖然我已到了

現在的年齡和人生階段，但我還有三個青少年要準備啟航。冒險仍在繼續。

三個教訓

- 做你最喜歡的工作，盡可能多賺錢。每個發薪日都存一筆可觀的金額，以便日後有足夠的錢。預留好每個月的儲蓄、捐贈之後，想花多少錢在自己身上就花多少錢，並留一點錢以備不時之需。
- 除非你出生於高財富、高社經地位的家庭，並且有人能幫你取得最好賺、最有權勢的工作，否則你要想辦法賺錢，並獲得個人自主權。了解職場，這樣你就可以在其中找到自己的位置。
- 投資於你了解的金融產品。你的投資策略愈簡單，被欺騙的機會就愈小，成功管理它所需的時間就愈少。比起選擇和管理個股投資組合，買進整體市場指數基金容易得多，而且成功的可能性更高。

06
享受「過得去」

麥特・卓格頓

麥特・卓格頓是克拉夫特沃克資本（Craftwork Capital, LLC）的財務規畫師。他在華盛頓特區工作，特別喜歡幫助 X 和 Y 世代家庭。他還擔任巴布森學院金融素養專案的研討會講師。

那是 2021 年的夏天。我做著一份我不喜歡的工作，薪水很穩定，但我害怕星期一早上，每周至少失眠兩次，這種情況已經持續了幾個月。最後，我受夠了。

我看了我的投資組合最後一眼。當然，我其實不需要這麼做。20 年來我幾乎著迷於追蹤我的投資，事實上我從小就對金錢很敏銳，我知道我有足夠的積蓄來邁出這一步。

我對未婚妻莎拉說：「我繼續做這份工作的唯一原因是，我沒有找到另一份工作。但我有能力靠積蓄生活一段時間，妳介意我辭職嗎？」

她回答：「你很痛苦，我們不會有事的，你會撐過去的。」我在 2021 年辭職後就再也沒有回頭。到了 10 月，我又開始工作了，我加入幾個朋友的行列，和他們一起開設小額投資和財務規畫公

司。雖然表面上看來，我是一名員工，但我正在成立自己的公司，而且基本上算是為自己工作。我如今的目標是餘生都要繼續為自己工作，我從來沒有像現在這樣，在工作上感到滿足。

很多人會很高興有一份穩定、高薪的工作，為了能夠離開工作而不用擔心入不敷出？毫無疑問，這絕對是很幸運的事。

但我在學習如何「過得去」方面也有很多經驗。30多年來，這一直是我生活的核心動力。離開一份有薪工作去做一些更冒險的事情，對我來說從來沒那麼可怕。

這樣的心態是怎麼來的？我的財務之旅始於悲劇。母親在我6歲前3周就過世了，父親在我8歲生日的前一天去世了，我搬去和外婆住，我的祖輩只剩下她了。

我可以寫一整本書來講述幼年時就失去雙親，在精神上、情感上、心理上如何影響我。我花了很多年的時間試圖剝開這一層層的影響，這種毀滅性的損失也影響了我對金錢的看法和感受。在某種程度上，它引發了一種匱乏感，到現在我仍在處理這種匱乏感。儘管如此，在失去雙親後的一段時間，我還是敏銳地意識到，自己需要一點什麼才能生存下來。我想我比大多數人更能理解這種感覺。

認識金錢

比較愉快的是，我在一個希臘裔大家庭中長大，有很多舅舅、阿姨和表兄弟姐妹。我記得小學時必須寫自己的家族族譜，

我的只有一根樹枝，但我在樹上放了很多表親，彌補了少掉的樹枝。而我的族譜樹成績得了A。

我的家人經常談論金錢。當我搬去和外婆住在一起時，她做的第一件事就是在當地銀行為我開設一個存款帳戶，她存入50美元，並告訴我會收到一種叫做「利息」的東西；她還告訴我月底時要注意郵件，銀行會寄給我一個叫做「對帳單」的東西，可以知道我賺了多少利息。

我不記得確切的金額，但我想，我在第一季收到了大約45美分。現在回想起這一點，我發現50美元賺到45美分的年化報酬率是3.6%，現在的我會對這樣的存款帳戶年化報酬率感到興奮，但是8歲的我並不覺得有什麼了不起。

我們有足夠的錢，桌子上永遠有食物，但外婆從來沒有讓我認為我們只是過得去而已。她把我送到離家步行距離稍遠的一所私立學校，那時我第一次意識到「富有」是什麼樣子。我同學的父母是醫師、律師、事業有成的商人，我會去他們家玩，並注意到他們家比我們家更大、更豪華。

學校是我磨練「還過得去」技巧的地方，我非常善於請求別人的幫助，外婆晚上不開車，所以我總是需要在棒球或籃球練習後搭車回家。我會輪流請求，這樣同一個朋友的父母就不會連續兩次載我回家。

外婆還教我使用支票簿平衡收支。我們有一個單獨的帳戶來支付我所有開支，我們每個月都會開三張支票：一張用於私立學校的學費，一張用於醫療保險，一張給外婆用於我的「食宿」。

我每個月都會收到社會保障的遺眷福利金，這是那個帳戶的主要收入來源。

我在11或12歲時發現，每個月從我的帳戶中流出的錢比流入的還多，我走到外婆面前，懇求她想辦法解決我們每月不足的錢。她是一個信仰非常虔誠的女人，她只是說：「別擔心，上帝會提供。」

至於上帝到底有沒有出手幫忙，這件事我可以和人辯論一整天。但事實上我們每月的短缺不是問題，因為直到我十幾歲才知道，原來我有另一個帳戶，這是一個由我姑姑所管理的帳戶，她是我父親遺囑的執行人，後來成為他遺產的受託人。必要時，她就會補充所需的資金，她會幫助我們度過難關。

我很快就知道有一種東西叫「信託」，當我25歲時，那就會是我的。姑姑與外婆不一樣，她毫不對我隱瞞任何資訊，她打開帳本，告訴我當中發生的事情。是上帝在背後操縱一切嗎？還是我姑姑？反正我不覺得有什麼不一樣。

信託的資金並不多，裡面持有一些券商帳戶，以及幾處投資價值不明的出租用物業。一打開帳本，姑姑就把寄來的所有投資帳戶報表收集起來，並將歸檔的工作交給我，我大約只有40％的時間成功完成了工作——畢竟當時我還只是個青少年。

在1990年代後期，我不禁注意到投資帳戶的餘額每一季都在迅速增加；同樣地，我還有很多不知道的事，但我認為情況可能比我以前想像的還要好。2000年8月，我離開家去上大學，在秋季學校放感恩節假期時，我和姑姑一起去見我們的會計師。

他說：「你父親留給你一筆不錯的遺產，只要你不亂花錢，下半輩子就會衣食無缺。按照目前的情況，你可能會在30歲成為百萬富翁。」

那是2000年10月。2年後，我在大學放暑假時回家，決定查看一下我的投資，看看情況如何。我很震驚，我的帳戶和其他人一樣，在科技股崩盤中遭受了重大損失，儘管還剩餘一些投資組合，但在30歲成為百萬富翁這件事，已經是不可能了。

那年夏天，一切都變了。我首先一頭鑽進我的投資中，即使我是一個愛喝啤酒、鄙視數學的歷史系學生，我也知道我仍拿著一張王牌。只要我了解我所擁有的並保護它，無論人生引導我走向哪裡，我在經濟上仍能過得不錯。

一位親戚向我解釋72法則——將72除以預期的年投資報酬率，就可以了解需要多少年才能使你的錢增加1倍。親戚說：「不要花掉那筆錢，就算你連1分錢都不再存，你也絕對不會缺錢。」

找到自己的方向

回想起來，這筆錢有點像一把雙刃劍，它讓我變得不那麼認真、不那麼投入工作，但我應該認真工作才對。我有很多朋友是念商業或經濟學的，許多人在投資銀行找到工作，並且事業有成；我還有很多朋友是學歷史或政府學，其中有許多人後來上了法學院。

同時，在離開學校的最初幾年，我都過著無憂無慮的生活。

我做了1年的全職閱讀導師，念了2年的歷史研究所，最後在投資網站「傻瓜投資指南」（The Motley Fool）工作。我在那裡的12年做過好幾個不同工作，我很享受在那裡的時光，但我在任何方面都沒有太大進步。當然，我知道只要保護好我所擁有的，就能過得去，那我還需要取得什麼成就嗎？

幸好，那個網站是一個很棒的工作場所，與撰寫投資、個人理財文章的人在一起，有助於加深我對這些主題的興趣和理解。公司為員工提撥至401(k)退休基金的錢很慷慨，並提供一些很好的教育，教我們如何投資這筆錢。我在那裡工作時會固定提撥至401(k)退休基金，而且我聽從親戚的建議量入為出。我的財務狀況隨著市場的上漲而改善。

2016年，當我決定嘗試財務規畫時，我終於認真對待自己的職業生涯。我參加了認證理財規畫顧問課程，並於2018年通過考試；2019年，我離開了投資網站的工作，加入華盛頓特區的當地公司。這次轉職讓我的薪水變得較少，但我並不太擔心。調整我的開支以配合這份新的、較低的收入並不是問題。

3年後的今天，我的財務狀況總是在不斷調整和評估。在我努力建立自己的財務規畫公司時，我的收支並不平衡，我知道接下來的幾年必須省吃儉用，但我也知道自己每個月需要賺多少錢才能避免動用積蓄。我可以根據不同的假設投資報酬率預估未來的情況會如何。

雖然我會計算，但我不確定自己是否能克服內心深處的匱乏感。因為我的財務狀況非常穩定，所以在一些事情上非常節儉就

顯得很可笑，最好的例子是：我繼續開老舊的車子，而不是換一輛新車。

這輛車已經10年了，它有很多問題，多到我都不記得所有問題了。車輪並非完全平行；駕駛側的門有個難看的凹痕；空調不一定會有用；我必須簽免責條款，檢查人員才讓我的車通過檢驗；最精彩的部分是：如果不使用「輕彈技巧」，就無法把車鑰匙從鑰匙孔中取出。

我最近開車載朋友去看籃球賽，當我們到達時，我表示無法正常地將鑰匙拔出來，他問我通常都怎麼做，我便示範給他看。我把鑰匙往鑰匙孔裡推一下，然後鬆開手指，鑰匙孔向後彈，然後就把鑰匙吐出來，我朋友笑翻了。

「你怎麼學會這招的？」他問。

「我在網路搜尋『福斯汽車鑰匙孔無法拔出鑰匙』，結果發現新的發動鑰匙孔要6,000美元，然後我看到一段『輕彈技巧』影片後嘗試了一下。這招太有用了。」

他一直笑個不停。

我繼續說道：「聽著，如果你需要有人告訴你如何以正確的方式做事，或是如何挑選出最好的東西，不要浪費時間打電話給我；但如果你需要有人告訴你如何讓某樣東西使用得更久的訣竅，我就是就佳人選。」

我的車應該還可以過得去一年，我也毫不懷疑，自己一樣可以過得去。

三個教訓

◆ 檢視你小時候的金錢歷程,並想想這些經歷如何影響今天的你。
◆ 如果你在很年輕時就得到一大筆錢,你可能已經準備好退休了——前提是你讓那筆錢增加,而不是拿來花掉。
◆ 將資產贈與給子女時,可以考慮一種信託安排,慢慢地支付這筆錢,而不是在21歲時一次性支付全部款項。這樣他們更可能有動力在學校認真念書,並在工作中表現出色。

07
跟隨自己的內心

藍德・斯培羅

藍德・斯培羅是平民智慧金融公司（Street Smart Financial）的總裁，這是一間只收服務費不收佣金的財務規畫公司，他提供全面性的金融服務，幫助客戶在人生轉型期間組織、增加和保護他們的資產。藍德在波士頓地區的大學教授個人理財和策略規畫課程，他還投稿HumbleDollar網站，並主持《金融十字路口》（Financial Crossroads）播客節目。

小時候，奶奶一直告訴我：「你必須從事家族的倉儲事業。」她是在大蕭條的環境中長大的，對她來說，這項成熟的業務代表著安全。許多人會渴望獲得財務穩定和明確的職業路線，但我討厭人生的路被家族安排。

也許我的財務旅程因為兩個相反的影響而變得複雜──我的父親和母親。我的父親是商人，他投入爺爺的倉儲事業，根據他們的財務報酬做出了人生選擇。他本來想在加州念大學，但屈服於家庭的壓力，最後回到俄亥俄州揚士頓，進入倉儲公司工作。

而母親則是在曼哈頓長大，國際化的她有著更廣闊的世界觀。她重視想法和多樣化的經歷，並鼓勵我找到自己的風格特

色、保持好奇心。也許是受到她的影響，我不禁思考在俄亥俄州北部經營一間倉庫，對我的才智能帶來多少刺激。

在我念高中的年代，我們所住的鋼鐵廠小鎮正陷入掙扎，這個主要產業開始崩潰，而且再也沒有恢復過。雖然我們家在綠樹成蔭的郊區享受著舒適的生活，但那仍是一個大部分居民都貧困的地區。1970年時，我家的房子價值10萬美元，如果只計算通膨的話，它今天的價值應該超過72萬5,000美元。但事實並非如此，這房子目前的價值不到15萬美元。若是在家族企業裡工作，那麼我就必須在這個衰敗的社區生活。

我的教育過程

在紐約哈德遜河谷的瓦薩學院就讀時，我對心理學產生了興趣。我的大學顧問建議我攻讀臨床心理學博士學位，但這對我來說聽起來太狹隘了，其實我對社會心理學、團體互動的影響更感興趣。我最喜歡的經濟學教授強調：人類的情緒會扭曲財務選擇，這是我一生興趣的開始。

儘管畢業後我感受到進入家族企業的壓力，但我延遲任何就業的決定。雖然我沒有現實世界的商業經驗，但我還是在沒有全心投入的情況下，參加研究所管理類入學測驗（GMAT）並申請進入商學院。

我很幸運，父母支付了我的大學費用，但我知道必須自己支付研究所費用，這就是為什麼我選擇加州大學洛杉磯分校的

MBA課程，因為這裡的學費低於頂尖私立學校的學費。

在那裡就讀的期間，我專注於策略行銷，同時還在兩門組織行為課程中擔任教學助理。我仍然不確定是否要進入商業界，並考慮成為一名全職學者。儘管有300多名企業人資來到校園，但我沒有報名參加任何一次工作面試，就畢業了。在為期2年的課程中，我唯一做出的明確職業決定是——拒絕進入家族企業。

不去面試工作，而且似乎忘記了我還有MBA學費的債務，這並不是我的風格。我想對自己的財務負起責任，但是要為任何企業工作都令我感到壓力和矛盾，所以我陷入了困境。24歲的我，比大多數MBA同學都年輕，而且沒有重要的工作經驗，我需要找到一個目標。我相信只要有事情能讓我感到興奮，一切自然會水到渠成。

被預言的未來

雖然許多商學院的同學在開始新工作之前都會在暑假休息，但我把時間花在重振自己。我找了份臨時工作來支付帳單，並且透過游泳和騎自行車來維持頭腦清醒，還花時間在圖書館探索職涯。我在1個月內讀了艾文・托伯（Alvin ToBer）的未來主義著作《第三波》（The Third Wave）而受到啟發，作者認為已開發國家正在從工業時代進入資訊時代，他預測，資訊和娛樂世界將變得去中心化，新的有線電視服務將導致社會變革。這激起了我的興趣。

那年夏天，我參加了有線電視業的會議，並認真研究未來的趨勢。我瞄準一間特定的公司——大陸有線電視（Continental Cablevision），這間公司以高品質和創新的管理團隊而聞名。多虧了我研究後獲得的知識和洞察力，我在波士頓總部的面試很順利，秋季時就得到了企業行銷總監的職位。

新老闆給了我相當大的自主權，工作充滿多樣性，不斷發展的公司也賦予了靈活性。這位執行長兼共同創辦人是一位才華洋溢、成功的哈佛商學院畢業生，後來成為億萬富翁。他與我分享他的理念，他雇用聰明的人，給他們一些決定權，並希望員工能應付得了這樣的自主權。

我很感激沒有人想要我照著公司的規矩走，而且公司鼓勵創造力。我負責市場調查和客戶服務，我還設計並在公司的研討會上教學，鼓勵員工接受公司的新計畫。

從純粹的財務角度來看，我知道我應該留在這間蓬勃發展的私人企業，它最終會以巨額資金被收購；但是過了有趣的4年之後，我的學術欲望只變得更強烈。令公司管理團隊驚訝的是，我告訴他們我計畫去哈佛大學的研究所學習組織行為學，老闆希望我留下來，並給了我豐厚的加薪為誘因。

但我還是客氣地離開了公司，專注於我的學術興趣。在大陸有線電視公司最終被收購之前離開，錯失的財務機會對我來說並不重要，重要的是獲得更多「刺激才智」的機會，有機會與世界著名的教授一起學習，感覺很暢快。我用在公司工作時的積蓄來支付1年制碩士學位課程的費用，我的計畫是：畢業後不久，就

要在一間公司找到一份薪水很不錯的工作。

一些改變人生的建議

　　讓我留下最深刻印象並改變我人生的一堂課，來自於我為某位講師寫的一篇論文。他自己的書建議使用某些組織技巧來建立強大的公司文化，在我的評論中，我讚揚這本書的洞察力，但是在每一節下方，我都從自己的角度加入評論。我解釋說，我覺得在採用他技巧的企業組織裡工作會過於受限。

　　他在我的報告上寫：「很棒的洞察力，你絕對應該為自己工作！」他的評論讓我很震驚，我邀請教授共進午餐，他欣然接受。他解釋，我在課堂上表達自己的觀點時顯得很自在，為自己工作需要行銷能力，他覺得這對我來說不是問題。

　　教授的建議令我有點忐忑。隨著我年滿30歲，我的財務目標發生了變化，現在包括買一間房子和養家。我擔心為自己工作的自雇者身分會帶來一些財務上的風險，例如因現金流不穩定而不符合房貸申請的資格。儘管如此，為自己工作的想法還是讓我感到興奮，我開始設想可以為我認識的人脈提供哪些服務。

　　多虧了我在大陸有線電視公司的人脈，我轉為自雇者的過程很順利。畢業後，我的老雇主——以及其他已經離職並到同一領域其他公司工作的經理——雇用我參與了許多諮詢專案。事實證明，參與各種行銷和組織專案充滿了刺激，並且在財務上很有幫助。如果我不夠幸運，不曾為像大陸有線電視這樣受到其他公司

敬重的產業領導者工作，那麼成為商業顧問的過程會更加艱辛。在短短幾年內，穩定的諮詢收入使我有資格獲得房貸，進而買下我的第一間房子。

我的大部分諮詢專案都涉及市場研究和策略，但我在組織行為和教學方面的背景也使我能夠開設教學研討會。許多管理者覺得寫滿許多分析的厚重報告很無聊，我試圖讓我的研究和策略報告變得生動，並鼓勵管理者重新審視他們原本的假設。

我主持的研討會並非只是展示研究結果，而是鼓勵管理人員挑戰他們當時的計畫。哪些研究結果讓他們感到擔憂？他們的公司在哪些方面最脆弱？如果他們是競爭對手，會如何攻擊自己的公司？不論如何挑戰公認的信念，在研討會上都不會被認為太過分。正如管理團隊的一位經理所評論的：「這些會議讓我們放棄了原有的假設，非常令人振奮，而看到我們在關鍵競爭領域毫無準備，則是令我們感到恐懼。」

除了諮詢工作外，我也在東北大學管理研究所的夜間課程中擔任兼職講師，指導策略行銷。但我發現最令人享受的是在社區大學課程中指導較年長的人。

經濟上的需要，迫使這些學生中的佼佼者，在高中畢業後立即找到全職工作，如果沒有經濟上的限制，他們本來可以在大學裡學習並成長。在工作之後回到學校的他們，充滿了熱情和動力，我自告奮勇審閱了一些學生的商業企畫書，內容都令我相當佩服，有一些人後來甚至開了公司並經營得有聲有色。

一段時間後，娛樂和電信業整合了，我的許多諮詢客戶都成

了商業鯨魚，吞噬掉小蝦米公司；我的小蝦米客戶往往是最具創新精神的，卻覺得必須把公司賣給大鯨魚，我自己則是暗中希望小蝦米能維持獨立性。

意外成為策畫者

這種新的商業環境讓我感到受限，迫使我重新評估我的諮詢事業。大約在同一時間，我被要求解決父母晚年離婚造成的財務混亂。

父母離婚後，倉儲業務擁有權被分成兩半：我父母分到公司的一半，負責管理倉庫的堂哥則分到另一半。父母希望在公司董事會中有一個他們可以信任的人，於是邀請我加入董事會，以代表母親的利益並協助年邁的父親。我對他們的緊急請求感到不滿，但我覺得有義務幫忙。雖然早已拒絕，但此時我仍擺脫不了這間倉儲業務。

對許多人來說，進入家族企業聽起來很有吸引力，但在這種情況下，親戚關係使一切都變得更加困難。在加入有爭議的董事會後，我發現建築物的屋頂和基礎建設需要進行大量更新。為這些未編入預算的資本支出取得大型銀行的貸款，並重新調整管理團隊的重點，成為一項耗時的當務之急。我想從這個泥淖中脫逃，賣掉公司，或者至少賣掉我父母的股份，這樣我就可以專注於我的全職事業；但是公司並沒有關於買斷擁有者股份的條款，因此一切都變成了一場艱難的內部談判。

同時，在我父母合法分居後，母親雇用了一位券商，但是對方卻不斷交易她的債券帳戶，然後收取高額的交易手續費。當我質疑這個知名金融公司的狡猾員工時，他聲稱自己對市場時機有獨特的洞察力。我在憤怒之餘將他的績效拿來與先鋒集團的中期債券指數基金比較，我發現他的表現每年都比這個指標還低了10多個百分點，很明顯這就是老年人及其他人都需要值得信任的財務顧問的原因。因為許多券商的自私炒作，促使我成為一名學習更多相關知識的投資人。

當我回顧實證研究時，我的研究統計背景派上用場。諾貝爾獎得主哈利·馬可維茲（Harry Markowitz）曾解釋投資組合多元化的價值。先鋒是股東持有的投資公司，創辦人約翰·柏格曾強調低成本指數投資的價值，著名投資組合理論家尤金·法瑪（Eugene Fama）曾示範小型股和價值股如何提升投資績效。

我覺得有說服力的一些投資書籍，強調了投資人很難打敗大盤的原因。於是我成為一個自己動手研究的投資人，依賴多元化、低成本的美國和國際股票指數基金。我略微偏向於價值型和小型股，還投資優質短期債券以限制波動性。除此之外，利用我對資訊和娛樂公司的了解，我還加入了一些針對其所挑選的投機性股票。

建立一個低成本、多元化的投資組合，似乎並不困難。更具挑戰性的，是管理自己的情緒和自尊心。跟上時事和最新的市場趨勢，對我的諮詢工作有所幫助，但金融市場過於複雜、難以預測，投資時的過度自信可能會帶來風險。

儘管如此，我還是發現自己忍不住預測市場的可能走向，而且很容易找到強化我觀點的文章或討論。幸好，我聽從了反對擇時入市的專家警告，遵循約翰·柏格的格言「堅持到底」，而不是根據市場預測行事，這麼做為我節省了很多錢。

為家庭和其他個人提供有關個人財務方面的建議，似乎是一種可能的職業路線。於是我報名參加波士頓大學的財務規畫夜間課程，同時繼續在白天提供諮詢。我對以佣金為主的券商費用和保險銷售這樣的商業模式表示擔憂，因此我採用了一種只收諮詢費、不收佣金的財務諮詢模式，這樣的模式遵循信託的規則——客戶的利益至上。

事業十字路口

我在策略規畫和心理學方面的背景，似乎非常適合財務規畫。但我質疑放棄一個已經穩定從事20年的諮詢業務，對我的財務來說是否合理？也許我應該繼續提供諮詢並逐漸增加個人理財客戶？

接著，出乎意料的是，一位長期諮詢客戶給了我一個深入研究的機會。這位富有的企業家曾在有線電視、娛樂、搜尋引擎產業工作，到了50歲時，他已經生活無虞，並能夠為子女設立高額的信託基金。

他提出給我監督這些信託帳戶的機會，開啟我的財務管理職業生涯，但是他規定我必須停止所有商業諮詢。他堅持地認為，

個人投資和財務規畫工作需要我投入全部的心力。我聯絡了其他潛在客戶，並找到了樂於接受的人，因為我不再覺得諮詢工作令我滿意，於是我同意專注於我的新事業。

金融服務業最讓我困擾的一點，就是這個產業會做很多投資的交易，而我想要的是一種能培養長期關係的生意。對於潛在客戶，我更在意是否能長期契合，而非只看重他對我業務的財務價值。我沒有聽取價值觀傳統的父親所提的建議（盡可能增加我的諮詢收入來源），而是更傾向於接受母親「與人建立起良好關係」的建議。

對身為顧問的我來說，有兩個行為經濟學的見解，已被證明是無價的。第一個是關於損失規避，研究顯示，人們感受到金錢的損失，比獲得同等收益的感覺要強烈得多。我會向一些客戶建議，可能不要用這麼積極的投資方式。我經常問客戶，重大損失對他們生活方式的潛在影響是什麼？在困難時期，他們會不會驚慌失措地出售？

我的第二個見解是，許多客戶的職業選擇，對他們的財務、生活滿意度都有很大的影響。維持現狀——待在同一個地方而非考慮其他就業選擇——可能會受到限制。當然，這是我自己學到的教訓，前方的道路似乎崎嶇不平，改變方向往往很困難，投入工作和家庭生活，可能會在很長一段時間內拖慢你的速度。就我而言，父親3年前去世了，堂哥的兒子去年買下我母親和繼母的倉儲股份，終於，不情願地在家族企業的董事會任職20年後，我自由了。

在旅程的這個階段，我66歲了，仍然喜歡與客戶合作和教學，但我擴展了我的方法。如今我在成人教育中心為老年人教授個人理財課程，同時還在波士頓地區的教學醫院，為醫學院住院醫師提供指導。我撰寫的部落格和一般文章，涵蓋財務行為和規畫等主題。

由於我仍然對他人的財務追求過程感到好奇，所以我開始了一個名為《金融十字路口》的播客，探討人們如何處理職業和生活方式的轉變。我的目標是採訪一些願意分享對他們有用方法的人，有個令人驚訝的收穫是：我93歲的母親聽了我的節目，並留言評論。

那麼我自己的旅程呢？管理我的人力資本並不代表盡可能賺到最多錢，而是能過著舒適的生活。當我想到最欽佩的人，都是那些覺得自己擁有的已經夠多了，並且喜歡回饋社會的人。我提醒自己，成功和失敗從來都不完全在我的控制之中，我的目標是──追隨我的熱情，並在一帆風順時心存感激。

三個教訓

- 為了擁有你想要的生活,有時你需要犧牲可能是最高收入的工作。
- 不要讓別人決定你的職業和財務道路。充實的生活可能需要在實際需求與追隨你的好奇心和熱情之間取得平衡。
- 了解你自己。讓你的目標隨著時間的推移而進化,而不是拘泥於僵化的路線圖。

【第 5 章】
風險與報酬

為了獲得高報酬,就需要承擔高風險,但這種風險會得到回報嗎?有時候會,不過結果經常並非那麼好,你將會從本章的一些故事中學到。通常,比較好的策略是不要那麼專注於「提高報酬」,而是把重心放在「管理風險」,這是本章要討論的另一個主題。

01
面對下跌的風險

亞當・葛羅斯曼

亞當・葛羅斯曼是收取固定費用的財富管理公司「梅波特」（Mayport）的創辦人，他主張有根據的個人理財方法。從2017年以來，亞當定期為HumbleDollar撰稿，已發表了近300篇專欄文章。

蘋果創辦人史帝夫・賈伯斯（Steve Jobs）在回顧自己的一生時曾說：「只有在回顧過去時，才能將這些點連接起來。」當我們是自己故事的作者時，很容易以一種美化自我的方式連結起這些點；但是，若要對讀者有幫助，敘述就必須誠實──而且應該從頭開始。

我有關金錢的第一個記憶，可以追溯到1980年代初期。當時我大約10歲，和父親坐在廚房的桌子旁看一些文件，他說那是他辦公室新的退休計畫。父親是律師，他解釋，透過這個新的計畫，員工可以選擇自己的投資標的。這聽起來很有趣，應該是個好主意──但這想法只維持了1秒鐘。

接著他說明，要每個人成為自己的投資經理人，從眾多中選

項中挑選有多困難，特別是在1970年代之後——對股票投資人來說，是沉悶的10年——當時幾乎看不出來重押股市是正確的做法。當然，事後看來，那是一頭栽進股市的最佳時機，不過當時沒人知道，長達20年的牛市才剛開始。

當時，我連存款帳戶也沒有，但我能了解父親所描述的挑戰，突然間他變成了自己的投資經理人，這與要求投資經理人成為他自己的律師一樣不是很合理。父親的律師同事、祕書、資訊部門同事也是如此，他們都是各自領域的專家，但不是投資領域的專家。這項任務似乎很困難，甚至完全不合理，但這只是使投資變得困難的部分原因而已。

每個家庭都有一些話題很少被談論，這些未必是祕密，但就不是任何人喜歡的話題，在我家就是如此。故事可回溯到1890年代，當時我曾祖父移民到美國，到達後不久，他就開始在一輛馬車上出售小東西。一段時間下來，這門小生意演變成一間銷售木材、建築材料的連鎖店。一切都很順利，直到1960年代後期，家族決定把生意賣給一間更大的零售連鎖店。

接下來發生的事情很不幸：就像許多收購案一樣，這間大公司主要支付股票來收購家族生意；但在1970年代的低迷時期，這間大公司的股票失去了大部分價值。如果我必須猜測的話（只是我的推測），在父親考慮新的退休計畫要承擔多大的風險時，那次不愉快的經歷影響了他那天的想法。

我一直沒有忘記廚房餐桌旁的這段記憶，這是我第一次對股票市場有所了解，似乎並不有趣。這些年來，我學到了更多事，

現在這是我工作的一部分。但是說實話,當市場情況好的時候,我還是會把市場視為一個令人混亂、看不清真實情況的地方。這麼說可能把10歲的我講得太了不起了,但可能就是在那一天、在那個廚房的餐桌旁,我開始對投資產生了興趣。

除了那次經歷之外,我小時候並沒有想過太多關於財務的問題。我在高中時確實開始了一門生意——透過郵購銷售太陽眼鏡。但從財務角度來看,大學的那幾年非常平淡無奇。大學學費很貴,但還沒有像現在高得離譜的程度,所以我畢業時沒有任何債務,為此我永遠感激我的父母。

但是當我大學畢業時,情況發生了變化。我沒有追求傳統的工作或是去念研究所,而是決定創業。我很享受高中時從無到有創造東西的經歷,我想再試一次。就這樣開始了我財務生活的下一階段,這與我在此之前享受的平靜財務生活完全不同,就像坐雲霄飛車一樣。

網域名稱的價值

我創辦的事業是一家軟體公司——有點像是大公司的內部社交網路。這是一個十分合理的想法,我的銷售業績算是相當不錯,客戶包括律師事務所、醫院和嬌生(Johnson & Johnson)等公司。我在1990年代後期募集了一輪融資,但是到了最後,在2000年網路股崩盤之前,我還是無法把公司打造成一間夠大的企業。

當年我20多歲，所以這沒什麼大不了。我從這項業務中學到了很多東西，我很高興能嘗試新的事物。只有一個問題：當我需要我的積蓄時，錢卻都消失了。發生了什麼事？在1990年代，我開始和一位券商合作。他似乎是個不錯的人選，他是我們家的世交，曾在一間知名公司工作。他看起來很有經驗，而且他家的車道上有一輛迪羅倫（DeLorean）[1]跑車，這似乎代表他的事業很成功。

有一段時間，我以為投資進展順利，他為我建立了一個股票投資組合，並且在1990年代後期持續成長。我後來才明白，我的投資組合根本沒有多元化，其中大部分投資於少數幾支科技股，結果這些股票都同時在下跌。最重要的是，由於那個券商建議我用持有的股票當抵押、借錢來買車，結果後來整個投資組合幾乎歸零。

從財務的角度來看，這是一場災難。我不知道為什麼這位經驗豐富的金融專業人士，會像這樣重押某一種類型的資產。這件事給我的幫助是——為我後來成為財務規畫師的職業生涯埋下了種子，它促使我想以我的股票券商沒有使用的所有方式幫助他人。事實上，在我今天的工作中，我大多只是做了與我當時身為客戶所經歷相反的事情。在設計投資組合之前，我致力於詳細了解客戶的需求；我沒有選擇股票並建立集中的投資組合，而是用基金進行多元化投資；我沒有使用必須支付銷售費用的高成本基

---

1 註：電影《回到未來》(*Back to the Future*) 的時光機跑車，後來成為收藏家的珍品。

金,而是堅持使用低成本的指數基金;我沒有重押上漲的股市,而總是在未雨綢繆;而且我對槓桿持謹慎態度。

有一句老話說:當一扇門關閉時,另一扇就會打開;但有時候,這種事好像事先約好的一樣。網路股崩盤之後,在我重新評估自己的公司時,我收到了詢價。結果,詢價的那間新創公司並不是對我的公司感興趣,它想要買的是我公司的網域名稱(網址)。我們就快要達成交易——這筆金額可能可以讓我買一輛(適中的)新車;但是,當潛在買方發現另一間新創公司提出可能構成衝突的商標申請時,他就取消交易了。

在一位思維敏捷的律師建議下,我透過該公司網站上的連結,聯絡另一間新創公司。我收到的電子郵件回覆來自這間年輕公司的創辦人,原來對方是一名大學生。雖然花了一些時間,但我們最終達成了協定。因為他的公司剛起步,沒有很多現金能給我;與此同時,他早期的業績似乎顯示公司前景看好,因此我們同意這筆交易將以部分股票的方式支付。

有一段時間,那檔股票簡直就和塞在抽屜裡的一張紙差不多;但是一段時間過後,這間公司的成長非常亮眼,最後上市了,使早期員工和支持公司的人變得非常富有。諷刺的是,這就是我之前那位券商所追求的那種賭注——買進科技股,並妄想能一夕致富。這件事竟然以這種有趣的方式證實了他的策略有效,但我卻得出了相反結論:我認為買我域名的新創公司成功只是例外,而非法則。當然,有些股票會漲上天,但比起每年成立的公司數目,成功的數字其實很小。就算是和目前上市的所有公司相比,

這個數字也還是很小。

我的投資抉擇

　　由於各種原因，我不打算說出這間公司的名稱，而且這並不是那麼重要。重要的是我必須做的決定。股票上市後，我做了什麼？

　　資料顯示，平均來說，投資人選擇「指數基金」比選「股」要來得好。同時，我認為選股可以提供不錯的娛樂價值，選擇股票比投資指數基金要有趣得多。但重要的是，要將娛樂與投資區分開來，並知道和兩者各自相關的機率。我不認為個股是毒藥、必須不惜一切代價避免個股，就像我不認為偶爾買樂透是完全魯莽的行為。這就是為什麼我對與我合作的家庭提出這樣的建議：如果你想選擇股票，請用另外一個帳戶投資，並占你投資組合的比例是固定的──而且比例很小。

　　那麼當那間新創公司上市，我如何處理這檔股票呢？答案是：我採納了自己的建議。我賣掉了很多股票，並進行了多元化投資。因為我還有工作，離退休還有幾年時間，所以我把大部分的錢繼續投資在股票市場上。但我沒有選擇一檔股票，而是選擇了一個涵蓋全球大部分市場的先鋒集團指數基金。在美國，這包括標普500指數和整體市場指數，整體市場指數包括標普500指數以外的所有指數，這些股票加起來相當於一個股票市場總指數。但我是分別買進，以便控制投資組合，並將重心放在中型、

小型股。同樣是在美國，我選擇了先鋒的大型價值股、小型價值指數基金。因為我知道小型股和價值股在長期歷史中超越大盤，所以我投資的比重較偏向這兩種。

在多元分散10年後，我得到了什麼樣的成果？毫無疑問，如果我只持有當初上市的那檔股票，在財務上會是一個更好的決定，但是我並不後悔分散投資。事實上，我認為投資人都不該後悔將投資賭注廣泛分散，原因是：把總資產大部分與任何單一公司的命運連結很令人不安，吃再多胃藥也無法壓制焦慮造成的胃痛。在我寫這篇文章時，該公司的股價下跌了近50％，因為我早就賣掉了大部分的股票，所以我並沒有因為下跌而夜不成眠。我認為任何投資組合都應該這麼做。現代投資組合理論之父哈利‧馬可維茲，曾將多元分散投資比喻為投資界唯一免費的午餐；其他人則認為，最佳的投資組合並不是擁有最大成長潛力的投資組合，其實正好相反，應該是你可以忍受並持有的投資組合。這兩種觀點我都同意。

成功的定義

我經營家族零售業務的爺爺是一個超脫傳統的人，他的名片有一面是亮橙色的，上面只用大寫字母寫著「微笑」（SMILE），而另一面則寫著這樣一句話：「成功向來都不是結束，失敗向來都不是致命的。」這有時被認為是前英國首相邱吉爾（Winston Churchill）說的，這句話也絕對適用於個人理財。

正如我在這篇文章開頭說的：我們都是自己故事的作者。我們可以用任何想要的方式連接這些點。我在這裡介紹的故事都是事實，但我可能遺漏了一些在我的財務旅程中不那麼討人喜歡的插曲。現實是，任何曾經參與創業的人，都可能將這段經歷浪漫化，並在之後笑談為了維持營運所需的財務手段。但我相信如果當初我走的是更傳統的路線，現在我的白髮會更少。

研究顯示，一旦一個家庭的年收入超過約7萬5,000美元的門檻，幸福感就不一定會隨著收入的增加而繼續提升，我非常同意這一點。在某種程度上，許多人達到了已故先鋒創辦人約翰·柏格所說的「足夠了」。這就是為什麼我使用的投資基準不是標普500指數，相反地，我使用的是一個更基本的概念──滿足和安心。這聽起來可能不是很嚴謹，但我相信是真的。

什麼能給人帶來幸福？我後來在人們身上觀察到的像是：生活在成年子女步行就能到的距離內、帶孫兒女騎自行車、開著露營車上山或帶著孩子們在海邊玩、馬拉松訓練、為了好玩而做的兼職工作。

我知道這麼說聽起來像個理想主義者，我並不是說我們都要成為苦行僧。毫無疑問地，銀行帳戶裡有更多錢會帶來很多好處，其中包括：可以選擇提前退休、探索更廣闊世界的機會，以及用更多錢從事慈善活動的機會。當然，這最終是一種權衡。正如這本書名所指出的：金錢是一段旅程，也許本來就該如此。

三個教訓

- 最理想的投資組合並不是具有最大成長潛力的投資組合,而是你可以接受並持續持有的。
- 高漲的股票會引起我們的注意,讓賺錢看起來很容易。但這些高價股非常罕見,這就是為什麼謹慎的策略並不是設法選出下一檔飆股,而是廣泛分散投資。
- 衡量財務成功的最佳標準是什麼?不是打敗大盤的投資績效,而是你的財務生活為你帶來的滿足感和安心程度。

02
一次失敗的投資

胡安・富爾諾

胡安・富爾諾已婚並育有兩個孩子,在獨立摔角巡迴賽工作了25年後,最近從摔角場上退役。他以「拉丁雷霆」(Latin Thunder)的名字,戴著墨西哥摔角手面具摔角。當他不在製造業工作的時候,他喜歡閱讀有關個人理財和投資的書籍。

如果你問我關於財務生活的事,我可以告訴你一些關於在當地化工廠輪班工作的故事,或是我投資的出租房產,還有我擔任職業摔角選手謀生時所做的努力。但是我想告訴你的是關於咖啡店的事,也許你可以從我最大的財務錯誤中吸取教訓。

當我們周圍的金融世界在2007年分崩離析時,我看到一則分類廣告,上面刊登一間待售的小店面。這間免下車咖啡店最近關門了,店面的老闆和房東試圖找到一個願意經營這門生意的買主。而我對此很感興趣。

當時我名下已經有一間四併公寓、兩間獨棟住宅,並且正在出租。因為我涉足出租房地產的經驗,讓我覺得自己有能力準確地評估商業交易。沒錯,我也看過自助洗衣店、小公寓、法拍屋

和其他較小的房地產投資，但都沒有出手買下任何一個。

雖然如此，我還是在尋找下一個商業挑戰。我在2007年結婚，女兒在2008年出生。在為人父母的第一年，我暫停買進任何投資，試著適應生活上的變化；但過了一段時間，我覺得自己的時間管理做得不錯——當時我手上有出租房產、在化工廠上班，而且剛有個小家庭。

當房東告訴我咖啡店的詳細資訊時，我發現了巨大的危險訊號。多年來我讀過關於華倫・巴菲特（Warren Buffett）教誨的書，再加上我身為房東的看屋經驗都在警告我：「前方有危險」。

最大的危險訊號：房東是一位出色的當地律師、商業大亨，但他告訴我他無法提供那間店的業績資料。雖然缺乏關鍵資料，而且對這個產業一無所知，我仍考慮收購這間小店。當時的狂妄自大導致我忽略了這些警告訊號。

我坐下來進行一些大致的計算。這間店的租金不高：每月300美元，外加水電費；它有得來速通道，沒有內用座位；店面位於我們愛荷華州的工業鎮，我每天上班都會開車經過它，我知道以前那裡的交通狀況非常糟糕；距離哈迪速食店（Hardee's）只有一條街的距離，我10幾歲時曾在那裡工作過。多年來我一直斷斷續續地在哈迪速食店工作，後來還成為副理，所以經營餐廳式的業務並沒有嚇倒我。我覺得這在我的能力範圍內。

我真是錯得離譜。

妻子支持我買些設備，並嘗試學著使用。她曾經在零售業工作，當過調酒師、服務生，我們有信心可以經營這間店。這間店

只從早上6點開到中午,所以不會占用我們一整天。我計算的基本數字顯示,只要每天營業額達到100美元就能賺錢。

我知道前任店主在這間店做得不錯,而且也好幾年了。當時它位於市區的北端,是本市大多數餐館和商店的所在地;但是當地購物中心的發展迫使店主搬家,這間店就在本市的南端重新開業。前任店主要找人頂讓的原因,當時尚不清楚,我們被告知可能是個人原因,不一定是咖啡店在賠錢。

我們確定了以9,000美元買進設備,又買了一些認為需要的物品,例如工業級果汁機及一些庫存。因為不知道如何操作濃縮咖啡機,所以我們聘請了一位在加拿大擁有一間店的培訓師,她非常棒,訓練我和妻子沖泡一杯好喝拿鐵的所有相關細節。現在回想起來還真是尷尬,因為在那之前我只喝過幾次拿鐵。我從未去過附近大城市的星巴克,雖然我每天上下班途中都會開車經過這間店,但我只停下來試過一次。

學習經營之道

開門的第一天,我遞了一杯焦糖拿鐵給一位美麗的顧客,她很高興我們開門營業,我也以我們的飲料感到自豪。不過,在完成她的訂單後,我感覺到一陣恐懼。我能理解為什麼前任業主在城鎮的北部做得很好,但在新地方卻苦苦掙扎。這位女士顯然是一位富裕的專業人士,正是我們的目標客群,但我也從在哈迪速食店工作的5年中了解到,附近很少富裕的職業女性。幾乎所有

經過的駕駛（我們看到當中的很多人）都是正在前往附近工廠路上的男性，他們在那裡喝的是普通咖啡，而不是拿鐵；當中許多人喝的咖啡，都是由雇主免費提供的，而且這些人工作需要輪班，在某些情況下，他們在我們每天開門之前就開始工作了。

我們有幾個周五、六的業績很不錯，營業額突破了100美元，還有一個周六，天氣非常好，賺了153美元。我發現我們的定價太低了，但若要改定價，就必須為修改菜單付費。

經營了幾個月後，我們開始學到這門生意的眉角。我們找到了一台很好的烘焙機，能提供優質的濃縮咖啡、滴濾咖啡；我們也與當地一間雜貨店達成協定，以低價買進半對半鮮奶油（Half-and-half）以及一般鮮奶。我們節省了一些我原本以為需要，但後來發現非必要的東西。例如，我們的濃縮咖啡機會過濾水，所以我不需要花錢買濾水器。

此外，我以為我買的是一間咖啡店，但其實我買的是一間拿鐵店。拿鐵咖啡占我們業務的90%，當我購買設備時卻沒發現。如果我曾在星巴克工作過2周，我就會對咖啡業務及其運作方式有更多了解。簡單來說就是，我不會買下這間店──或者，至少我會有成功所需的知識和經驗。

開業不到3個月，我們就開始虧損了。妻子很明智地建議止損，認賠我們簽訂1年租約的所有租金。這樣一來，就不會每月都虧損更多錢，也不會一周7天都被綁在店裡。我們一直想試著再生一個孩子，然後妻子告訴我懷孕的好消息。但我的固執令我放不下投資的錢就這麼沒了，我並沒有預期業務會顯著改善，但

我希望至少能做到租約結束。

這是一個錯誤的決定，這門生意是註定要失敗的。我們的目標顧客並不在這個鎮上，就算生意比現在更好，但我們被綁在商店裡的時間，也不值得可能賺到的微薄利潤。

妻子的肚子愈來愈大，所以她待在店裡的時間縮短了，後來也就不來顧店了。同時，隨著夏季結束、寒冷天氣的到來，營業額開始下降。我曾以為人們在冬季會喝更多咖啡，但其實正好相反，這與我在速食店的日子沒什麼不同：夏季是最繁忙的時候。相較之下，我在雜貨店工作的朋友說，冬季和假期反而是他們業績最好的時候。

而在此時，由於2008到2009年的金融危機，我的401(k)退休基金之前的績效本來非常好，卻從2008年春季的14萬7,000美元的高點，暴跌到2009年5月我買下這間店時的9萬美元。我的401(k)中有很大一部分是雇主的股票，那年夏天，公司受到了壞消息和中國競爭的打擊，我的401(k)進一步跌至7萬5,000美元。

正當我的退休投資組合跌至低谷時，妻子的孕程變得辛苦。她得了腎結石，咖啡店的虧損導致我無法支付所有帳單，我拖欠的生活費、電費和房貸令我別無選擇。我在最糟糕的時機從我的401(k)中提領出錢，也就是它的價值下跌時。雖然我相信我的投資會反彈，但我沒有時間等它漲回來——因為積欠的帳單愈來愈多了。

2010年1月，兒子出生了，我們知道在4月底租約到期時，

需要賣掉這間店或是關門大吉。我們很幸運地找到了一位年輕買家，他願意支付我們當初所支付金額的一半。我很誠實地告訴他，這間店在我們經營的1年內並沒有獲利。

漫長的回頭路

妻子在我們擁有咖啡店的那一年，看到了好的一面，我們遇到了一些很棒的人；但對我而言，這種財務影響似乎持續了10年，我已經接受了一個事實，那就是——幾乎每個創業者都會經歷挫敗。雖然如此，被自己的錯誤、無知、盲點教訓一頓，感覺還是很不好受。看著家人、親近的人因為自己的判斷力不佳而受害，感覺真的很痛苦。

1965年，在我出生前，我父母就已經搬到愛荷華州。我們在這裡認識的每個西裔家庭都有同樣的故事：向北前往一個寒冷的城市，那裡幾乎沒有人會說西班牙語。大多數人來自德州南部或墨西哥，所有人都在尋找一份工作和改善家庭未來的機會。我們社區中有許多人在愛荷華州找到了這個機會，一個他們世世代代都無法得到的機會——買房子、結婚生子，實現了美國夢。現在我已經是一位丈夫和父親，我對他們所有人、他們所忍受的艱辛感到佩服。現在，我也必須接受自己所經歷的困難時期。

這段時間，我經常想起父親和他樹立的榜樣——「繼續前進」——他會對我們這麼說。我試著把注意力集中在我所做的事情上，雖然我因為忽視健身、飲食而胖了30磅（約13.5公斤），

但我還是很健康。我妻子已經從兒子早產1個月對身體的影響中完全恢復了過來,艾歷克斯很健康、發展正常。我在化工廠有一份穩定、薪水不錯的工作,我現在比以往任何時候都更加感激這份工作。如果我工作1個小時,就會得到1個小時的報酬,無論公司每一季的績效如何,只要我工作,就會領到薪水。

在我療傷止痛、吞下自尊的時候,時間是我的好朋友。「我可以自己走出這個低潮,」我在上班時會這麼告訴自己。

我401(k)帳戶裡的存款慢慢地恢復了,我試著不去想,如果我在金融危機最嚴重時沒去動用它,現在會如何。我記得曾在某處讀到:失敗的人不寫書真是太可惜了,因為我們可以從別人的錯誤中學到很多東西。我並不是失敗的人,但我對咖啡店的感覺和我對職業摔角生涯的感覺是一樣的——我沒有「成功」。

26年來,我參加中西部各地的摔角比賽,希望能磨練自己的能力,但在最初的20年,我從未向導師學習,並始終如一地練習。然後,我在2019年向世界摔角娛樂公司(World Wrestling Entertainment,WWE)超級巨星賽斯・羅林斯(Seth Rollins)詢問是否可以在他位於愛荷華州達文波特的摔角學校接受訓練。最後,我找到了擂臺,有才華的年輕摔角手可以一起健身,還有一種驅使我變得更好的氛圍;但在49歲時,艱難的擂臺和衰老的身體讓我知道,這段旅程即將結束。我從未和世界摔角娛樂簽約,但我的職業生涯比大多數獨立摔角手都要好。

相較之下,金錢遊戲的美妙之處在於,只要你的頭腦保持敏銳就可以玩了。犯錯了嗎?那就記住教訓,然後繼續前進。現在

的我不再認為自己無所不能。我最近又開車經過一間待售的洗車場，就只是繼續開車離開。我的工作是我的主要收入來源。我們現在有一個很好的房地產生意，包括一間四併房屋和八間獨棟住宅，我不管理我的任何財產，這讓我可以專注於家庭、工作並享受健身，因為我的物業經理比我更精熟這份工作，而且他的秉性更適合做這份工作。我們擁有兩棟沒有房貸的出租用房產，我的長期目標是擁有六間還清房貸的出租用房產，為我們的退休生活提供資金。

我希望6年後，在55歲時從化工廠的工作退休。除了401(k)之外，我還有一個羅斯個人退休金帳戶和一個券商帳戶，這兩個帳戶應該有助於支付我提前退休的幾年，直到我申請社會保障。我們還有租金收入，每月應該能為我們提供大約3,000美元，以及我每月有800美元的退休金。

如果我沒有犯錯接下那間咖啡店而必須從我的401(k)退休基金中提領資金，我甚至可以在55歲之前退休；另一方面，我很肯定如果我沒有做出那項愚蠢的投資，我的傲慢會導致我犯下更大的錯誤，一個可能會讓我破產的錯誤。我們都會犯錯，我很感激我的理財錯誤發生得更早而不是更晚——我從代價高昂的錯誤中學到了教訓。

三個教訓

◆ 當你發現自己犯了一個財務失誤時,請迅速採取行動止損——趁微小的打擊還沒變成嚴重的財務問題。
◆ 股票是一種很棒的長期投資,雖然短期內可能會產生可怕的結果。盡量避免讓自己處於需要在短時間內出售股票、股票基金的處境。
◆ 當你在財務成功的時候,不要變得過於自信,否則你可能會讓自己去做冒險的投資,後來卻害你賠錢。

03
五次幸運的投資

查爾斯・艾利斯

查爾斯・艾利斯共有20本著作，其中包括《投資終極戰：贏得輸家的遊戲》(Winning the Loser's Game)，這本書現已出版第八版，銷量為65萬冊。他最近的兩本著作是《指數帝國揭密》(Inside Vanguard)和《想清楚》(Figuring It Out)。查爾斯曾在耶魯大學和哈佛大學商學院教授投資課程，並在耶魯大學投資委員會任職17年。

運氣在我的財務旅程中一直是關鍵因素。我的好運是分階段出現的，首先是父母教我儲蓄和適度消費的教誨，他們重視教育，支持我先於耶魯大學取得大學學位，然後攻讀哈佛商學院。

從商學院畢業後，我有幸受聘於洛克斐勒家族辦公室，擔任初級分析師，這讓我進入了投資界，這是世界上最有趣的工作。在1960年代初期，哈佛商學院沒有關於投資的課程，顯然，我需要接受投資方面的教育，我很高興我的雇主願意支付紐約大學夜間部的課程費用。

在接下來的幾年，我攻讀博士學位。我的時機很幸運，有較年長的教授指導傳統的證券分析，而較年輕的教授則指導現代投資組合理論和效率市場假說，我還學習成為一名特許金融分析師。這種三方面的教育，給了我一個獨特的機會，學習更進階的最佳投資管理方法。

在此同時，我還前往華爾街，在「唐諾森、路菲金與珍瑞特」（Donaldson, Lufkin & Jenrette）工作，這是一間重要的研究型股票券商，我被指派為波士頓、紐約、費城的主要客戶提供服務。每個客戶都有一個由聰明、勤奮、好勝的分析師和投資組合經理所組成的一流團隊，每個團隊都有自己的概念和流程，以贏得卓越投資業績的戰鬥。

我有幾十個客戶，有幸得到難得的機會向每個人學習。我還能夠看到，雖然每個小組都很聰明、勤奮，但他們也在相互競爭。他們都閱讀來自華爾街的相同研究、都可以進入紐約證交所，取得美國證券交易委員會要求的公司財報。

有兩件事看來很清楚：不是所有人每年都能賺錢；而那些今年賺錢的人，很少能在隔年再賺到錢。績效評估公司累積的數據顯示，從長遠來看，許多投資經理人都達不到長期獲利的要求。

找到投資機會

我下一階段的好運，是我有幸領導為期3天的年度研討會，這最終持續了30年，在此期間齊聚一堂討論投資組合的經理人

都是業界翹楚。如此「強者中的強者」組合更加清楚地顯示，這種金錢遊戲的競爭既卓越又緊張，正如喬治·古德曼（George Goodman）在他以亞當·斯密（Adam Smith）為筆名所寫的書《金錢遊戲》（The Money Game）中所言。

在研討會的某次休息時，我的朋友傑伊·謝雷德（Jay Sherrerd）——投資公司「米勒、安德森與謝雷德」（Miller, Anderson & Sherrerd）的聯合創辦人，說：「你知道你可以用很便宜的價格，買進內夫的基金嗎？」

約翰·內夫（John Neff）被廣泛認為是有史以來最好的共同基金經理人之一，他最近推出了一檔「雙重用途封閉式基金」（Dual-Purpose Closed-End Fund），基金名稱來自希臘神話中的雙胞胎「雙子星」（Gemini）。雙子星的一半資金可以得到所有的股利，另一半則可以得到所有的資本利得——以及所有的虧損。嚴重的熊市對約翰專攻的價值型股票打擊特別嚴重，因此雙子星的資本股遭到巨大打擊。由於雙子星是一個封閉式基金，而不是一個普通的共同基金，其股票是在市場上交易的。當時是1974年，資本股的市場價格大幅折讓，低於該基金已經低迷的投資組合價值。

幸運的是，我很了解約翰。他打敗大盤的紀錄非常傑出，而且異常專注於理解和管理風險，這給了我一個特殊的機會。我相信市場已被嚴重超賣，尤其是對於約翰專門研究的價值型股票來說，更是如此。我假設市場的跌幅不會再持續超過20%，然後我就把槓桿開到最大，把所有錢都投入雙子星的資本個股中。短

短幾個月,熊市就變成了牛市,價值型股票打敗了大盤。約翰的選股整體擊敗了價值型股票,而雙基金結構的雙重槓桿(以及我大開槓桿)用最美妙的方式相互成倍增加。這是我第一次顯著的投資勝利。

我的第二個成功經歷,是在1972年創立的諮詢公司「格林威治公司」(Greenwich Associates)。它有一個利潤分享的退休計畫,每年公司都會提撥每個人收入的15％;除此之外,公司也保留了2％到3％,給那些沒有待滿5年因此錯過了領取全額的員工。另外,我們早年的做法,是投資於未來可能會開放的封閉式共同基金,這些開放式交易──或轉換為一般共同基金──消除了基金股價與其較高的內部資產價值之間的差距。正如參議員艾佛瑞特・迪克森(Everett Dirksen)曾說過的:「很快就會變成很大一筆錢。」[2]

找到長期飯票

我的第三次獲利經驗是最好的。我很高興受到山迪・高茲曼(David "Sandy" Gottesman)的邀請共進午餐,他是第一曼哈頓律師事務所(First Manhattan)備受尊敬的資深合夥人,也是格

---

2 註:艾佛瑞特・迪克森,是於1969年過世的共和黨參議員。根據美國參議院網站的資料,據傳他曾因為憂心聯邦政府預算失控而說:「這裡10億,那裡10億,(加一加)很快就會變成很大一筆錢。」(A billion here, a billion there, and pretty soon you're talking real money.)

林威治律師事務所的客戶之一。我希望這能給我一個機會,讓他採納我們對他們事務所的券商業務建議。

當我們在他俱樂部常坐的位子就座後,山迪說:「我們今年不會和你們續簽券商合約,我想向你解釋原因。我們的研究主要集中在創新的投資理念上,但你們的研究顯示,機構希望我們針對整個產業加以組織,我們不想那麼做。你們還指出,客戶希望我們進行大額交易,我們也不想這樣做,這對我們來說太冒險了。」

我正要向山迪提供我們針對大型企業的退休基金投資管理專案,但他說:「我知道你們在大型退休基金方面的專案很棒,但這不是我們的市場,我們專注於規模較小的基金。」

談話已經結束了,我們點的午餐都還沒送來。為了填補這段時間的空白,所以我說:「山迪,謝謝你這麼開誠布公、禮貌地說出你的決定。」然後,因為我知道山迪是一位非常成功的投資人,所以我請他分享他在大額投資方面的經驗。

他只說了一個詞:「波克夏(Berkshire)」。

我聽說過華倫・巴菲特和巴菲特合夥事業(Buffett Partnership),所以我問:「你投資波克夏海瑟威公司多久了?」

「很久了。」

「你預計繼續持有它多久?」

「永遠持有。」

在我們吃午餐時,山迪告訴我波克夏的故事。巴菲特在1965年接手新英格蘭地區一間陷入財務困境的的紡織公司,並將其轉

變為他用來進行一系列非常成功投資的工具,早期著重於保險業。隨後,他使用保險公司的「浮存金」(Float,這是為投保人未來可能理賠所保留的資金)進行進一步的投資,最終建立了今天全球最大的企業之一。

山迪給我的建議同樣幸運,我們正好遇上一個很有利的情況。當時我和合夥人已經同意設立一個儲備基金,以防我們的小公司獲利不佳,這樣如果我們的經營出現虧損,就不必設法找錢然後投入更多資金。這筆基金只有10萬美元,但我們認為,如果發生緊急情況,這筆錢已足夠支應。我們延後幾個月慢慢支付自己的年終獎金來籌到這筆應急金,並同意將這筆錢投資於安全的股票,而且由我推薦這個投資組合。當山迪說完他永久持有波克夏的理由時,顯而易見的行動就是把這筆錢全部用來買波克夏股票。近50年來的結果非常好——漲幅超過我們成本的300倍。

欣然接受市場表現

我的第四次投資成功經驗——守住我賺到的錢,我透過投資先鋒集團的指數基金來實現這個目標。過去20年來,近9成的主動式管理股票共同基金都落後大盤,而且幅度通常都很大。我相信指數投資能使我不至於陷入很大的痛苦和虧損,指數化投資也為我節省了時間和精力。除了波克夏之外,我的投資方法一直很簡單:指數化投資。

我對指數投資的優點深信不疑,甚至在我能夠以這種方式進

行投資之前，我就成為了支持者。1975年時，我為《金融分析師期刊》(*Financial Analysts Journal*)寫了一篇題為〈失敗者的遊戲〉(The Loser's Game)的文章，文章中指出：「投資管理業務（它應該是一種職業，但不是）建立在一個簡單而基本的信念之上：專業的基金經理人可以擊敗市場。這個前提顯然是錯誤的。」10多年後，這篇文章變成了一本書，現在名為《投資終極戰：贏得輸家的遊戲》，銷售量已超過65萬冊。

我的第五次投資成功經驗，可能會讓讀者感到驚訝，但這是我經驗中其他人可能會想要納入他們的整體財務策略中的部分。我當然建議每個人都仔細考慮一下，這對我來說是一次重大的成功。

為有才華的年輕人提供獎學金，使他們能夠獲得一流的教育並盡可能發揮自己的才能，是提升我們社會的絕佳方式，這麼做還可以帶來無與倫比的個人滿足感。為優秀的年輕人提供獎學金，令我感到快樂。我父母對教育的重視，以及他們為確保我得到最好的東西而做的努力，是造就我成功的一個重要部分。這是一份禮物，我非常樂意與他人分享，這是多麼棒的投資！

三個教訓

- 我們大多數人都太沉迷於「市場先生」短期的波動,而沒有發現「經濟先生」長期實力的重要性。結果:我們都支付了高額的代價和昂貴的稅金,而且太常改變投資標的。
- 股票價格是由無數複雜的因素帶動的。我們很有可能不知道正在發生的一切──而我們所知道的事,專家早就已經知道,而且已經反映在股價上了。
- 成功的長期投資取決於三個關鍵策略:第一,把儲蓄定為首要任務;第二,設定切合現實的目標,並制定最有可能實現這些目標的投資策略;第三,要有紀律地堅持你的投資策略。

04
值得記住的日子

威廉・伯恩斯坦

威廉・伯恩斯坦是一位「改行」的神經科醫師、作家,以及效率前緣管理顧問公司(Efficient Frontier Advisors)的共同創辦人。他為同儕審查的金融期刊撰稿,並為《錢》(Money)雜誌和《華爾街日報》的全國性出版物撰稿。威廉出版了幾本金融書籍,包括《投資金律:建立獲利投資組合的四大關鍵和十四個關卡》(The Four Pillars of Investing),以及四部歷史書,最新的一本是《群眾的幻覺》(The Delusions of Crowds)。他的人生目標是帶著一個裝滿書的手提箱和一台筆記型電腦,去普羅旺斯住6個月——還把這稱之為「工作」。

正如2001年9月11日、1963年11月22日,或1941年12月7日在場的人,都會記得當他們第一次聽到這個消息時身處何處;對特定年齡層投資人來說,1987年10月19日同樣是具有共鳴的日期。

在我還是一名年輕的執業醫師時,有一天我剛寫完當天的病歷,就接到一位同事的電話:「你覺得道瓊指數今天跌得夠多了嗎?」沒錯,它已經跌了508點,將近23%,比幾周前的最高點

低了36%。

我吞了吞口水,我的資產淨值在短短幾個小時內暴跌了近6位數。但就在情緒低落的狀態下,我突然想到,如果我在道瓊站上2,700點時持有股票而不覺得憂心,那麼在道瓊跌到1,800點時,難道不應該更放心嗎?

所以我屏住呼吸,增加了我的股票曝險,但是這個有益的舉動並不完全代表我的理財智商有多高。我仍繼續犯錯:閱讀進場時機的報告、試圖選擇股票和主動型基金經理人,還有設法預估進場時機,做這些事讓我的心情每天都隨著股價起伏。我甚至被1989年假的冷融合(Cold Fusion)熱潮[3]所吸引,而做多鈀金期貨。

幸好,我的財務之旅從那之後就改善。不久之後,我接觸到了柏頓·墨基爾和約翰·柏格的書,並開始沉浸在學術金融的世界中,尤其是尤金·法瑪(Eugene Fama)和肯尼斯·法蘭奇(Kenneth French)在市場效率和因子投資方面的工作。我自學試算表,這在當時沒有現在那麼普遍。我投資組合中的股票曝險,目前完全是低成本的被動式管理基金,而且績效很不錯。也許最巧合的是,在1990年代初期,我接觸到了查爾斯·麥凱(Charles Mackay)的《異常流行幻象與群眾瘋狂》(*Extraordinary Popular Delusions and the Madness of Crowds*),使我避開了幾年後網路

---

3 註:1989年,史丹利·龐斯(Stanley Pons)和馬丁·弗萊許曼(Martin Fleischmann,當時是世界領先的電化學家)聲稱已經觀察到了這種冷聚變,在媒體上引起了短暫的熱潮,然後大多數科學家批評他們的說法是錯誤的,因為許多人發現他們無法複製多餘的熱量。

泡沫破滅。

雖然如此，但我其實應該要做得更好才對。有兩個教訓是我多花了幾十年的時間才學到的，若非如此，我的財務之旅本來會更順暢：

首先，一個可以執行的次優投資組合，比你不能執行的最優投資組合還要好。沒錯，大多數情況下，在一段長時間內，投資組合中的股票比重愈重，報酬就會愈高。問題在於，人類對大多數事情都過於自信，而對財務成功來說，沒有什麼比高估自己風險承受能力更致命的事了。開啟試算表並模擬大量資產虧損是一回事，但是當虧損真的發生時，那又是另一回事了。就像在模擬器中經歷飛機失事與真正飛機失事，兩者之間的差別就是一個很好的類比。

永遠不要忘記幽默作家、同時也是財經記者的弗雷德・施韋德（Fred Schwed）其著名訓誡：「有些事情是無法用文字或圖片就能讓處女理解的。」我在這篇文章裡，盡可能提供的任何描述，也無法讓你了解失去曾擁有的一大筆錢會有的感覺。

過去40年來，我發現一個成功投資組合的首要先決條件——它要能夠生存下來。人們偶爾會看到報紙上關於最近去世的清潔工、秘書或幼稚園老師留下龐大遺產，讓一間慈善機構意外獲得了數百萬美元的文章。這樣的報導總是有兩個共同元素：第一，死者有多節儉（新聞中一定會提及這個人總是搭公車或地鐵的小故事）；其次，這些投資的期間長達半個世紀左右。

同理，我們也會經常看到一些明星基金經理人，在短短幾年

內表現驚人後卻突然失敗退場。這兩種故事之間的差別是什麼？第一種故事中的人，確保他們的投資組合能存活足夠長的時間，讓複利發揮其魔法。要確保複利的魔法，最好的方法是讓投資組合可以在無可避免的經濟、金融危機爆發時，還能生存下來。

我再試著用一個比喻來總結第一個教訓。金融市場是一輛汽車，將你的資產從現在運送給未來的你，而這條道路上結了冰，還布滿巨大的坑洞。如果你開得快，確實可能會更快到達目的地，但這通常是個糟糕的主意。

其次，要在心理上把你的投資組合分開。幾十年來，無論是我自己的錢還是客戶的錢，我都遵循傳統的學術和金融從業者的智慧，設計一個涵蓋所有資產的單一整體投資組合。我仍然在這麼做，這依然是我們為自己和客戶進行安全買進賣出的主要動力。

但這是我在幕後所做的：在心理上，我將一個投資組合分為兩筆完全獨立的資金，一筆是維持身心健康所需的安全資產（稍後會詳細介紹），另一筆是針對幾十年後花費所需的風險資產。這種心理捷徑通常被稱為「兩個水桶策略」資產配置方法，一個是滿足基本需求的退休金水桶，另一個則專屬於滿足你的願望（例如：買BMW汽車或搭頭等艙旅行）以及給子孫後代的風險水桶。

投資大師兼作家查爾斯・艾利斯說，你可以透過以下三種方式之一，**贏得投資這個遊戲：比其他人更聰明、更努力工作，或在情緒上更自律。**

前兩者顯然是不可能的。華爾街裡充斥著智商175的人，每

周工作90個小時。但是想要贏得情緒這場遊戲,則是有可能實現的。關鍵在於能夠在股價腰斬後對自己說:「我幾十年都不需要動用這些股票。其實,只要我管理得夠好,長期而言,這筆錢將交給我的繼承人或慈善機構。」如果你能做到這一點,你就能睡得安穩,股票價格最終會回漲,當股價漲回來時,你可能會賣掉一些,讓你的安全資產稍微增長。請記住,你投資組合的首要目標是「生存」,而一筆高額「沉睡中的錢」是使投資組合壽命延長最好的方式。

這種策略的影響有很多方面,在不同年齡的適用方式也不同。年輕人可能會說:「等等,我的投資組合超小的,我的安全資產甚至不夠我3個月的生活費。」雖然這是真的,但年輕人的人力資本相當於擁有大量的債券資產,所以年輕人的退休投資組合根本不算什麼。如果一個年輕人的投資組合在今天價值大跌,那又怎樣?30、40年後就沒事了。所以,用今天的低價買進所花的錢,可能會是一個年輕人做過的最好投資之一。

至於退休者,因為他們已經沒有人力資本了,所以狀況是完全不同的,退休者最好有一大堆安全資產來度過困難的時期。那麼這堆安全資產應該有多大呢?請參考右頁圖,這張圖顯示了美國股市從高峰到谷低的跌幅。

面對股價的跌幅

這些虧損並非總是能迅速漲回來,尤其是在計算了通貨膨脹

整體股市名目跌幅

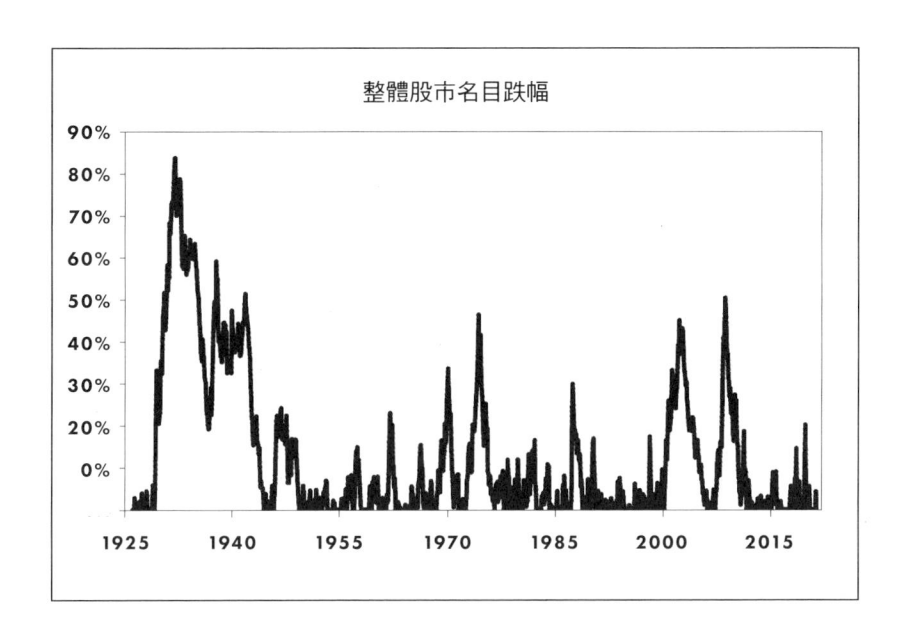

之後。如果你持有股票,在三個不同的時期裡。股票購買力曾經大幅下降——1930年代跌了約25%、1970到1980年代跌了35%、2007年到2009年全球金融危機期間跌了45%。此外,儘管美國股市的整體長期報酬率在過去一個世紀相當良好,但經過通膨調整後的跌幅似乎愈來愈大。

為什麼會這樣呢?在20世紀初,投資於股票的每1美元每年產生約5美分的股利,即使股價下跌,那5%的殖利率也為股價的下跌提供很好的緩衝。幾十年來,這個殖利率已經下降到比2美分還低得多,所以股利的緩衝力變得比較小了。

大約一個世紀前,經濟學家約翰・梅納德・凱因斯(John Maynard Keynes)在談到持有股票時曾說:「認真的投資人有責

任平靜地接受其所持股票的貶值，而不責備自己。」你可以抓準入市時機並避免這些跌勢嗎？就想想吧。現在有近一個世紀的學術研究顯示，沒有人能始終如一地抓準入市時機。華爾街的墓園裡充斥著因為一次幸運的入市時機而聲名鵲起，結果後來幾十年卻做出了非常糟糕預測的人。

那麼我們就來看看，這一切對年輕的投資人和退休者來說，分別代表的意義。

理論上，即使年輕的投資人將100％的儲蓄投入股票，這些儲蓄相對於他債券般的人力資本而言，其實非常少，所以他的整體股票配置仍然很小。即使知道這一切，在401(k)退休基金中持有100％股票的年輕投資人，也可能無法在幾年內平靜地接受一半的錢消失。因此，我們假設中的這位年輕投資人，需要了解他在真實世界中的風險承受能力。例如，先從50％的股票和50％的債券退休投資組合開始，看看你在熊市期間的情況如何。你是否有能力買進更多股票以增加你的股票配置比重，例如75％的股票和25％的債券？如果是這樣，很好。等待下一次機會，重複這個過程。你只是在熊市中勉強撐住嗎？那麼也許股債各半對你來說是正確的做法。你有沒有恐慌並賣掉？如果是，那麼即使是股債各半的配置，對你來說仍然是太積極了。

對於像我這樣較年長的投資人來說，事情更複雜一些，讓我們從最簡單、最幸運的案例開始。可能有數以百萬計的退休人員，因為社會保障收入和舊式的企業退休金而贏得了退休三冠王，他們的每月領取額，滿足（或超過）他們的生活費用和必須

繳的稅。因此,他們的投資組合其實並不是他們的,而是他們的繼承人、慈善機構,甚至可能是山姆大叔(Uncle Sam,美國的擬人化形象)的(這也適用於遺產規畫的本質:你可以把錢揮霍光、你的繼承人可以把錢揮霍光,或是政府可以把錢揮霍光。你要做的,就是選擇要讓誰來把你的錢揮霍光)。這些幸運人士的股票配置對他們來說根本不重要,而且當他們退休時,應該要很了解自己的風險承受能力了。如果他們過去一直持有100%的股票,那麼願上帝保佑他們。

這同樣適用於那些退休後每年需要從投資組合中提取不到2%來支付生活費的退休人士。由於股票的股息流能夠提供這部分收入,而且即使在嚴重的熊市中,股息也不會大幅下降。因此,對於這些退休人士來說,將接近100%的資金配置於股票,並保留少量現金以備應急(如果在情感上能夠承受的話)也是可行的。

如果低於這個資產水準,情況就有點棘手了。對於退休者來說,將10年的生活費存在安全資產中勉強可以接受,15年更好,20年是最好的。一旦你的退休安全資產水桶填滿了,你就可以開始填滿和增加風險及欲望的水桶。永遠不要忘記,如果你要在退休後生存下來,你的投資組合必須先生存下來。如果你把投資組合當成俄羅斯輪盤來賭,也就是在發生可怕的經濟和投資緊縮期間,承擔超出你所能承受的風險,那麼你將付出無可避免的慘痛代價。

在1987年經歷崩盤考驗的35年後,這是我對於累積財富之後支配金錢這場終生財務努力的體悟。我經常告訴人們,當你贏

了這場賭注，就不要再用你真正需要的錢來下注了。如果我的投資維持100%的股票，也許不會有問題，但我已經70多歲了，現在我更感興趣的是「如何讓財務生存下來」，這就是為什麼現在我把至少20年的生活費用放在債券和現金投資中。這麼做不會讓我變得富有，但是我做了一件更重要的事：盡量降低我死前窮困潦倒的機率。

三個教訓

◆ 最好的投資組合並不是可提供最高報酬的，而是你在動盪市場中能夠堅持下去的，這樣就可以享受投資複利的長期收益。
◆ 當你贏得了金融遊戲，目標就不再是變得更富有，而是避免陷入貧困，所以這時就不要再用你真正需要的錢來下注了。
◆ 把你的投資組合想像成兩個水桶——一個水桶將支付你10年或更長時間的支出，另一個水桶則能幫助你度過中間的艱困期。

05 我的退休實驗

詹姆斯・麥格林

詹姆斯・麥格林是特許金融分析師、退休收入認證專業人員，是德州沃思堡「下個四分之一世紀」（Next Quarter Century LLC）的執行長，該公司致力於幫助客戶在長照險、社會保障、其他退休規畫問題上做出更明智的決策。他擔任了30年的共同基金經理人。詹姆斯是《嬰兒潮世代的退休規畫技巧》（*Retirement Planning Tips for Baby Boomers*）一書的作者。

我生於德州沃思堡的卡斯威爾空軍基地，母親是加拿大人，父親在天主教孤兒院長大。我的父母都是公務員，我很幸運，小的時候父親就已經從軍隊退役了，所以我在成長過程中從來沒有搬過家。我受益於穩定的家庭生活、慈愛的父母和良好的公共教育。

在高中時，我唯一接觸的商業，是上了四個學期的記帳課程——讓學習會計有個好的開始。父親教我打網球，我在吉米・康諾斯（Jimmy Connors）和比約恩・柏格（Bjorn Borg）[4]時代加入

---

[4] 註：吉米・康諾斯和比約恩・柏格是1970～1980年代知名網球選手，兩人曾多次在大型比賽和邀請賽上對決。

了我高中的球隊。我高中時期最低薪資的工作是在一間海鮮餐廳當洗碗工，或是冷暖空調助理，主要在閣樓的空調管道周圍包裹玻璃纖維絕緣材料。這些工作是我上大學並獲得商業學位的動力。

1977年開始上大學時，我在主修會計或金融之間猶豫不決。其中一個選擇會引導至公共會計領域或八大會計師事務所的職業道路；另一個選擇則是金融和投資。我上了很多會計課，但最終還是被投資所吸引，不過當時股市已奄奄一息多年，道瓊工業指數在1,000點以下徘徊。

我在德州大學奧斯汀分校的最後一門課，是現代投資組合理論，我的成績夠好，所以金融學教授建議我畢業後申請大學捐贈基金的工作。事實證明，這是一個很好的建議，這個工作開啟了我35年的基金經理人職業生涯，這是我兩個職業中的第一個。

投入金融工作

1980年，我21歲時，獲聘為永久大學基金（Permanent University Fund）的初級分析師，這是美國最大的大學捐贈基金之一。基金最初以大量的德州灌木叢荒地為啟動資本，其中一些土地後來被發現有龐大的石油蘊藏。基金的大量資產吸引了券商分析師來到我們的德州辦事處，在他們來訪時，會教育並試圖說服我們透過他們的公司交易股票。他們的雇主可以從我們這裡賺取佣金，而我們則能夠在高級餐廳用餐並獲得投資建議。

我剛開始工作時，交易成本和利率都很高，退休帳戶也相對

容易理解，不像現在令人眼花繚亂的選擇。我的第一筆退休金投資是2,000美元，我將這筆錢投資於個人退休帳戶，不久後，所有勞工都可以開設這樣的帳戶。由於當時的利率非常高，我投資了富達的貨幣市場基金，獲利率超過15%；同時，在我的應稅帳戶中，我記得我買進的第一檔個股是約翰迪爾（John Deere），我買了50股，並支付了每股1美元的佣金，並且是透過全方位服務的券商買進。

我一直是個終身學習者，除了在工作中學習投資業務外，我還獲得了特許金融分析師身分，這至少需要3年的時間才能完成；後來，特許金融分析師成為機構投資領域人士必備的資格。1983年，我是首批獲得特許金融分析師資格的一萬人之一，這幫助我的職業生涯前進，讓我經歷幾次工作變動，而且責任愈來愈大；現今則有超過17萬5,000人持有特許金融分析師執照。

剛拿到特許金融分析師證書後，我在德州加爾維斯頓的美國國家保險公司（American National Insurance Co.）得到高級分析師的工作，協助管理保險公司的股票投資組合及其共同基金。當時共同基金並不常見，我們的基金收取7%的初始費用，也就是佣金。

但是員工可以免佣金，所以我開始將我的應稅、延稅資金投資於我協助管理的共同基金中。1987年10月19日股市崩盤，一天內暴跌超過22%，在那之前幾個月，我還開始為雇主管理一檔股票收益型共同基金。崩盤後的那個周末，我去了辦公室，列出了投資組合中那些已經跌至低得離譜的股票買進清單，我的假

設是：如果市場繼續下跌，我無論如何都會失去工作——那何不押注股市會回漲呢？幸運的是，當時全國廣播公司商業頻道（Consumer News and Business Channel，CNBC）還不存在，無法使投資者更加恐慌。突如其來的重挫令人震驚，但市場很快就反彈了，在年底前幾乎收復了所有跌點。隨著市場的好轉，現在我已成為投資組合經理人，我有信心開始展開家庭生活了，於是就在1988年結婚了。

幾年後，我搬到奧克拉荷馬州，將投資經驗和特許金融分析師的知識，運用到一份新工作中，為該州最大的基金經理人工作。1991年，當我帶著懷孕的妻子離開家鄉時，在奧克拉荷馬州唯一認識的人是在加爾維斯頓的一位同事，就是他推薦我擔任這個職位；我的女兒在那年稍後出生，兒子則在1995年出生，就在奧克拉荷馬市爆炸案發生6個月後，而爆炸地點在距離我市中心的辦公室只有幾條街之遙。

在我成為新推出共同基金的主要經理人後，我再次將我的投資帳戶轉移到我管理的基金中，我可以說是自家產品的愛用者，不過這麼做確實使我的資產多樣化了一些。當公司成立SEP IRA[5]時，我開始為退休儲蓄，定期定額投資標普500指數基金。

在奧克拉荷馬州工作了8年後，我接受了辛辛那提州另一間保險公司的新職位，並承擔更多的責任。我是公司的股票投資主管，管理更多的共同基金。我的跳槽恰逢股市失落的10年之初，

5　註：SEP IRA是讓自雇者和小企業主提撥用的退休金計畫。

這個10年始於2000年的網路泡沫破滅，並以2008到2009年金融崩盤而告終。2000到2009年，標普500指數的累計總報酬率為-9.1%。

不僅市場無情，我也想念我的家鄉德州，我想在那裡養育於奧克拉荷馬州出生的孩子。2006年，我繼續為辛辛那提保險公司工作，但我回到德州的達拉斯—沃斯堡地區，成為「在家工作」運動的先驅。我本來希望能在家工作2年，結果9年後，我結束這個職業，停止了主動型股票管理工作。2008年的金融危機加劇了在家工作和遠端辦公的壓力，而我的婚姻在2012年結束。雖然我目睹了像1987年的黑色星期一，以及2000到2009年失落的10年這些挫折，但整體而言，這對投資人來說是一個偉大的時代。在我從事投資管理工作期間，我看到道瓊指數從1,000點到漲破1萬7,000點以上，驚人的是，道瓊指數從那時以來又再漲了1倍。

轉換跑道

當我從資金管理部門退休時，已經55歲了，仍然覺得還有很多事要做，所以我決定從退休規畫方面再度展開職業生涯。我最初的動機是：我對研究退休策略和自己可能使用的產品很感興趣。

為了準備事業第二春，我又開始閱讀書籍，研究了可用的退休計畫認證，並選擇追求退休收入認證專業人員的資格。我必須

通過一個由三部分組成的考試,涵蓋了退休的所有事務,包括社會保障、醫療保險、長照保險、年金和投資組合提取策略。我很快就發現,如果我想銷售剛學到的金融產品,我需要成為一名有執照的保險代理人。我通過了醫療和人壽保險考試,這使我能夠銷售人壽保險、年金和長照險,這些學習都幫助我能更清楚地分析退休人員可獲得的投資、保險產品。

我想透過這些產品實現什麼?像許多展望退休的人一樣,我也有一些財務煩惱。我不想要活太久結果沒有錢花;我擔心長照可能會帶來沉重的成本;我想為我的繼承人留下一些錢;我擔心我在退休後可能會面臨高昂的稅款,尤其是當我年滿78歲,必須開始從我的退休帳戶中領出最低的提撥金額。

為了解決這些擔憂,我開始嘗試一系列產品和策略,把自己當作白老鼠。我的第一個實驗是——買一份終身壽險,這提供我死亡賠償和一個稅收優惠的投資帳戶。我想累積一筆資金,在我過世後可以免稅傳承給我的繼承人,我以法律允許的最高限額為保單提供超額資金,因此我將從免稅現金累積中獲得最大的利益。7年後的現在,這張保單的現金價值以每年3.5%的速度成長。我試圖在保單中加入一個長照附加條款,這樣我就可以利用保單的價值來支付家庭護理和相關費用,但保險公司認為我的風險太大,我猜這是因為我的病歷中曾有三次不同的手術——肩旋轉肌、髖關節、頸部。

我的第二個實驗——購買合格長壽年金合約(Qualified Longevity Annuity Contract,QLAC)。這些遞延收入年金對我很

有吸引力,我可以使用傳統個人退休金帳戶中的資金,來避免老年時錢花光的風險。對於相對較小的投資,這些年金提供終身收入保證,且相對較晚才開始支付——最晚可能到85歲。我已經有一份壽險保單,可以讓我的繼承人受益,所以我選擇了年金,只要我活著就可以領取收入。這些年金可能給我最高的月福利金,但沒有為我的繼承人留下任何剩餘價值,如果我在付款期開始前去世,我甚至不會收到任何一毛錢。

這使得我的下一個決定極為重要:年金應該從幾歲開始支付?我透過購買三份保單來避免我的賭注風險,每份保單都在不同的年齡開始支付。這有點像在輪盤賭桌上把籌碼押注在三個不同的數字上。

我投資了2萬5,000美元,制定了從85歲開始的付款計畫,這項投資將給我帶來很高的潛在報酬。我投資的2萬5,000美元,將開啟每年1萬8,000美元的終身支付額生活——當然,前提是我能活到85歲。

我投資的第二張保單,在我76歲時開始支付。我想從保單中每月獲得1,000美元的收入,結果發現我只要投資5萬美元就可以實現。

我的第三個選擇,則是投資5萬美元購買從80歲開始付款的保險。如果我活著領到這筆錢,這將每年支付我1萬8,000美元。這與我可能從85歲開始領取的保單中獲得的收入相同,但我不得不投資2倍的資金來保證相同的收入,因為這個方案會提前5年開始支付收入給我。7年後,這些長壽年金合約的價值實際上

是我投資金額的 2 倍,因為從我開始領取的 7 年以來,利率已經下降了。

為未來做好準備

我的下一個退休實驗幾乎是偶然發生的。我經常去聽各種退休產品的銷售宣傳,這是我收集資訊的一部分。我收到了一份邀請,去達拉斯聆聽醫療保險產品和長照險的演講,演講以混合長照險為主,這樣的保險涉及將延稅年金或具有長照福利的人壽保險單配對。這些保單需要進行大量的前期投資,如果你有長照的需要,可能獲得該金額的一定倍數作為長照福利金。

我帶著好奇離開了會場,但也對演講者的說法表示懷疑。傳統長照險的聲譽很差,這是因為保費頻繁和大幅的調漲,但根據講者的說法,混合式長照險是不同的,它永遠不會漲價。此外,講者說,如果我改變主意決定投保,可以隨時全額退還投資金額。他們說,保險公司會接受像我這樣的要保人,而標準長照險的提供者可能會拒絕我。

我覺得有必要進一步研究。我參加了有關傳統和混合長照險的繼續教育課程,並向其他專業人士詢問了該產品的相關問題,我甚至聯絡在提供混合式長照險保險公司工作的前同事,這些研究最終說服了我為自己和女朋友買一份聯合保單。退休研究員大衛・布蘭切(David Blanchett)提出的「退休微笑」(Retirement Smile)理論指出,退休後的支出會穩步減少,直到晚年高昂的

醫療費用開始出現，退休支出就會再次攀升。現在，我覺得自己已經為這種可能性做好了準備。

多虧了長照險的保單，我可以在退休初期更自由地從我的投資組合中提取資金。我不必維持一個「萬一怎樣」長照應急基金，以支付可能需要的長照花費。我甚至寫了一本關於混合保單的電子書，頁數並不多，內容是討論不同的例子及好處。我承認，這些保單的設計有點令人困惑。

我現在有多張保單：一份終身壽險保單、三份長壽年金合約，還有一份混合式長照保單。我實驗的下一步是——決定如何最大化社會保障福利金，如果我延遲到70歲才領取福利金，就可以領取到最高金額。

我讀過財務規畫專家韋德‧費歐（Wade Pfau）關於建立社會保障「橋梁」的文章，這樣的橋梁目的在於模擬社會保障金的支付，直到70歲開始領取。我可以使用現金、用定存建造的階梯式投資，或是買固定期限的年金險。結果最高的報酬是來自所謂的特定期間年金，從我62到70歲這段期間，每個月都會給我支票。

從我可靠的個人退休帳戶中花了12萬5,000美元買長壽年金合約後，我又領取了20萬美元購買特定期間的年金險，8年內每年都會支付我3萬美元。我在滿62歲的前4年買了年金險，以鎖定更高的支付率，現在我62歲了，我開始收到付款；當這筆款項在我70歲時結束時，我將開始領取社會保障福利金。

我的退休計畫還有一個關鍵因素。在55歲時，我將1,000美

元從我的個人退休帳戶轉到我的羅斯個人退休帳戶，原因很簡單：我想為我的羅斯帳戶設定5年的期限，這樣我就有資格在62歲時免稅領取——如果需要的話。後來，我又將更多資產轉至我的羅斯帳戶，進一步降低傳統個人退休金帳戶裡的資金規模。這將確保從78歲開始減少所需的最低領取金額，如此我70幾歲以後要繳的稅就會變少。

我想在62歲之前完成這些羅斯轉換，為什麼？當你從65歲開始享受聯邦醫保的福利時，如果你的收入高於特定門檻，保費可能會較高——有時甚至會更高。麻煩的部分在於：聯邦醫保費用是根據你2年前的收入決定的——也就是當你年滿63歲時。

我的退休計畫時程表上還剩下什麼？我的下一步行動是——在我65歲前3個月申請聯邦醫保，我還計畫買另外兩份保險：Medigap Plan G保單和D部分處方藥保險[6]，這將補足聯邦醫保所沒有提供的範圍。當然，在70歲時，我打算申請我的社會保障福利金。根據現行法律，我需要在78歲之後從我的傳統個人退休金帳戶領錢，雖然我透過買保險和羅斯退休金帳戶轉換，而大幅減少了個人退休金帳戶中的餘額，但我的傳統個人退休金帳戶裡還是有錢。我可以利用所謂的合格慈善捐款，在70歲過一半

---

6 註：Medigap 是 Medicare Supplement Insurance Plan（聯邦醫保補充保險方案）的簡稱，是美國民眾可以從私人醫療保險公司買的額外保險，用於支付在原始聯邦醫保中的自付費用。2005年之後銷售的Medigap方案不包含處方藥保險，因此，如果是第一次註冊Medigap，將不包括藥物保險。如果想要處方藥保險，可以加入單獨的聯邦醫保藥物計畫（D部分）。

之後，將這筆錢直接捐給慈善機構，或是將部分餘額留給我的孩子。

在花了7年時間規畫我的退休生活後，現在我把注意力轉向享受規畫的成果，尤其是旅行。雖然我的成年子女現在住在科羅拉多州，但我還是喜歡帶他們去冒險。到目前為止，我和孩子們去過亞馬遜、泰國和埃及，我帶女友去過阿魯巴群島和哥倫比亞麥德因郊外的一個咖啡農場，我還獨自前往德國、捷克和波蘭，並在那裡教英語。我退休後的另一個愛好是打匹克球（Pickleball），這就像我在高中時學的網球，但比較不傷膝蓋。我還開始參加匹克球比賽，甚至在當地的匹克球場擔任專員義工。

我展開的退休規畫業務如何呢？最初是事業第二春，後來演變成為設計我的個人退休計畫，同時還為朋友和家人提供社會保障、醫療保險、年金、長照險方面的建議。我計畫繼續透過我的文章和書幫助其他人——有時則是在匹克球場上，在兩場比賽中間幫助他人。

三個教訓

- ◆ 考慮延遲到70歲才領取社會保障福利金，在此同時建立一個由債券、定存或特定期間固定年金組成的「橋梁」，這些年金會在你可以開始領取福利金之前給你收入。
- ◆ 為了確保你不會因為太長壽結果最後錢不夠用，你可以投資於遞延收入年金，這種保險會要求你現在就將一大筆錢交給保險公司，以換取退休後的收入保證。
- ◆ 如果你不符合獲得傳統長照險的資格，可以研究混合式長照險，這種保單將現金價值人壽保險或延稅固定年金與長照福利結合。

06
一次昂貴的教訓

林約翰

林約翰是一名醫師,也是《如何提高孩子的財務智商》(*How to Raise Your Child's Financial IQ*)一書的作者,並經常為HumbleDollar的網站撰稿。他對經濟學和金融學充滿熱情,對行為金融學特別感興趣。約翰喜歡跑步和古典音樂。

我們的鼻孔裡充滿了甲醛的刺鼻氣味,一排排屍體躺在冰冷的金屬桌上。這門課是大體解剖學,我們是緊張的1年級醫學生,那一天是我們成為醫師漫長而艱辛旅程的開始,時間持續7到13年不等,視科別而定。

那一天,金錢的煩惱還離我很遠,但對於我的許多同學來說,財務擔憂將困擾他們很久。他們已經開始累積堆積如山的債務,當他們取得醫學學位時,平均債務將超過20萬美元,而且這還不包括大學4年的學貸債務。雖然我很幸福地沒有意識到,自己處於一個巨大的優勢,多虧了父母的慷慨,我沒有助學貸款的重擔。

我在醫學院的成績並沒有特別出色。記住數百塊肌肉、骨

骼、神經並不是我的愛好。我比較擅長的是數字，這就是我對金融有熱情的原因。但這稍後再談。

在圖書館和醫院病房待了4年後，我終於從醫學院畢業了。可惜的是，醫學學位並沒有幫你做好行醫的準備。這是住院醫師期間和專科醫師培訓的作用，是在念完醫學院之後進行，而通常比讀醫學院需要更長的時間。我選擇追隨父親的腳步，鑽研放射醫學，這表示我還要再接受6年的訓練。我在舊金山市完成了放射科住院醫師培訓，並在帕洛艾托市完成了進修，我在這裡和醫學院認識的女友結婚。儘管我待命的時候工作時間很長，夜晚輪班也很辛苦，但我還是很享受那段歲月，我終於覺得自己對病人的生活有所影響。

在擔任住院醫師待命時，某晚我讀到一位疑似患有闌尾炎的年輕女孩的影像掃描文件。闌尾在我看來沒問題，但卵巢的外觀看來不太尋常——這顯示可能是卵巢扭轉，卵巢的血液供給扭曲。對於她這個年紀的女孩來說，很不常見。我立即進行了超音波檢查，似乎證實了我的懷疑。我永遠不會忘記在解釋我所看到的以及挽救她卵巢所需的緊急手術時，她父母眼中的淚水。我的行為可能會讓一個孩子去開刀，或是讓她回家卻導致她失去卵巢，這令我留下了永難忘懷的印象。身為醫師，人們交託給我的是神聖又無價的東西——健康。

接下來的6年，我仔細閱讀放射學的教科書，並與一些傑出的放射科醫師一起學習。從純粹的財務角度來看，這是對人力資本的投資，而且是一筆相當大的投資。這花費了我父母數十萬美

元的醫學院學費、食宿，並花了我10年的生命。但是最後，這項投資將在財務和職業上帶來豐厚的回報。

1997年，我擔任放射科住院醫師的年薪是3萬2,000美元，在提撥9,500美元到我的403(b)退休金帳戶並繳完所得稅後，我的實得薪資是每月1,500美元。雖然不多，但我從不覺得自己很窮。我衣食無缺，有地方可住，此外，我大部分的時間不是在醫院工作，就是在家讀教科書，我身邊的同儕也都做同樣的事。雖然我接受的正式訓練是放射醫學，但我在潛意識裡學到一個具有重大價值的財務課程——你可以用適度的收入，過上非常令人滿意的生活。

然後，終於發生了。在那堂大體解剖學課程的10年後，我終於成為一名「主治醫師」，也就是正式的醫師。我在南加州一間中等規模的放射醫學團隊找到了一份工作，並開始認真工作。

從實習醫師到主治醫師的轉變，在任何醫師的財務旅程中都絕對重要。當實習醫師成為主治醫師時，收入就會飆升，增加5倍或更多的情況並不少見。在某些情況下，幾年後，當醫師成為診所的正式合夥人時，收入會第二次增加，不過幅度比較小。許多醫師馬上就開始適應並運用主治醫師的薪資。想像一下，當你延遲滿足10年或更長時間，一生中很長一段時間都在圖書館和醫院中度過，然後薪資一下暴增，就會有強烈揮霍的衝動。除此之外，你周圍還都是開著高級汽車、住在高級社區、出國度假享受的同事。

我承認，剛成為主治醫師時，我做了一些揮霍的事。我用一

輛全新的 Toyota Camry 換掉了我那輛破舊的笨重老車，我妻子則買了一輛 Lexus 休旅車；我們搬進一間兩房公寓，裡面有一座社區游泳池和網球場——比我們住在舊金山時的那間破房子好太多了；我們也到外面吃飯、旅行的次數更多。但整體來說，我們升級生活方式的進度緩慢，這表示我們能夠節省非常龐大的資金，我們的儲蓄比率激增，多數時候在 40％ 到 60％ 之間。領著醫師的薪水卻過著簡樸的生活，是一種財務超能力，重要的是，這為我們鋪平了通往財務自由的道路；更重要的是，我們相對的節儉幾乎沒有減少所經歷的快樂。正如研究所發現的，我們從金錢中獲得的幸福感會呈遞減效應。

財務規畫

我財務生涯的轉捩點發生在私人執業的幾年裡，那時我被要求擔任我們集團退休計畫的受託人。當時，我們的放射科團隊有一個傳統的 401(k) 退休金計畫、一個利潤分享計畫和一個現金餘額退休金計畫，身為受託人，我們負責監督這三個計畫。

我們的現金餘額計畫很像傳統的公司退休金，參與者提撥稅前薪資至該計畫中，根據他們的提撥歷史和計畫的投資報酬，保證未來能領取到一筆錢。由於我的許多合夥人每年都提撥大筆資金，於是這個計畫很快就發展到相當大的規模。雖然受託人不直接管理投資，但我們要監督理財顧問。

當我成為受託人時，我們的團隊已經與同一位顧問密切合作

多年。我的許多同事還聘請他來管理他們的401(k)投資，但我對所看到的情況愈來愈失望。例如，DoubleLine總報酬債券基金（Total Return Bond Fund）多年來一直是現金餘額投資組合的主要組成部分，光是這檔基金我們就投資了幾百萬美元。我注意到這檔基金有兩種份額：零售型和機構型，不知道是什麼原因，我們投資於價格更高的零售型。這些份額的12b-1費用[7]相當於資產的0.25%，而機構基金則沒有這項費用。這筆費用流向了出售基金的券商。

由於對DoubleLine基金的巨額投資，導致我們每年都不必要地支付數千美元的額外費用。當我問顧問：為什麼我們不選擇機構型時，他承諾會研究一下。幾個月過去，他完全沒有回覆我。被多問了幾次後，他就把我們轉入機構型，卻沒有解釋。

還有另一次，顧問建議我們大量投資非交易房地產投資信託基金和變額年金，將兩者加入我們的現金餘額計畫中。雖然顧問從沒提到這一點，但我發現這兩項投資都向銷售的券商——就是我們的顧問——支付豐厚的佣金。他建議我們將現金餘額計畫中的多少投入到年金中？「僅僅」50%。

最終，我們解雇了那個顧問。這些經歷再次堅定了我的信念，沒有人會像你一樣關心自己的錢。不要誤會我的意思，有許多正直的顧問做得很好，他們除了管理你的投資組合外，還會為

---

7 註：12b-1費用，這是以美國證券交易委員會的法條編號命名，這項法條允許將基金行銷的費用轉嫁給基金受益人。

你帶來很大的價值。但是我認為，一旦你有足夠知識挑出真正的好東西，就應該考慮自己管理投資。不要低估複利的力量：一生中節省1％或2％的費用，加起來真的很多。

雖然我是我們現金餘額計畫的受託人，但我也是一名投資人，我必須做出的最重要決定之一就是──是否要提撥，以及該提撥多少。參與計畫的人可以選擇他們的年度提撥額，最高限額取決於年齡和在醫療團隊中的年資。這涉及的金額相當可觀，例如，較資深的成員每年可提撥20萬美元或更高的免稅提撥額，在像加州這樣的高稅收州，這是非常有吸引力的。

但因為現金餘額計畫是一個保證報酬率的集合帳戶──多年來，30年期美國公債收益率是我們的基準利率，因此必須非常保守地進行投資。如果投資組合蒙受重大損失，我們就必須彌補缺口。我所說的「我們」是指計畫的參與者，團隊中的每個人幾乎全都參與計畫了，正因如此，計畫通常將約70％的資金保留在債券中，其餘的則是股票，這種保守的配置注定會產生小額的回報。

我的合夥人一致認為：免稅優惠比這些限制要來得好得多，但我並不相信。由於這涉及非常龐大的資金，我計算了一下。基本問題是：我應該在預期報酬率低的延稅現金餘額計畫中節省大筆資金，還是該為我的收入繳稅，然後投資於預期績效更高的應稅帳戶？

如果我像許多合夥人一樣all-in至現金餘額計畫，我退休時可能會有巨額的401(k)退休金帳戶。這是因為當合夥人退休或離

開公司時，他們在現金餘額計畫中的部分，被納入他們的401(k)退休金帳戶中。另一方面，放棄現金餘額計畫，就代表今天要支付高額的稅負，並將稅後儲蓄存在應稅帳戶中。雖然繳了稅之後會少掉很多錢，但我的試算表顯示，應稅帳戶可能會在稅後超越現金餘額計畫，這主要是因為我更積極投資的應稅帳戶其預期報酬率更高。最後，我決定為我的賭注避險，提撥一些錢到現金餘額計畫中，但也在應稅帳戶中存入相當高的金額。

在我擔任受託人的期間即將結束前，我努力遊說增加另一種類型的退休帳戶：羅斯401(k)。這種帳戶可以為帳戶提供免稅成長，但沒有初始稅收減免，這與我們已制定的傳統401(k)計畫不同。我們對這件事有點遲疑，雖然羅斯401(k)是2006年就開始有的計畫，但我們團隊直到2014年才加入羅斯401(k)選項，我認為這是一個嚴重的錯誤。

雖然因為明顯的稅收優惠使現金餘額計畫很受歡迎，但是它的稅務缺乏多元性則是一個重大的缺點。如果想要搞清楚問題在哪裡，請想像一下這個場景：你是一位高收入的醫師，同時也是一位積極的儲蓄者，你每年可以向傳統的401(k)和利潤分享計畫提撥超過6萬美元，另外還可以向現金餘額計畫提撥20萬美元或更多錢，具體的金額取決於你的年紀和在團隊中的年資。現在想像一下，年復一年堅持這麼做，當你退休時，你就已經建立了一個龐大的延稅儲備金，後來領取的每一元都要繳納所得稅。

我的許多合作夥伴就是這麼做的，但他們可能在應稅帳戶或免稅的羅斯帳戶中幾乎沒有存任何錢。這麼缺乏稅務多元性，可

能會在退休後吃掉他們很多錢,因為他們從78歲開始,最低提領金額就必須大幅提高,退休後將享受較低稅率的假設可能大錯特錯。如果所得稅率從今天的歷史低點上升,那只會使問題變得複雜,羅斯401(k)帳戶——加上羅斯轉換,可以在退休後提供一些稅收減免。

糟糕的選擇

我們診所的401(k)計畫完全是自行管理的,提供的是傳統券商帳戶中的那種選擇,提撥者可以在他們想要的時候交易想要的東西,佣金相對較低——後來完全沒有佣金——這降低了交易的摩擦成本(Frictional Cost)[8]。完全自由地、隨心所欲地投資,再加上接近0的佣金,這簡直就是投資的天堂吧?別高興得太早。

有些醫師會聘請財務顧問來管理他們的401(k)投資——包括前面提到不那麼謹慎的顧問。大約一半是自行管理的,許多人完全沒有接受過正規的金融教育或訓練,竟然還認為自己完全能管理自己的退休金,包括我自己也是這麼想的。這麼做就像給一個外行人一把手術刀和鑷子,也許再丟個一、兩本手術教科書給他,然後對他說:「切除病人的盲腸。」

結果是可預見的。雖然我是2002年加入這個集團,但我聽

---

8 註:摩擦成本,是巴菲特在致股東信中的說法,意思就是「交易成本」,也就是每次買賣股票必須付給券商的佣金。

說過在1990年代後期科技股泡沫期間發財，然後又虧損一空的故事。一些投資組合只持有5檔或更少的股票，有些人的投資則是100％持有現金而凋零。從某些帳戶過度活躍的交易看起來，你可能已經猜到，我們經營的根本是避險基金而不是醫療機構。

我現在很清楚，我們的401(k)中若有更少、更明智的投資選項——例如目標日期基金和指數基金，對我們大多數人會更有幫助。如果我能回到過去，我會把符合年齡的低成本目標日期基金，設定為我們計畫中的預設投資。聰明的預設投資和自由選擇可以共存，如果提撥者不喜歡他們預設的目標日期基金，便可以轉到其他投資。但我的猜測是，許多同事都會感謝有人把他們往正確的方向推。後來，我在職業生涯中遇到的聯邦政府「節儉儲蓄計畫」（Thrift Savings Plan）就是這方面的模範。

醫師是一群驕傲又自信的人，多年的學業成就和被人稱為「醫師」這件事，可能會讓我們感到飄飄然，再加上薪酬非常高，這就是一種有害的組合。醫師——尤其是男醫師——都有極端的自信，我們都會陷入一種似是而非的想法——只要我們花點空閒時間研究，就能打敗大盤，就是這麼簡單。

我早該知道並非如此。在我職業生涯的早期曾讀過一些投資經典著作——柏頓・墨基爾的《漫步華爾街》、約翰・柏格的《共同基金常識》（*Common Sense on Mutual Funds*）和威廉・伯恩斯坦的《投資金律》。在他們的書中，這個訊息響亮而明確——市場是有效率的。被動投資是獲得卓越結果的途徑，但「驕傲和過度自信」卻跳出來低聲對我說：「約翰，你才不是普通的投資者。」

不幸的是，我相信了這個謊言，以下是我投資錯誤的一部分：

- 亞馬遜（Amazon.com）：我在1990年代後期的網路熱潮期間買了這檔股票，還有其他網路新秀，這類股票大多數最後都血本無歸。在亞馬遜股價漲回我的成本價後，我以亞馬遜1拆20股調整後每股2.50美元的價格出脫。但我實在賣得太早了：即使在2022年初股價遭受重創之後，亞馬遜的股價仍高於100美元。
- XM衛星廣播（XM Satellite Radio）：在讀了《聰明理財》（SmartMoney）雜誌上一篇看好的文章後，我就投資了這檔成長股票。我進場不久後，股票就開始暴跌，在加碼了好幾次後，我成功地把一筆很小的損失變成了一筆不小的損失。
- 西爾斯控股（Sears Holdings）：這檔股票是我追隨神童投資人艾迪·蘭伯特（Eddie Lampert）的腳步，有人稱他為下一個巴菲特。這是我目前為止最大的投資失誤，當西爾斯最終破產時，光是這筆投資，我就損失了大約1年的薪資。

現在你大概已經失去對我身為投資人的所有尊重，接著讓我也談談我在投資上的成就吧。在2008年的全球金融危機中，我大筆投資大型銀行，並獲得了豐厚的報酬；最近，我在2020年新冠疫情的熊市期間積極買進，到目前為止，這些投資都獲得了

豐厚的報酬。

但是整體來說，我真的懷疑我的投資是否超越一個簡單的指數基金投資組合，即使我的績效略高於平均水準，也不值得我所付出的代價。正如任何經濟學家都會告訴你的：每個決定都存在機會成本。你如何為研究股票、市場所花費的數百個小時定價，而這些時間大可以花在其他更讓人感到充實的事情上？──時間是一種收不回來的商品。

放手一搏

大約4年前，我的生活發生了意想不到的轉折。我們的孩子快要進入青春期，但我們還沒找到適合的高中。這並不是因為沒有嘗試過，公立學校、私立學校、在家自學──我們都試過了，理想的學校似乎是一個難以實現的夢想。

我們的育兒理念對某些人來說可能很極端，但為孩子提供在學業上成長茁壯的機會是我們的首要任務。我的父母在我7年級時，就把我送到寄宿學校，這對他們來說是一個重大犧牲。對我來說，那幾年也很辛苦，但現在回想起來受益匪淺。現在，是時候為我的孩子做同樣的事了。

我們終於找到了似乎是理想的學校──一所按能力而不是按年齡對學生進行分班的學校。只有一個問題：它位於另一個州。雖然孩子的教育對我們來說是最重要的事，但我們不願意為了讓他們能夠上學而拆散家庭，如果他們要上這所學校，就要全家一

起搬過去。到那時,我已經在南加州放射科工作了近16年,這不是一份完美的工作——沒有完美的工作——但從大多數標準來看,這是一份非常穩定、令人嚮往的工作。最重要的是,我辛苦工作了4年才成為正式的合夥人,搬家就表示放棄這一切,從頭開始。

　　初步尋找適合的工作未果,即便如此,我還是向妻子保證,即使我沒有立即找到工作,也能負擔得起搬家的費用。多年的積極儲蓄使我們處於一個能根據價值觀(而不是財務狀況)做出艱難選擇的位置,雖然那時在財務上還沒有獨立,但我們有足夠的保障,可以放手一搏。我在《傳道書》(*Ecclesiastes*)第三章中得到了極大的安慰:「凡事都有季節,天下萬物都有時候。」現在正是投資孩子教育的時候。

　　由於沒有工作機會,我盡可能寄履歷給透過網路找到的所有放射科診所,我也試過直接打電話給我沒有人脈的診所,結果一無所獲。放射科不是不缺人,就是只考慮透過人脈介紹的人。看起來,我可能要面臨我這輩子第一次失業。

　　有一天,當我獨自在「閱覽室」(放射科醫師用來指黑暗、全是電腦的工作區域)口述病例時,突然有了一個想法。退伍軍人事務部的醫院如何?我曾在舊金山的放射科擔任住院醫師,在舊金山退伍軍人事務部接受了幾個月的訓練。對於睡眠不足的住院醫師來說,輪班到退伍軍人事務部簡直是上天給的禮物,因為患者數量遠低於其他醫院。但是直到現在,我從未想過在退伍軍人事務部醫院擔任全職主治醫師。

稍微搜尋一下，馬上就找到了，我們計畫搬過去的地方確實有一間退伍軍人事務部醫院。我感覺彷彿有一股無形的推動力，拿起電話撥了號碼，被轉到放射科後，我問電話那頭的人：「能和你們的放射科醫師談談嗎？」感覺好像等待了很久之後，一個男人接起電話，正是放射科的主任。我試圖掩飾自己的不安，自我介紹並解釋說：「我們全家幾個月後要搬到你們鎮上，我想知道是否有放射科醫師的職位空缺。」

　　我聽到對方停頓了一下，然後是一聲輕笑，我的心沉了下去，我的迫切有那麼明顯嗎？「真有趣，」電話那頭說，「就在上周，我們的一位放射科醫師通知說他打算離職。所以，是的，我們有一個空缺。」他給了我他的電子郵件，請我寄履歷給他。

　　當我放下電話，靜靜地坐著，雞皮疙瘩在我的身上逐漸蔓延。是什麼促使我在那一刻打那通電話？如果我早幾周打電話就會被拒絕，如果我搜尋官方的政府招募網站，就不會找到任何資訊──這份工作還沒有發布。這是一個驚人的巧合，還是我剛剛遇上了一個奇蹟？

　　在接下來的1個月左右，我為這個職位面試，並得到了這份工作。成為政府的員工使我的收入大幅減少，但是，有一份工作總比失業要好太多了。我很快就了解到，成為一名聯邦雇員有很多很棒的優勢：退休時，退休金會經通貨膨脹調整、確定提撥計畫很棒（前面曾提到的節儉儲蓄計畫）聯邦政府也會慷慨地提撥同樣金額，以及很棒的醫療保險福利，這只是少數幾個例子。

　　但最大的優勢是非財務的。加入退伍軍人事務部後，我將對

金融的熱情用於傳播金融素養，我為醫護人員和實習生開發了一門課程，每月舉辦關於個人理財和投資的講座。後來，我在當地一所大學指導四年級醫學生一門關於個人理財的選修課；也是在這個時候，我開始為 HumbleDollar 寫作，並且在醞釀了多年後，終於出版了我的第一本書《如何提高孩子的財務智商》。

我人生和財務旅程的最新階段充滿了教訓，就像羅伯特‧佛洛斯特（Robert Frost）在〈未行之路〉（The Road Not Taken）中的優美詩句，永遠記錄著我的第一個教訓：

樹林中有兩條分岔路，而我──
選擇人跡罕至的那條，
這讓一切都截然不同。

在職業生涯中期放棄一份穩定、高薪的工作，會被許多人視為在財務上不負責任，但我發現，人跡罕至的路往往是風景最優美的。孩子的教育利益是值得這次搬遷的，而且，我們承擔的風險，也為我個人和職業帶來了回報。

第二個教訓是，財務安全能為你開啟機會之門。我們願意離開加州的其中一個原因是：財務狀況完好，如果不是這樣，我不知道我們是否會冒這麼大的風險。說到底，財務自由絕對不只是提前退休，然後去打高爾夫球。而是關於自由地做出艱難選擇，並追隨你心中真正的方向。

最後，我了解到我們對財務、生活的控制，完全不是想像中

的那樣。其實正好相反，生活充滿了隨機性和偶然性，在投資時，這些力量很容易決定投資的成敗，但也能用不可預測的方式改變生活進程。在我的生命中，有多少福氣（無論是財務上還是其他方面的）是傻人有傻福，或老天的恩典？有非常多。

三個教訓

◆ 隨著收入的增加，不要讓你的生活花費增加得太快。這將使你每年節省更多，而且對你的幸福感幾乎沒有影響。

◆ 可免稅的退休帳戶很有吸引力，但是需要付出代價——退休時要繳的稅會更高。為確保這些稅單不會太高，請考慮將你的部分退休儲蓄投入羅斯個人退休金帳戶和羅斯401(k)計畫，這些計畫都提供投資增值免稅的優勢，但無法立即免稅。

◆ 小心不要過度自信。就算你在人生中的某個領域很成功，並不表示你選擇投資標的也會成功。大多數人投資簡單的指數基金投資組合，績效會更好。

07
從錯誤中學習

麥克・福拉克

麥克・福拉克是一名退伍的海軍軍官,在石油和天然氣產業擁有20年的豐富經驗。他出生於紐約長島,學習核子工程,他寫作時嘗試帶著紐約人的懷疑眼光、工程師的邏輯感,希望還帶著一絲幽默感。他退休後享受旅行、寫部落格和試算表。

想像一下,很久以前,在網路以前的時代;不只如此,那是更久以前的事了,久到大多數美國人都還不關心股市的時候。無法想像嗎?對我來說並不難。

當我在1997年成年時,股市是一個幻想世界,那個地方住的是你的牙醫、朋友的律師父親,或是你父親從哥倫布騎士會慈善組織(Knights of Columbus)認識的銀行家。像我父母這樣的人,一個是清潔工,一個是祕書,生活在另一個不同的世界裡。有存摺儲蓄帳戶、定存單,如果幸運的話,還有退休金。那是很久以前的事了,如果出於某種奇怪的原因,你想知道一檔股票的價格,你必須查看報紙的商業版——報紙就是印在紙上的新聞。

大多數人對股市的了解,僅限於在11點鐘的新聞中聽到「道

瓊收漲12點，成交量低」。1987年10月19日，當標普500指數創下史上最大的單日跌幅20.5％時，幾乎沒有引起我的注意。我唯一模糊的記憶是，一個同學問我「有沒有聽說股市發生的事」，我沒有，然後就回去看書了，或者更有可能的是看肥皂劇《杏林春暖》(General Hospital)。

這一切都在我大四的下學期發生了變化，當時我選修工程經濟學，這是一門由專業工程師喬．麥克尼爾（Joe McNeill）博士教的選修課。我之所以這樣稱呼他，是因為我記得他走進教室，然後在黑板上這樣寫下自己的名字。我認為專業工程師執照令這位博士非常自豪，當同學後來談到他時，我們總是稱他為「專業工程師喬．麥克尼爾博士」。

專業工程師喬．麥克尼爾博士的課包含三個部分：

（1）經濟基本面，包括「淨現值」、「內部報酬率」和「加權平均資金成本」等術語，他教我們如何計算今天的錢在未來某個日期的價值。像大多數人一樣，我知道時間就是金錢，但這個理論讓我大開眼界。

（2）存錢和規畫預算，因為留下收入的很大一部分，可能會帶來財富、職業選擇和提前退休。

（3）儲備你對市場的基本知識，因為你需要把儲蓄投資在股市，這樣做可以變得富有。現在看來，投資並致富似乎平凡無奇，但在那時，對於父母是藍領的人來說，這是一個啟示。

他利用學生價幫我們訂閱《華爾街日報》，在某種程度上，《華爾街日報》比網路還要好，雖然報紙包含了眾多資訊，但沒有現今網路上被當成新聞來報導的大部分鬼話連篇。

你也必須知道，以前的《華爾街日報》外觀及感覺和現在完全不同。首先，新聞報導不包含任何照片，如果你出生在2000年之後，你可能會大吃一驚，沒有照片？《華爾街日報》使用的是風格化的黑白圖畫，它稱之為仿銅版畫（Hedcut）。其次，它只在股市開盤的日子發行報紙，假日或周末都不出刊，他們的想法是：不管發生什麼都不重要——直到股市開盤。

首頁的外觀非常有條理，有六欄，每一欄都涵蓋一個特定的主題，如全球新聞、新聞摘要、人情趣味、每周報告。我仍記得專業工程師喬‧麥克尼爾博士教我們如何閱讀《華爾街日報》，他強調，首先要閱讀什麼以及將我們的時間集中在哪裡；他還提到，第四個專欄是關於人情趣味，並補充說：「不需要在這上面浪費時間。」

我對博士有兩段鮮明的記憶：第一個是因為我是這門課最高分的學生，而獲得6個月的《華爾街日報》訂閱和一塊牌匾的獎勵，而且這是在以我為榮的父母在場情況下頒發給我的；第二個是我發現需要開始盡可能多存一些錢，然後投資在股票市場。

買進過往績效

這堂課程要求我研究一檔特定的共同基金，我選擇的是當時

最熱門的共同基金——富達麥哲倫基金,由當時最熱門的共同基金經理人彼得‧林區管理。當時,林區可能是世界上最著名的投資者,因為他在麥哲倫創造超額報酬率,在他管理該基金的13年,平均每年為29.2%。

正如他在自己的暢銷投資書中所解釋的,他的祕訣是長時間工作、嚴謹的基本面分析,以及跟著妻子去逛街。例如,他根據妻子的推薦買了漢佰服裝公司(HanesBrands)的股票,妻子在買食物時偶然發現了這間公司稱為「L'eggs」的蛋形塑膠容器,裡面裝的是女士的絲襪。

她買了一雙,並且讚不絕口,林區立即為麥哲倫買進了漢佰的股票。正是這樣的投資,股價上漲了1,000%,林區將這種股稱為「10倍股」。他有很多檔10倍股——超過100檔,他讓成功的投資看起來像是世界上最容易的事情。

我一畢業就開始投資麥哲倫,並很快學到了關於主動型共同基金的寶貴教訓,也就是「過去的績效並不能保證未來的結果」。以這次來說,林區在我投資後不久就退休了,打敗大盤的壓力就開始變成問題了——這就是主動式投資的另一個缺點。

我很快就意識到,接替他的經理人並沒有他的本事,雖然我不介意為林區的超額報酬支付過高的費用,但我覺得支付相同費用比率給他的繼任者,得到的卻是落後大盤的績效,並沒有什麼好處。於是,我開始四處尋找其他地方來投資我的積蓄。

愚人金

　　1990年代中期，我住在夏威夷，曾在一間飯店會議室參加一個名叫哈利・貝爾方丹（Harry Bellefontaine）的人舉辦的投資研討會，整場活動持續了大約1個小時，很明顯這不是貝先生的第一次演講。他認為股市和夏威夷房地產都被高估了。事實上，他已經賣掉了大部分股票和房子。而由於通貨膨脹即將到來，他說接下來應該投資黃金和白銀，不過，不只是任何黃金和白銀，而是可收藏的硬幣——而他就在賣這樣的硬幣。

　　很有可能是金幣的歷史誘惑力，以及貪婪，所以我上當了，而且還被騙了很多錢。當時，我買了20枚半盎司不流通的1991年美國鷹金幣，還有許多其他硬幣。我還記得離開貝先生的辦公室時有點緊張，我的寶藏就放在他免費送我的一個特殊箱子裡。我馬上把硬幣帶到銀行，現在我還多了每年支付100美元租一個保險箱的額外好處。

　　一切都進展得很順利，貝先生每月寄給我對帳單，顯示我的收藏價值就像馬多夫[9]的基金一樣穩步上升。然後，有一天我在看電視時，聽到了當地晚間新聞的預告，內容是這樣的：「當地財務顧問欺騙黃金投資人，11點新聞。」嗯，這引起了我的注意。

---

[9] 註：馬多夫（Bernard Madoff）是美國金融史上最大宗龐氏騙局的主謀。龐氏騙局就是老鼠會，是一種投資詐欺，以異常的高額報酬來誘騙投資人加入，而報酬並非來自真實的交易活動，而是來自於新加入投資人所投入的資金。一旦後續流入的資金減少，整個騙局就會被揭穿。馬多夫被判刑150年，最後於2021年4月14日病逝於獄中。

當我11點打開電視收看時，差點就哭了，調查記者表示，許多當地人可能因投資稀有硬幣而被騙。新聞的背景畫面是粗糙的臥底攝影鏡頭，你猜他們拍到誰？就是貝先生。他們似乎無法採訪到他，因為他乘船逃離夏威夷，不知道去了哪裡。我嚇到差點尿褲子。

幾周後，另一位硬幣交易商連絡我，他願意免費為我的收藏估價。他人還不錯，看起來是一個不會拐彎抹角的人，他說雖然我的收藏是真的，但我為每枚硬幣都多付了錢，有些硬幣多付了太多。他試著安慰我，但我的心情並沒有變得比較好，因為在諮詢結束時，他就問我要不要考慮投資美國鑄幣廠的紀念幣，因為這些肯定會升值。

基業長青──也許吧

在美國鷹金幣投資結束後不久，我讀了一本引人入勝的書，是詹姆・柯林斯（Jim Collins）和傑瑞・薄樂斯（Jerry I. Porras）的《基業長青：高瞻遠矚企業的永續之道》（*Built to Last*）。這是1990年代必讀的商業書籍，詳細說明一項完整的研究，證明一些公司就是比其他公司好得多。

他們的想法是，這些精選公司是「歷久不衰的」，因為它們都遵循類似的典範。例如設定「雄心勃勃的目標」（Big Hairy Audacious Goals，BHAG），就像波音公司（Boeing）將公司押在747上一樣；或是創造「邪教般的文化」──例如諾斯壯百貨

（Nordstrom）提供令人眼花繚亂的客戶服務；或是透過推廣「內部拔擢管理」——例如寶僑公司（Procter & Gamble），它培養了如此深厚的人才，所以從來沒有從外面聘請執行長。

我認為很顯然，既然這些都是很棒的公司，就也會是很棒的投資，並且是股票投資組合的完美配方。這個投資方法在幾年內的績效很好，但事實證明，我的投資組合中還包括一些令人反胃的成分——這些曾經很棒的公司很快就陷入了困境。就像花旗銀行（Citibank）一樣，它是2008到2009年大衰退期間的銅板股；還有作者後續出的書《從A到A+》（Good to Great）提到的房利美企業（Fannie Mae），在2008年申請破產保護；還有奇異電氣，長期的跌勢導致公司在2008年以瀕臨破產告終；以及在2000年代後期出現智慧型手機後，摩托羅拉就被市場淘汰了。

投資大師——短暫的

1999年，我在《聰明理財》雜誌上讀到了保羅・史登（Paul Sturm）寫的一篇文章，完整介紹了一種我從未聽說過的證券——業主有限合夥（Master Limited Partnership，MLP）。

「業主有限合夥」是上市公司，享有私人合夥企業的稅收優惠，其收入會被課稅，但不對其分配的獲利課稅。這表示，像我這樣的投資人可以延遲稅款，有時幾乎是無限期延遲。由於稅法的難以預測，業主有限合夥的企業形式主要限於石油和天然氣管道公司。

在我看來，這似乎是完美的證券：獲利分配延稅、豐富的現金流、抗通膨和高收益。這些公司包括郊區丙烷（Suburban Propane）、紐星能源（NuStar Energy）、金德摩根（Kinder Morgan）、TEPPCO等公司。我感覺就像洋基隊的經理米勒·哈金斯（Miller Huggins）在回顧他1987年世界大賽的陣容卡一樣：每個球員都是重量級且可靠的。除了有延後繳稅的優勢之外，你會拒絕投資貝比·魯斯（Babe Ruth）和盧·賈里格（Lou Gehrig）這樣的人嗎？

我買了大量的「業主有限合夥」，並獲得豐厚的回報，儘管在報稅時K-1[10]合夥表格令人頭痛，但我有什麼好抱怨的？在那黃金10年裡，我感覺自己就像年輕的巴菲特，一直打敗標普500指數，而且波動性更小。

然而，可憐的約里克[11]，沒有證券是完美的。我逐漸發現每間上市公司都會借錢到現金流的極限，我就不提對散戶投資人來說痛苦地去槓桿化和隨後業主有限合夥拋售的細節了，不然你會覺得無聊。總之，這就像是千刀萬剮凌遲至死。自2008到2009年大衰退以來，我的業主有限合夥組合一直落後標普500指數。更糟糕的是，我心愛的「貝比·魯斯」投資之一，進行了重組，但

---

10 註：K-1是一份聯邦稅務文件，用於申報企業或金融實體的合夥或S型公司的股東的收入、虧損和股利。K-1表格還可以向受益人報告信託和遺產的收入分配。

11 註：「唉，可憐的約里克」（Alas, poor Yorick.）出自莎士比亞的《哈姆雷特》（Hamlet）。哈姆雷特舉起弄臣約里克的頭骨時說的話，後人引述這句話來表達對人類命運的思考，無論活著時過著什麼樣的生活，都會在墳墓中腐爛。

是我的稅單金額卻和貝比‧魯斯一樣強大，它的獲利分配減少了，股價也跌掉了一半。正如《約伯記》中約伯（Job）所說的：「賞賜的是耶和華，收取的也是耶和華。」——而且收回更多。

等等，不僅如此

2000年時，我買了一間公司的股票，該公司使用最新技術，徹底改變多個業務線來展開業務的方式。一間只雇用最聰明的人從事改變世界的尖端專案的公司。在一位更聰明的執行長領導下，他聲稱許多現有的企業都是恐龍，很快就會滅絕。

對我來說，不幸的是，這間公司的名稱不是亞馬遜，而是「安隆」。在我投資後不久，當時的執行長傑夫‧史基林（Jeff Skilling）辭職，以「花更多時間陪伴家人」；幾個月後，安隆就宣布破產了——這是美國史上最大的破產。我堅持了一段時間，因為我母親常說：「希望是永恆的。」但我最後還是賣掉了，收穫的卻是非常大的稅額虧損。

隨後，安隆執行長、財務長、董事長被因欺詐被判刑，以及為安隆擔任審計而自滿的安達信會計師事務所的倒閉，都沒有給我什麼安慰。安隆不僅動搖了我對人類正直的信念，也讓我對挑選個股的智慧產生懷疑。

隨著我持有其他「不容錯過」的投資隨後大幅貶值，這種情緒只讓我愈來愈低落。例如2009年破產的桑柏格房貸公司（Thornburg Mortgage）；或是獎章金融公司（Medallion Financial

Corp.），這檔股票慘賠嚴重到公司將其股票代碼從TAXI更改為MFC，以隱藏其困境；還有IBM——但至少在它逐漸下跌的走勢中，我並不孤單。

我選擇的所有地雷股，都讓我開始懷疑自己的選股能力，並發現也許打敗市場是不可能的。我的「業主有限合夥」早期表現出色，讓我相信自己擁有卓越的分析技能；後來，也是同樣一檔業主有限合夥，因為績效不佳——再加上我選擇的所有其他爛股票——使我放棄了自己「分析能力很強」的想法。

我的地雷投資賠錢已經夠糟糕的了，還讓我充滿了焦慮和羞恥感，而我為數不多的賺錢投資，並沒有抵消這些焦慮和羞恥感。我的投資組合中有一些獲利，但我後來才了解到，這些投資獲利可能更多是因為好運，而不是我的財務頭腦。這些包括：

- 健贊（Genzyme）：我根據妻子的骨質分析而買進股票，醫師將健贊生產的一種名為欣衛（Synvisc）的藥物注射到她的膝蓋中。欣衛是一種天然的關節潤滑劑和緩衝劑，由公雞的雞冠合成。我知道彼得・林區會認可的，所以就買了一些股票；幾個月後，賽諾菲（Sanofi）收購了健贊，我獲得了37%的年化報酬率。
- 君主水泥（Monarch Cement）：我以28.5美元的價格購買了100股，這是根據向記錄在案的股東提供的反向股票分割套利機會。這個策略讓該公司以每股30美元回購股票，快速獲得1.5美元的收益。但結果因為語法的關係，我不

是「記錄在案的股東」，所以公司沒有向我買回股票，不過最終仍對我有利，因為我未售出的股票後來漲了3倍，年化報酬率超過20%。

- 西斯科（Sysco）：2009年，我母親在耶誕節給我一些錢，我拿來買股票。我決定將這筆錢投資於一間她能夠理解的公司，所以我選擇了食品配送商西斯科，我認為這可能是可以分享我對股票市場興趣的一種方式。我寫了一封感謝信給她，還介紹了公司的詳細情況，並提到我會不時地向她說明公司的業績。她可能沒有完全理解我的意思，因為她後來告訴我，她「不需要任何股票推薦」。自2010年初收購以來，西斯科的表現輕鬆打敗標普500指數，可惜的是，我母親當時給我的只有25美元。

通往指數投資之路

一段時間下來，我開始對進行投資個股所需的深入研究失去興趣，我寧願把時間花在健身、閱讀有關第二次世界大戰的書和旅行。由於很明顯我以前沒有花足夠的時間進行研究，常識告訴我，減少研究不會帶來更好的結果。

這一切都導致我緩慢但堅定地將我的投資，從親自精心挑選股票，轉為投資低成本的指數基金，如嘉信理財總股票市場指數基金（Schwab Total Stock Market Index Fund）、iShares精選股利

ETF（iShares Select Dividend ETF）和富達500指數基金。這些被加到已包含相當數量的低成本指數基金的投資組合中，因為值得慶幸的是，我的401(k)退休基金沒有給我任何其他選擇。雖然低成本的指數基金不像亞馬遜、蘋果那樣誘人，但這些對我的血壓比較有幫助，更重要的是，對我的自尊心幫助更大。

幾年前退休時，我回顧自己的投資績效，我心想，專業工程師喬・麥克尼爾博士會給我什麼樣的成績？我想他會以我的「儲蓄能力」為榮。正如我告訴其他投資者，我投資組合的大小與我的節儉程度成正比。

不過，他可能會對我投資的許多地雷股感到失望，我該怎麼解釋安隆公司呢？但是我從錯誤中吸取教訓，並且後來在低成本指數基金中，投資了足夠的資金，以便我能夠提前退休，他可能會因此以我為榮。

專業工程師喬・麥克尼爾博士的評分標準很高，但我想他會給我個「乙」吧。不過，可能不會有牌匾了。

三個教訓

- 市場上到處都是精彩的故事,有些是真實的,有些是謊言。當陌生人在飯店會議室告訴你一個不容錯過的投資時,要格外小心。
- 一般人很難超越低成本、廣泛股票指數基金的報酬率。許多人會買了金幣和投資了安隆這類更令人感到興奮的投資,最後才終於學會這個教訓。
- 時間是你最寶貴的資產。今天投資的1元,在未來可能會值好幾元,因此,現在就是開始儲蓄和投資的最佳時間。

【結語】
你的金錢之旅是什麼樣子？

喬納森・克雷蒙

如果你從第一頁就開始認真閱讀，而不是匆匆下結論，那麼你現在已經窺見了30個人的財務生活。但你自己的金錢之旅是什麼樣子呢？我要給你一個挑戰：開始寫作。

我認為將我們的故事、想法寫下來有很大的好處。寫作逼著我們組織思想、表達自己的信念、回想很久以前的哪些事件塑造了現在的我們；寫作可以幫助我們更清楚地思考生活、取得了哪些成就、還有什麼事要做，以及前進的道路應該是什麼樣子。

我們並不是唯一的潛在受益者。你有多了解你的曾祖父母？讀一讀他們對自己生活的敘述，不是很有趣嗎？當我們寫下自己的金錢之旅時，不可避免地會描述人生的旅程──我非常相信這段旅程會讓未來幾代後的人感到著迷，我們在這個世界上唯一能留下來的，就是他人的記憶。你想被記住嗎？是時候開始打字了。以下是我的五點建議：

（1）**少即是多**。盡量把你的故事限制在3,000字以內，少一點更好。如果你的文章太長，你的家人根本不會去讀。

（2）**不要自誇**。沒有人喜歡愛吹牛的人，你的成功可能得來不易，一路上可能有很多失敗和錯誤。運氣——無論是好運還是壞運——無疑在你的人生旅程中發揮了很大的作用。

（3）**坦誠相待**。談談你的收入和淨值吧，談談你所犯過最丟臉的錯誤吧。很少有人會對別人誠實地說明自己的財務狀況，我們因此少了很多學習機會。

（4）**去蕪存菁**。沒有人想知道你生活中所有血腥的細節，無論是財務還是其他方面；相反地，讀者想要的是精彩的片段——勝利、轉捩點、糟糕的錯誤。

（5）**不必著急**。好的文章需要多次修改和好幾天的努力，一旦你完成了初稿，先把它放在一邊，然後過幾天再用全新的眼光去看它。請親友審閱你的文章。問他們覺得哪些部分最有趣，哪些部分很無聊或令他們困惑，問他們哪些部分讓他們想深入了解，哪些根本不需要知道。

對自己寫的故事滿意嗎？如果你有興趣看到你的文章被發表，請將它傳送到 jonathan@jonathanclements.com。我不能保證一定會發表，但如果我喜歡你的文章，也許我會將它發表在 HumbleDollar 的網站上。

【後記】
突然間，旅程開始倒數

喬納森・克雷蒙｜2024年6月15日

5月19日星期天早晨，我和伊萊恩坐在廚房餐桌前，一邊享用可頌和咖啡，一邊看著鄰里間的麻雀、雀鳥、紅衣鳳頭鳥和松鼠在鳥食器旁爭搶食物。我們的小天地一切美好，除了我走路時有些搖晃不穩——我以為這是耳朵感染導致的平衡問題。

因為接下來的一周會很忙碌，我認為最好還是先服用抗生素，即使今天周末去急診診所可能比較貴，也比拖到周一再聯絡我的主治醫生，然後可能還要排隊看診來得明智。

簡單來說，那天最後我進了當地醫院的加護病房，醫護人員發現我患有肺癌，而且已經轉移到大腦及其他幾個部位。正如你所能想像的，這為我的生活帶來了極大的轉變，未來還會有更多改變。

我並不想讓HumbleDollar網站變成HumbleDeathWatch，但我的預後情況並不樂觀。我接受了三次腦部放射治療，昨天開始了化療，但這些措施僅能暫緩死亡，而且可能延緩的時間也不會太長。詳細的可怕醫療細節我就不贅述了，但根據目前的狀況，我可能只有大約1年的相對健康的正常生活時間。

奇怪的是，目前為止我感覺還不錯，也許比多數61歲的人都要好。每天早晨，我會做20分鐘的伸展和重訓，然後騎固定式腳踏車40分鐘。至於你可能好奇的事，我並不是吸菸者，最後一次抽煙是在1987年，我24歲的時候。我的肺癌似乎是由一個罕見且無有效治療方法的基因缺陷引起的。

在未來發表的文章中，我將討論更多我的診斷對個人財務及其他方面的影響，我相信這些話題即使是沒有罹患絕症的人也會有興趣。我也猜測讀者會想知道我對網站的計畫。簡單來說，我打算讓HumbleDollar繼續運作，但會有一些顯著的變化，在進入那些變化之前，有一些初步的財務思考，我希望在接下來進一步討論。

（1）管理金錢充滿了不確定性，而現在更是如此。我無法確定很多事情：我還能活多久？我能繼續做我熱愛的工作多久？我的醫療費用及其他開支會是多少？然而，在這方面我並不孤單。在不同程度上，我們所有人都面臨這種不確定性，這也是為什麼理財如此吸引人的原因之一。

（2）金錢與後悔緊密相連。我們經常為那些愚蠢的購物或投資決策自責。然而，這點倒是讓我驚喜：直到最近幾年，我都過著相當節儉的生活，但我對這種生活方式幾乎沒有任何後悔。如果我的健康允許，我會在接下來的一年內完成一些清單上的心願，但更多的感覺是，我對自己已擁有的生活充滿感激。我擁有了驚人的機會和美好的經歷，這讓我能以出奇的平和心態面對未

來的日子。

（3）**俗話說得對：這種情況會讓你真正珍惜生命**。儘管我有那些清單上的願望，但我發現，最大的快樂來自日常生活中那些微小而無價的樂趣：早晨的第一杯咖啡、運動、朋友和家人、美味的一餐、寫作與編輯、陌生人的微笑、臉上的陽光。如果我們能抑制生活中不那麼美好的情緒，這個世界真是個美好的地方。

（4）**我們能控制風險，但無法完全消除它**。我花了數十年來管理財務風險和健康威脅，但儘管如此，有時候我們還是會被突如其來的事情打擊得措手不及。我的家族中很少有人患癌症，這從來不是我會擔心的事。命運真是殘酷。

（5）**最難的是那些留在世上的人**。我會離開，但伊萊恩和我的家人還會在這個世界上，他們必須在沒有我的情況下繼續前行。我希望他們在財務上和情感上都能好好的，這也是我正在採取許多措施的動力。

（6）**慷慨突然變得更加甜美**。這或許是因為我已經不再需要大部分的退休儲蓄，也不需要再購置什麼新東西了。也可能是因為我渴望在有限的時間內獲得他人的善意。我還看到，身邊的朋友和家人在得知我的診斷後的反應，讓我更加珍惜每個人內心的那份善意。慷慨是一種回應和承認這份善意的方式。

（7）**人生的優先順序變得清晰無比**。即使在這樣的時刻，我仍然認為擁有一個職業上或個人生活中的目標是重要的。我對即將失去的年歲無能為力，也沒有任何憤怒，但我希望接下來的時間能充滿快樂、有生產力並且有意義。

我正在進一步簡化我的財務、整理我的事務，並試圖與周圍的人修復關係。這一切背後的核心是，我希望能掌控我所能掌控的事——這並不奇怪，畢竟我正面臨如此多的不確定性。不過，我可能也在某些方面過於執著了。

有一個我仍然擁有相當控制力的領域，那就是我所創建的HumbleDollar網站——這個由我、讀者的留言、作者的文章和大家的支持共同建構的小世界。這引出了我對網站的計畫。在我被診斷之前，我就已經在考慮從2025年開始逐步縮減網站的規模，希望能留出更多時間來旅行和享受生活。

現在我加快了這個計畫。從下個月開始，我的目標是每周發表四到五篇新文章，而不是目前網站每周更新的十幾篇。但具體進展將取決於我對治療的反應以及我的健康狀況惡化的速度。同時，接下來我希望能推出一個新功能，讓網站的作者和讀者能夠繼續互動交流。

我已經做出了一項變更：我移除了網站的捐款功能，並取消了所有定期捐款。由於網站未來將減少發表文章，我認為繼續接受捐款並不合適。

感謝多年來支持HumbleDollar的所有讀者。

（本篇原文〈The C Word〉出自HumbleDollar網站，收錄自：https://humbledollar.com/2024/06/the-c-word/）

【後記】
無悔的人生

喬納森・克雷蒙｜2024年9月7日

　　當我聽到癌症診斷結果時，我的第一反應是：我能接受這一切。幾小時後，我的第二個反應卻是：我是不是太以自我為中心了？

　　我的時間已經不多了，但具體還剩多少仍是未知數。不過，和診斷之前相比，我的預期壽命變得如此短暫，這讓我過去那些關於退休的看法顯得有些諷刺——我曾說，退休不應該被視為終點，而是可能持續20到30年的新旅程，甚至佔據我們成年人生的一半時間。

　　儘管如此，我對未來並不感到憤怒、悲傷或恐懼。我會盡全力延長我的生命，直到所有合理的方法都試過為止，但我並不因生命將被縮短而感到崩潰。為什麼呢？當我回顧過去時（是的，我突然發現自己已進入「總結人生」的階段），我對自己擁有的生活充滿了感激之情。

　　事實上，我擁有過許多美好的機會和經歷，我認為自己非常幸運。以下是九個令我心懷感激的原因。令我驚訝的是，儘管金錢在第1、5，尤其是第6點中扮演了某些角色，但在其他六點中

幾乎毫無影響。

（1）我大部分的職業生涯中，都從事了讓我徹底享受的工作。即使是今天，我也會快樂地早早起床，沖杯咖啡，立刻開始寫作和編輯。唯一的例外是我在花旗集團的6年，那段時間——尤其是最後——我覺得自己浪費了時間，對世界幾乎沒有產生什麼影響。

（2）我經歷過足夠的低潮期，讓我能擁有更廣的視角。每個人都會有艱難的時刻，或許當下看似毫無亮點。但我認為，這些時期能讓我們了解自己的本質，並引導我們以更細膩的方式看待世界。我並不想再經歷一次在英國寄宿學校的9年生活，也不願再面對父親去世後的種種困境，或者承受兩次離婚的傷痛。但這些經歷塑造了現在的我，我相信這些挫折磨去了我的稜角，也讓我更加珍惜生活。

（3）我擁有一個緊密相連的家庭。我有兩個孩子，迄今還有兩個孫子。我85歲的母親和三個兄弟姐妹也都健在，幾十年來，我們依然保持著出奇地親密。我聽過許多家庭因舊傷痛而分裂、彼此不再往來的故事，我們家卻幸運地避開了這樣的命運。

（4）我有機會將自己推向體能極限。上學時，我對體育不屑一顧，幾乎沒有努力過。然而到了30多歲，我開始對跑馬拉松產生興趣。我最終跑了四次馬拉松和五次半程馬拉松，包括一次在南極洲海岸外的船甲板上跑的半馬。此外，我還參加了許多5公里、8公里和16公里的地方公路比賽，其中12次奪冠。如今，

我的右腳跟腱出了點問題，已經不能再跑步了。但我仍記得在比賽最後幾公里中傾盡全力的那種快樂。

（5）我有機會看遍世界的大部分角落。在我快滿10歲時，我的父親被派駐到孟加拉4年，這讓我們有機會遊歷那片地區。我經常到歐洲旅行，孩子們的學業也讓我得以造訪塞內加爾、埃及和土耳其。當然，還有一些地方我想去但可能永遠無法去成了，但我並不覺得自己有什麼遺憾。

（6）雖然我在20多歲和30多歲時非常擔心錢的問題，但從那以後，我幾乎沒有太多焦慮。我逐漸明白，這種情況其實很少見：對太多人來說，金錢是籠罩生活的陰影，擺脫這種焦慮似乎是不可能的任務。

（7）我有過幾次全世界關注我的時刻。我曾經幾次出現在重要的電視節目上，引來許久未聯繫的朋友們電話和郵件。在《華爾街日報》任職期間，我寫了一些文章，收到超過500封讚美的郵件。這些時刻罕見得足以顯得特別，同時又不足以讓我的自我膨脹過於持久。

（8）我得以和深愛且愛我的人共度最後的日子。深夜裡，當黑暗的思緒打亂我的睡眠時，將手放在伊萊恩的手臂上，從她的平靜中汲取安慰，真是一種莫大的幸福。

（9）我有時間思考自己的死亡。不會是突如其來的死亡，也不是緩慢陷入失智的結局。如果你知道自己僅剩1年或2年的生命，你會怎麼改變自己的生活？我得到了回答這個問題的機會，並且視之為一種莫大的特權。

儘管如此，這一切可能有點自私。我沒有因生命的提早結束而感到悔恨和悲傷，也許可以說，我是幸運的那個人。我逐漸明白，受苦的不是我，而是那些將被留在這世上的人，尤其是伊萊恩，她將不得不在沒有我的情況下重新建立自己的生活。

我有機會與自己的命運和解，而伊萊恩和其他家人則必須面對未來的不確定性。我努力珍惜剩下的每一天，即便他們正在經歷悲痛──而我拒絕加入他們的悲傷，在無形中留下了一道空缺，也許讓他們更加難以承受。

（本篇原文＜No Regrets＞收錄自：https://humbledollar.com/2024/09/no-regrets/。閱讀更多喬納森・克雷蒙的文章，請造訪 HumbleDollar 網站。）

國家圖書館出版品預行編目（CIP）資料

我的金錢之旅：30個財務自由真實故事，你也做得到／喬納森・克雷蒙（Jonathan Clements）著；呂佩憶譯. -- 初版. -- 臺北市：今周刊出版社股份有限公司, 2025.01
368 面；14.8×21 公分. -- （理財館；6）
譯自：My money journey : how 30 people found financial freedom - and you can too
ISBN 978-626-7589-10-6（平裝）
1.CST：個人理財　2.CST：投資　3.CST：金錢心理學　4.CST：傳記

理財館 006

我的金錢之旅：30 個財務自由真實故事，你也做得到
My Money Journey: How 30 people found financial freedom - and you can too

作　　　者	喬納森・克雷蒙 Jonathan Clements
譯　　　者	呂佩憶
總 編 輯	李珮綺
責任編輯	吳昕儒
編輯協力	鍾瑩貞
封面設計	Dinner Illustration
內文排版	藍天圖物宣字社
校　　　對	鍾瑩貞、李志威
企畫副理	朱安棋
行銷企畫	江品潔
業務專員	孫唯瑄
印　　務	詹夏深
發 行 人	梁永煌
出 版 者	今周刊出版社股份有限公司
地　　　址	台北市中山區南京東路一段 96 號 8 樓
電　　　話	886-2-2581-6196
傳　　　真	886-2-2531-6438
讀者專線	886-2-2581-6196 轉 1
劃撥帳號	19865054
戶　　　名	今周刊出版社股份有限公司
網　　　址	http://www.businesstoday.com.tw
總 經 銷	大和書報股份有限公司
製版印刷	緯峰印刷股份有限公司
初版一刷	2025 年 1 月
初版二刷	2025 年 2 月
定　　　價	480 元

My Money Journey: How 30 people found financial freedom - and you can too
Copyright © 2023 by Jonathan Clements
Originally published in the UK by Harriman House Ltd in 2023, www.harriman-house.com.
Traditional Chinese language edition published in arrangement with Harriman House Ltd., through The Artemis Agency.
The articles "The C Word" and "No Regrets" by Jonathan Clements are translated and reprinted with permission from HumbleDollar (www.humbledollar.com). Copyright © 2024 by Jonathan Clements.
All rights reserved.

版權所有，翻印必究　Printed in Taiwan